U0015857

余英時文集——26

余英時政論集

下

余英時——著

目次

上冊

輯一　中國共產黨

輯二　中共領導人習近平

輯三　中國的法治、社會與經濟

下冊

輯五　台灣與香港

輯六　民主與異議

輯七　中國與世界

輯八　學術與文化

輯九　歷史的再思考

輯五

台灣與香港

談小布希公開表明反對台灣單方改變現狀

二〇〇三年十二月十八日

美國小布希總統十二月九日跟中國總理溫家寶在白宮見面的時候，公開說明他反對台灣想要藉由舉行公投，片面改變身分、改變地位。所謂公投（referendum），就是老百姓在重大問題上投票決定採取什麼態度。台灣的問題是面臨著大陸的威脅，特別是成百上千顆飛彈對準了台灣，使老百姓非常恐懼。陳水扁的意思就是要看老百姓對這件事情的態度，可以決定台灣走哪條路。毫無疑問，陳水扁和民進黨權力的基礎，來自很多要求台灣獨立的聲音，所以他當然不能不應和這種聲音；另一方面，至少有上百萬、甚至數百萬台商在大陸，他們也可能因為生意關係願意妥協。明年是台灣的選舉年，國民黨和親民黨聯合，想奪回政權，連、宋聯手似乎順理成章，因為他們到底是大陸來的人，可能也會反對台灣獨立。這就給陳水扁帶來一個很大的問題。陳水扁在這種情況下就主張公投，看看民眾的反應怎樣，這就是台灣決定公投的原因。

台灣作這個決定，也有很強的理論依據，因為它走的是民主的路，是民主自決。雖然不能說民族自決，但它是一種民主方式，看台灣自己應該怎樣決定自己的命運。台灣有兩千多萬人，在全世界也是相當中等程度的一種國家，人口比伊拉克多，比加拿大也少不了多少，如果獨立的話，也是一個比較重要的國家，所以這是個現實的問題。

中共方面暫時得到一個很大的勝利，因為由美國總統親自說出口：我們反對台灣單方改變現狀、走向獨立，影響兩岸和平相處的關係，可說是多少年來沒有的一種變化，在柯林頓（Bill Clinton）時代也沒有說出這樣明顯的意見來。所以這次是明朗化了。這從中共方面來講，當然是獲得一種勝利。但這並不是最後勝利，因為我所看到大陸的意見，顯然不滿足於小布希這種說法，即雙方不改變現狀，而是將現狀維持下去。中共的目標是要把台灣收回，收回的方式，當然他們現在還是根據所謂香港的「一國兩制」。但香港一國兩制也面臨民意問題，所以在今年七月一日，香港老百姓五十萬人上街反對基本法二十三條的時候，中共也只有讓步。那麼台灣的問題更嚴重，台灣有民主選舉的問題，面對這個現實，到底要用什麼辦法來勉強台灣人接受「一國兩制」，我想這是很難想像的。目前至少不敢說怎樣能解決這個問題，所以還是在一種比較模糊的狀態下延續，台灣實質上是獨立的，從來也是獨立的，獨立於中共政權之外的，這個獨立狀態一時還是不會改變，中共方面還是不能滿足，所以這並沒有解決真正的問題。

從美國方面來說，為什麼要有這樣一個變化？小布希上台的時候根本持反對中國的態度，將柯林頓以中國為「戰略夥伴」的提法，改成「戰略競爭者」。現在幾乎是一百八十度轉彎，他與中共的關係比柯林頓時代還要親密。這當然各有各的打算。小布希也面臨著選舉，他在伊拉克的戰爭現在雖然結束了，可是善後的問題還是頭痛得要命，根本就沒解決，阿富汗也沒有解決，如果再加上北韓的危機，應付起來會很困難，所以他在這方面想依賴中共和北韓的關係來解決問題，這是他對中國有所求，雖然沒有明說，可是我想他的讓步，主因在此。當然也跟明年的選舉有關，如果小布希在外交方面全面失敗，那他當選連任的可能性就很小了。

（本篇網路無錄音檔）

反分裂法立法：沒有必要且不明智

二〇〇五年三月十五日

《反分裂法》這件事在中共內部，我們不知道人大代表之間是否提出了不同意見或修改意見，我們相信，他們會照著中國共產黨黨中央的決定來通過，通過了就表示要正式立法。如果台灣有任何分裂活動，那就可以動武，這是基本的原則。至於如何判斷台灣政權走向分裂，我想也沒有客觀標準，基本上還是中共方面的主觀認定。

這是一個很奇怪的立法，因為台灣是中國的一部分，但不是中國共產黨或中華人民共和國的一部分，這是兩岸的共識。但中共在這時候忽然立個法，有沒有很好的作用，大家的意見有所不同。在我個人看來，這是很不聰明的。

第一，我覺得這件事情根本不需要立法，已經是認定了。所以中國向美國通知了《反分裂法》之後，不但白宮、國會都表示了反對意見，就是民間的輿論也不太好，認為這是一個挑釁，台灣更認為這是挑釁。關係剛剛才好轉一點，這麼做實在沒必要。今年春節第一次實現直航，可說是一個改進，在這種改進之下，好像台灣老百姓心裡放鬆了些，忽然間來這個立法，只有刺激台灣的台獨派更為積極努力，也可能引起老百姓很大的反感。

我想，中國以立法的方式，採取這樣一種態度是很不明智的，尤其我們要知道，中國從來沒有認真對待過法律。從一九四九年開始，它只在最初一兩年還有個法律的形式，後來到了「文革」，在毛澤東所謂「無法無天」的狀態下，根本連法院都沒有了。今天就是想恢復法制，我們到現在為止所看到的，也都只是一句空話。因為在黨治之下，最重要的是黨的決定，黨的決定超過立法，這是一黨專政國家的基本特色，所以立法本身就沒有意義。要靠立法來阻止台灣獨立或是分裂運動的話，我認為：第一，沒有必要，第二，只有壞處，沒有好處。所謂只有壞處，沒有好處就是說，台灣的問題基本上是老百姓的問題，無論你喜不喜歡陳水扁的政權，它是通過民選一票一票數來的。如果老百姓還是支持陳水扁的政府，你用這種方式也不可能造成改變，同時也可以說，刺激了本來中立的人支持陳水扁對抗中共，所以這個問題不能靠立法來解決。

最要緊的，我們要看大陸和台灣的實際關係，實際關係顯然限於兩個方面。一方面是經濟，這是沒問題的。只要在經濟上和台灣發生密不可分的關係，我認為，兩岸老百姓之間的溝通是會慢慢加深的。

另一方面就是文化，所謂文化方面還不光只是高等的學術研究，比如說科學研究、中國歷史文化研究等等，還有許多宗教上的來往，譬如說台灣的許多信仰，像媽祖信仰基本上來自福建。所以在福建和台灣之間，因為宗教關係來往的也很多。再一方面就是藝術，台灣的許多藝術也是由中國傳入的，藝術家常常受邀到台灣去表演，還有戲劇，有各種各樣可能的活動，這些文化活動也是使兩岸老百姓慢慢地接近的一個重要原因。所以只有假以時日，維持經濟和文化的交流不斷。

台灣是中國文化的一部分是沒有問題的；台灣在政治上屬不屬於中共，我想，在台灣的人沒有幾個會承認這一點。中國大陸要懂得一點中國人的文化心理，儒家所謂「以德服人，不以力服人」，是一個很重要的教訓。

（本篇網路無錄音檔）

介紹台灣學者劉兆玄有關中國崛起的看法

二〇一〇年八月四日錄音
二〇一〇年八月九日刊登

劉兆玄先生在台灣是非常重要的學術界、教育界人物，也是政治人物。政治上，他在馬英九當選總統以後，做了一年多的行政院長，然後因為水災的關係，他就自己很負責地辭職下台。他現在的身分就是台灣的文化總會會長，這是很重要的。

他當然關心中國的崛起，所以他在台灣開始講中國崛起這個問題的時候，在四、五月間跟美國《紐約時報》有名的專欄作家佛里曼（Thomas Friedman）談了很久。

中國到底是不是崛起了？有的國家認為中國並沒有崛起，他跟佛里曼都認為中國是崛起了，不過這個崛起又有什麼意義？過去湯恩比（Arnold Toynbee）講過：十九世紀是英國的世紀，二十世紀是美國的世紀，二十一世紀也許是中國的世紀。這是一個史學家的預言，而這個預言是不是實現了，這是佛里曼跟劉兆玄討論了很久的問題。

他們得到的結論是，要看怎麼發展。他們兩人都同意，中國到目前為止已經是一個大國。這個大國是製造的中心、是消費市場的大國，還沒有到文化上的程度。因為中國文化的貢獻在什麼地方，現在還看不出來。

過去我們知道，十九世紀英國的文明流散到全世界。這裡面不光是帝國主義侵略的問題，同時也是科學和西方的文化，跟著英國的勢力走遍全世界，產生的影響極為重大，二十世紀的美國也是如此。

現在最重要的問題就是，中國文化是什麼？照劉兆玄講，第一、他強調王道。王道是外面的表現，就是對人溫和、善意，不用強力的。要從內部精神講，就是孔子說的「己所不欲，勿施於人」，而不像西方把「己所欲，施於人」。西方的「己所欲，施於人」，比方說你喜歡吃辣椒，也強迫別人吃辣椒，這就不是很好的辦法，雖然動機可能是好的，卻可以走成霸道。可是「己所不欲，勿施於人」就沒有這個毛病。

我們可以說，在我們中國文革的時候，一方面還繼續保持著中國文化的發展；另一方面又接受西方文化比較積極的、好的價值方面，像民主、自由、寬容、注意社會公益，這些都是在台灣發展出來的。所以台灣中國文化已經不是傳統的中國文化，而是現代化的中國文化，裡面包括了西方、「五四」要求的民主和科學，已經全部實現。雖然不是十全十美，但方向是不錯的。

所以從這方面講，台灣跟大陸文化交流，對於大陸還是會有重要貢獻的。大陸科技方面多、實用方面多。而在基本價值方面，因為一黨專政的關係，許多東西還不能改變。就像這次劉兆玄在清華大學演講，媒體就不能公開，只有《南方周末》登了一部分刪節稿，偶爾大陸網上可能有一些，但未必都從《南方周末》轉載。至於全文，大陸的讀者還是看不見。從這方面講，劉兆玄這次清華大學演講是值得重視的。

大陸打壓台灣　導致甲骨文申遺失敗

二〇一〇年九月十五日錄音
二〇一〇年十月一日刊登

台灣中央研究院收藏有甲骨文，最早的文字是商朝的，至今已經三千五百年了，這是中國最早被發現的文字。這二千五百多片甲骨文，是一九二八至一九三七年，中央研究院歷史語言研究所的考古隊在河南安陽，就是在殷朝王的很多大墓裡發現的，其中有一個墓就跟商朝當時的檔案館一樣，刻字的有二萬五千片，都是占卜的，我們才能第一次把中國的歷史推到有文字記載的歷史推到三千五百年前，就是靠這些甲骨文。

這是大家公認中國最重要的一批檔案，台灣今年要申請讓這批檔案進入「世界記憶名錄」，就是聯合國教育、科學及文化組織一九九三年開始集會設立的「世界記憶」計畫

（Memory of the World Program）。

這個計畫就是要收集全世界各地最早的檔案、最寶貴的檔案。從一九九三年到今天，已經十多年了，一共收藏了一千一百九十多項。大陸也參加過、拿到過好多次。

這一次台灣是由文化總會開始提出申請，要求中央研究院歷史語言研究所把甲骨文整理出來，做一個報告，向聯合國教科文組織申請。

歷史語言研究所對這件事情非常認真，由專門的研究員負責這件事情，同時還請了各國、各地的甲骨文專家，英國的、美國的、歐洲大陸的，還有很多大陸的第一流的專家，都請到了台北開會。大家都一致公認這是重要的東西，包括大陸學者在內，都一致贊成提出申請。

這個申請沒有一個公約，就是說不以國家為單位，而是任何人都可以申請，基金會、非政府組織、研究機構，只要有好的東西，只要能保留很好的檔案之類，都可以去申請，也不限制必須是聯合國的會員國資格，都沒有。

台灣雖然不再是聯合國的一員，但這個「世界記憶」並不要求以國家為單位，所以當初大家估計，這樣的東西是一定能拿得到了。

不料得到回信，說是台灣的申請沒有獲准。雖然正式的公文還沒有來，但已經得到很確實的消息。原因是中共已代表中國已經先提了兩項，而每一國只限兩項，這是以前沒有提到的。台灣也是中國的一部分，因為中共宣稱台灣是它的一省，所以就沒有資格提了。

共產黨提了兩個東西，一個是《黃帝內經》，《黃帝內經》是戰國時代的，年代很遲，主要是十四世紀初年的元朝版本；另一個就是明朝李時珍的《本草綱目》。就因為這兩件東西，甲骨文就沒有辦法接受了。

事實上這是共產黨故意鬧出來的事情，從前並沒有人提一國只能有兩件，而台灣是中華人民共和國的一部分。台灣是中華民國，可是共產黨一直認為是它的。所以它就用這個方式，通過聯合國的祕書斯普林格（Joie Springer），把這個申請退還給台灣。正式公文雖然沒有到，但信已經來了，說你們可以跟中共協商，合在一起提案。

這件事情引起台灣學術界普遍的憤怒，這當然不能怪聯合國，因為聯合國在共產黨壓力下，不敢接受這個案子，無論如何也不會接受的。他們說，你們兩年以後再來吧。

每兩年才能申請一次。現在第一次申請失敗了，下一次就是二〇一二年。事實上我們知道，只要中共在聯合國占上風，就不可能讓台灣進去的。除非你屈服，承認是它的一省，跟它聯合起來提，這樣才能夠讓甲骨文進入「世界記憶」。

這就是說，共產黨沒有一件事情不把它政治化，政治化了以後就是矮化台灣，讓台灣變成一省，慢慢逼它就範。我們知道這是很嚴重的事情，為什麼嚴重呢？因為最近大陸和台灣表示要合作。

民進黨下台以後，國民黨上台就希望兩岸多做溝通，而且「三通」已經通了，同時最近又訂了經濟合作的條約。大陸希望不戰而勝，就是慢慢把台灣收服過來，不用打仗，台灣自然就過來了，好像大陸已經改變面目了，已經不是窮凶極惡的強盜，而是謙謙君子的樣子。也派了許多人到中央研究院訪問，包括文化部長在內，還在胡適墓前表示敬意的樣子，事實上都是來視察、來探測風聲的。

共產黨只懂得一件事——就是強權。強權可以占有一切。所以它現在表面的笑，是想不戰而屈人之兵。但我不相信任何人在台灣做政治領導，敢做出這樣的決定：我們現在放棄自己獨立國家政治單位的身分，變成中國的一部分；或者學香港，變成特別行政區，這件事情是做不到的。

可是共產黨永遠不會放棄的。一到重要關頭，它的兇狠面目立刻就出現了。這個甲骨文事件可以是一個很大的測驗。在這個測驗下，我們來看共產黨到底是一個什麼樣的政權。

談台灣民主選舉成熟說明什麼？

二〇一二年一月十九日錄音
二〇一二年二月六日刊登

台灣這次全民選舉，是第五次了。第一次發生在一九九六年，然後每四年一次，這是第五次。現在照中國、外國、香港、台灣、大陸各方面的反應，都說這次選舉表現出台灣民主已經完全到了成熟階段。選舉的選情非常熱烈，有三方互相競爭，國民黨的馬英九，民進黨的蔡英文，再加上親民黨的宋楚瑜，但宋楚瑜等於是不存在一樣，所以可以不談了。

現在談的就是國民黨跟民進黨的競爭非常激烈，選舉過程非常熱烈，而且投票率也很高，達到百分之七十五以上，像美國有時候只有百分之三十幾、百分之四十幾，這百分之七十五就表示全民都很注意這個大選，很把這個民主選舉當回事，這就是民主在台灣地區成熟的一個明顯表現。

這次選舉其實說起來，差距還是有限，國民黨勝了百分之五十一，六百八十萬票多一點；民進黨只有百分之四十五點六，但票數也有六百一十萬以上，所以相差雖然是很多、有七十萬左右的票，可是人數可近了，六百多萬人是支持民進黨的，這個民進黨的勢力不可輕侮。民進黨受的損害，是因為陳水扁這八年過分地貪汙，以及許多不正常的事情，但並不是因為它拒絕跟大陸來往的問題。

國民黨當然是占了經濟上跟大陸溝通、和緩的局勢，這一點是有利的，台灣人當然也不願意打仗。但如果選舉要集中在兩岸關係上，我想這個得票結果大概就不一樣了。

這第五次選舉非常和平，沒有任何事件出現。而敗戰以後，蔡英文的認輸、向對方恭賀，也表現得極有風度，所以蔡英文給大家的印象非常好，儘管她失敗了。

但我們在這裡要講幾點，第一，這個選舉成熟說明什麼呢？說明中國人、中國文化絕對可以接受民主選舉。中國過去沒有，可是民主選舉是絕對可以的，而且不會招亂，現在證明這是一個非常有秩序的選舉，任何亂事都沒有發生。這個態度就是民主成熟的表現。民主成熟表現也證明中國人一樣可以選舉，不像過去一九三〇年代，國民黨認為中國人國情不合，不能走民主這條路，或是程度不夠，也不能選舉，這都是廢話。

共產黨更是如此，共產黨好像一再強調，決不走民主選舉的路，因為中國老百姓、中國的文化跟這個不符合，現在從台灣可以證明這是錯誤的看法。除非共產黨說台灣選舉的人不是中國人、是台灣人，如果是這樣宣布的話，那它就沒有辦法說台灣是中國的一部分了。

所以共產黨在這裡進退失據，不管你怎麼說，民主是中國人所需要的。這就是說，共產黨對國民黨當選表示很欣賞，可是它欣賞的角度不一樣。它的角度不是欣賞民主選舉，而是覺得國民黨比較可靠，可以跟它談判，最後通過某種經濟誘惑，就有可能讓國民黨接受，像香港一樣成為特別行政區或特區，我可以告訴你，那是妄想。

台灣一般老百姓支持馬英九，是因為他能保持現狀，並不是因為他可能跟共產黨妥協到一種程度、犧牲台灣的主權。這一點我認為要是投票的話，那是很明顯的，至少有一千萬張票可以到民進黨手上。所以共產黨的高興只能說局勢和緩了，對它也沒什麼壞處。不過如果它自我陶醉，以為這是台灣人已經傾向於接受共產黨統治，那可以說是春秋大夢。

我認為台灣人要求跟大陸老百姓採取一種經濟的溝通，對台灣有利的；也採取一種文化的交流，這也是很需要的。可是在政治上，我認為台灣決不肯讓步，決不肯變成中華人民共和國的一省，我以為那是不可能發生的事情。

所以，這一點共產黨不能打如意算盤。我認為現在馬英九方面，他的態度還是保持「九二共識」，一個中國各自表述，一邊說是中華人民共和國、一邊說是中華民國，而且都說台灣不是中華人民共和國，至少馬英九到現在為止，最後競選的時候特別強調這一點，絕不和談，不會馬上就和談，更不會取消中華民國的主權，所以只是保持現狀，這是共產黨應該知道的。

第三點我要談到的，就是這次選舉大陸網民的反應非常強烈，所以大陸有幾位作家，還有一位是廣西的作家，在電視上表示，他要向蔡英文致敬，希望蔡英文不要因為一時失敗就放棄，希望她再接再厲。這點也可以看出來，民主風度在台灣的建立，至少是大陸的老百姓、大陸的網民非常重視的。

台灣的抗議和中共的態度

二〇一四年四月四日錄音
二〇一四年四月十一日刊登

台灣抗議運動是因為他們反對共產黨，因為國民黨很快要跟共產黨簽約，在各種服務業上簽訂貿易協議，雙方都可以到對方境內進行貿易，不受限制，享有各種自由。協議本身我不用談了。因為這件事已經變成了一場運動。

最早是年輕學生發動的，與政黨並無關係。但這個運動後來越捲越大，現在學生們要求，以後跟共產黨簽訂任何契約，國會內要有一個機構可以檢查內容，然後投票通過。因為國民黨在立法院占多數，可以用各種方式勉強通過，但要是有個檢查機構，那就多一層保障。如今事情發展到上個禮拜天，按照官方說法，有十幾萬人打著各種旗號在台灣遊行示威。現在目標已經很清楚，基本上是對共產黨大陸非常不放心。因為這多少年來，國民黨執政以後，慢慢在經濟上跟共產黨打了很多交道，好像對台灣經濟有所幫助的樣子，到底幫助有多少還不知道。可是共產黨很明顯，經濟只是它的手段，它最終的目的是要統一台灣。

在胡錦濤以前的時代，主要還是講很多威脅的話，可是自從國民黨上台以後，共產黨慢慢改變策略，改用經濟這個軟的手段進入台灣，希望用巨大的經濟力量把台灣吸進去，吸進去以後你就逃不掉了，逃掉以後你沒法生活，所以這是他們的如意算盤。

現在在學生的發動下，全社會都起來對這件事情進行抗議。這次參加抗議的人，有許多都是大學的院長、教授等等。並不是由民進黨主導。香港的情況跟台灣有個相似之處，就是反對共產黨、甚至於要求香港自治的都是年輕人。所以從香港的經驗我們可以看到，台灣這個運動不是一個黨派所能操縱的運動，主要的力量確實是社會上的覺醒。台灣和香港社會很明顯地覺醒了。而且媒體一再寫批評文章，以至於共產黨現在用一個很可怕的手段，就是收買黑社會的人來傷害主要的記者，最近的群眾運動中也有黑社會的人戴著黑眼鏡，你看不到他的臉，騎著摩托車來撞那些遊行的人，這就是香港的一個模式又移到台北來了，所以在這個情況下，台灣老百姓對於共產黨有了更大的警惕。

從這件事情可以看到，共產黨對台灣的反應也很值得一談，反應好像並不很強烈。原因就是他們好像覺得台灣已經在握了、逃不掉了，我認為台灣跟中國並不必然要分開，但有個條件，就是必須要在一個民主、自由的制度下，我想台灣才會加入大陸這個集體；否則如果在一個極權統治之下，台灣是直接民選政府的，無論如何這個制度在台灣不能改變，要改變這個制度，除非共產黨用武力征服台灣，那是另一回事。我也不相信共產黨雖然經濟力量強大、聲勢也很浩大，能不能就動武來征服台灣，這是一個很大的問題，因為現在俄國侵占克里米亞也是一個教訓，老百姓要投票贊成如何如何，它才能歸於俄國。如果仿照這個模式，台灣人也可以用公投方式來表示自己的意見，願意或不願意到哪裡。這樣的話，對共產黨也是不利的，共產黨一切都支持俄國，它對這件事保持中立。它一方面好像很贊成俄國把克里米亞併吞回去，好像支持了它吞回台灣，可是併吞的先決條件是台灣當地人民投票表決，而共產黨又不能接受這一點，所以共產黨也處在兩難之間。

目前看來，台灣事件在大陸人民網上，大家還是希望它能保持現狀，尤其許多游離於台灣的大陸人，看到他們遊行壯大的聲勢非常感動，而且強烈感受到自己完全不能享受這樣的權利。所以台灣的民主化對中國將來是有長期影響的。在這種種條件下，我覺得共產黨對台灣恐怕不能估計得過分樂觀，以為自己一切智珠在握了，因為有時候，我想老百姓寧可在經濟上貧困一點，也不願意變成奴隸。如果要台灣人民換一碗飯吃，付出的代價是做共產黨的順民，我想這點是無論如何都做不到的。國民黨無論如何也沒有力量在台灣一意孤行，因為一意孤行的結果，在選舉中一定會失敗，到最後一定控制不住台灣的局面，這就是我們今天所看到的一個很複雜的狀態，這個狀態怎麼發展，我想還要過些時候才能澄清。

談談「馬習會」

二〇一五年十一月二十日刊登

習近平和馬英九在新加坡第一次會面，這件事情當然引起國際注意，也引起台灣老百姓熱烈的反響，而且是負面的反響，並不贊成。習近平願意會見馬英九，這表示共產黨是退了一步，但退的這一步不是很明顯，這一步是承認台灣是中華民國，顯然承認這是一個有效統治台灣的政體，所以他是以代表大陸的領袖，跟台灣的政治領袖會面，這個意義比國民黨跟共產黨會面大了一層。

我們知道在抗戰勝利以後，國民黨跟共產黨曾經討論和平很長一段時間。毛澤東在美國大使保護之下，到重慶住了大約一個多月。這次習近平提出台灣跟大陸之間要尊重彼此的價值、尊重彼此的生活方式，這點我覺得也是很值得注意的。不過在台灣，一般評論覺得，這次馬英九實際上是被習近平牽著鼻子耍了一頓。可見一般人都認為，國民黨跟共產黨在政治上打交道，無論馬英九還是其他人都是失敗的多，事實上也是如此。國民黨跟共產黨前後兩次合作，第一次就是國民黨剛剛北伐，承認共產黨是合法政黨，把它容納到國民黨裡面來，然後就造成共產黨可以用武力跟國民黨直接作對了。如果不是第一次合作，共產黨不可能擁有武力的。第二次合作就是國民黨因為抗戰的關係，也接受了共產黨的合作，讓它可以獨立發展它所謂的抗日根據地，實際上共產黨的作為是發展自己的游擊隊，打日本人很少，打國民黨的時候反倒很多。抗戰八年之中，它就從延安幾乎朝不保夕的幾萬人，發展到了幾百萬人的軍隊，所以這就可以看出，國民黨跟共產黨過去的兩次合作，都是國民黨完全的失敗。

如果這次國民黨還是照舊的方式跟共產黨來往的話，我們所看到的台灣對大陸、對共產黨的了解還是相當受限的，儘管所謂「匪情報告」一直都有，但判斷是很成問題的。這也不能沒有一點憂慮，現在國民黨可能為了爭取選舉不會全敗而需要共產黨支持一下，但這樣的支持到底有多少力量？將來二〇一六年一月選舉的時候，大概就可以見分曉了。

有一點值得注意，就是共產黨是在大陸報導這件事情，所以馬英九的宣言完全不提，後來偶爾提一兩句，最後在網上出現了一下又很快消滅了，馬英九記者招待會提出的許多問題，在大陸的媒體上完全看不見。大陸對台灣還是有所恐懼，這個恐懼就在於台灣是民主自由的政體，民主自由的體系是共產黨最害怕的東西，所以我們也不能認為台灣單方面怕大陸，我們也要了解到大陸怕台灣，就像大陸怕香港一樣，香港雖然在它的統治之下，可是因為香港的老百姓絕對不服從共產黨這一套，所以造成民主運動在國內有很大反響，得到民間強烈支持，共產黨在這一點上，還有這一次的會面，都有很複雜的後果、很複雜的因素，我們要等著將來看看，具體的情況究竟如何？

民進黨執政以後　台灣民主的發展和兩岸關係

二〇一六年六月九日刊登

今天想談一談五月二十日民進黨執政以後，台灣民主的發展和兩岸關係。教歷史的朋友的共同意見，都認為這一次選舉顯示，民主在台灣又更深一步地落實了。五二〇就職演講是大家關注的，看看是不是走激進的台獨路線，或者明顯地區別台灣人跟外省人？結果演說非常平穩。樣樣都照顧到了，而且特別強調要謙虛，內部要和諧溝通，而不是採取強勢的態度，得到政權以後就可以為所欲為，我覺得這是一個很好的民主的開始。在兩岸問題上，雖然還沒有承認九二共識，但也還是要跟大陸維持經濟上的往來，這往來也是根據一九九二年以後兩岸互相發展的一種趨勢，互相了解、互相做生意。

在這方面講，她也還沒有講到讓中共難堪。雖然沒有承認九二共識，九二共識的一個基本關鍵，就是要承認台灣是中國的一部分，而大家都知道，中國在共產黨心裡就是它。將來台灣的地位就跟香港一樣了，蔡英文在這上面不讓步，也不是她個人的問題，實際上她的整個選民做出了很明顯的表示。所以基本上，我還是很肯定這次民主選舉，蔡英文和民進黨執政的過程，到現在為止都還是盡量求其平穩，大體上說，我覺得台灣一般的反應也還是相當正面。比較重要的當然是和大陸的關係。我們現在談談大陸的反應。大陸在最初看到蔡英文說要維持現狀這個基礎上繼續兩岸關係，繼續求得和平、發展經濟往來的這條路，共產黨對於這條路並沒有否定。但很不滿意的就是沒有承認九二共識，沒有承認兩岸同屬一中。當然在民進黨裡，我覺得她沒有資格做出這樣的承諾，因為這指向未來，未來的台灣人民怎麼想，不是現在的蔡英文或者民進黨就能決定，所以我覺得整個問題並不真正嚴重。真正嚴重的問題是，共產黨正在故意造成一種局勢，好像你不承認一中就是要鬧分裂。當然另一方面，我們也不承認分裂跟統一哪一個價值更高。

所以統一跟分裂不是價值問題，而是什麼樣的方式能使這個地區的人民覺得生活更好。我覺得台灣跟大陸如果作為兩個地區，作為兩個中國社會、兩個中國文化背景產生的社群，照自己的方式發展下去，那麼台灣不可能是大陸的敵人，雙方應該是互相幫助的。但這是中共所不能容忍的。中共是一定要獨占的，一定是要自己獨霸的。而且這幾年來，看它在南海的種種行為，更可以看出它的侵略性非常之高，所以不會容忍台灣長期在外，不成為它的一部分，遲早要求得這個效果。我想如果要求得這個效果，它是在自找麻煩。最近很明顯，共產黨國台辦副主任王在希，在中共的《環球時報》上有一篇發言，他說五月二十日民進黨蔡英文宣布就職那天，是兩岸關係的一個轉捩點，用他的話說就是由熱變冷，就是雙方本來很熱，在馬英九國民黨時代好像愈走愈熱，可是現在忽然冷下來了，原因就是蔡英文所採取的路線，雖然不是很快就要獨立，但他造出一個新名詞「緩獨」，說台灣是在緩獨中。但另一方面，王在希最後表達了中共的一種最新想法，就是看這個樣子，在民進黨不承認九二共識的情況下，和平統一是沒有希望達成的，剩下就是要走武力統一的路線，王在希挑明了說，兩岸關係基本上是實力的對比，換句話說，今非昔比。共產黨力量之大有目共睹，絕不是台灣所能抵抗的。

所以用武力來統一台灣不是很費力的事情，用了武力以後，政治上的安排就照香港方式，這也是它的如意算盤。從這些跡象我們都可以看出，目前兩岸關係在不確定中，是值得憂慮的。不過從長遠來看，我覺得共產黨一下子想動武也沒那麼簡單。因為就算用武力拿下台灣，你也不能長期用軍隊來統治台灣，台灣有個政治結構，台灣老百姓也是不肯屈服的一群人，他們怎麼可能乖乖聽你的話？那是做不到的。換句話說，如果台灣真的被共產黨用武力拿下，共產黨就給自己找了一個最大的痳煩，永遠沒法解決，還有可能引起國內其他地區的反抗。現在國內到處都不穩，共產黨內部又有習近平跟總理的衝突，李克強好像是另一股勢力，習近平正想在下一屆大會上把他掃出去。這種種不安因素，都可以看出共產黨並不是穩如泰山。比如最近有個報導，大陸好多城市，包括北京在內，都在動用武警進行鎮壓演習，如果有任何造反的可能就即刻鎮壓，動員人數多達五十萬以上，這就表示它非常不穩定，也非常害怕。

這種種因素加起來看，我並不是說台灣沒有被侵略的可能性，但我不覺得很高。就算共產黨有人如此嘗試，也未必能成功。關鍵還是在台灣如何保持自己內部的穩定，同時經濟上能夠愈少依靠中共愈好。南進的經濟政策如果能有所進展，那就對台灣很有利，當然我也知道，這裡面困難很多，中共可以用各種方式阻撓南進，不過天下的事情沒有哪一方能夠為所欲為，而對方毫無還手之力，沒有這麼容易的事。長期來看，我認為兩岸關係照著現狀繼續往前走，還是唯一的道路，關鍵是共產黨在思想上應該徹底改造。如果共產黨自己不改造，希望台灣老百姓忽然怕了共產黨就願意投降，願意在共產黨統治下作奴隸，那就要把人心整個改變了。我想，毛澤東都沒有做到的事情，習近平也不可能做到。

川普和蔡英文的電話交談

二〇一六年十二月十五日刊登

今天我要講一個熱門的題目，大家可能有各種不同意見，就是蔡英文在川普當選之後打電話，兩個人講了十分鐘的話。當然內容我們還是不太清楚，基本上沒有談得很深入，只是一個恭賀的電話，被對方接受了，但這件事情引起了全世界極大的反應，從日本到美國、英國、歐洲都有不同的看法。美國內部也有種種不同的意見。不過有一點重要的事實，是大家都承認的，那就是從一九七九年美國承認中共以後，從來沒有一個美國總統或總統當選人跟台灣領導人通過電話，甚至基層官員也避免交往，主要原因就是美國自從鄧小平時代跟中共建交以後，就似乎處處怕得罪中國大陸，所以儘量避免對台灣有任何親近的表示，包括賣武器給台灣，本來是《台灣關係法》上規定的。可是在雷根時代，中共就逼著雷根政權承諾以後不賣武器了。不過雷根（Ronald Reagen）是很支持台灣的。這件事情後來一再檢討以後，就變成逐漸減少對台灣出售武器，但沒有說什麼時候停止，所以到現在還有賣武器的時候。但台灣買武器在歐巴馬時代比較不那麼順暢。不過最近國會眾議院已通過要賣武器給台灣了，接著就是等參議院是不是也肯定，如果也通過了，那在川普手上賣武器，就是很重要的事實了。

電話交談以後，我們看到的是台灣在美國政府、還有很多人的心中，仍然有它的重要性。不像過去七、八年來，好像台灣愈來愈沒有作用、愈來愈不成東西了，甚至於不存在了，這正是中共所要達到的目的，就是讓大家只把台灣看成中國一個沒有統一的省分，遲早要回歸中國。就是要造成這樣一種輿論，讓人人看不見台灣，所以台灣在國際上到處受壓迫、受欺淩，都是中共有意造成的。

但這通電話有一個很重要的關鍵，就是大陸對這個電話沒有像從前那樣強烈的反應，好像把一切責任都怪在蔡英文身上。中國的外長王毅就說，這是蔡英文的小動作，但中共和美國關係的大格局是動搖不了的，中國遲早還是會統一的，他們還威脅隨時可以動武。無論如何，這件事情好像是台灣偶爾打了個電話，找總統候選人說話了，中共的一切反應都要強調這點，美國也有許多人有這種看法。可是最近幾天來，我們看到《紐約時報》上登出許多人對於通話內容的說詞和來源，看到這些報導以後，我們就知道這件事情不是偶然的，而是共和黨好幾個月來，就已經決定要和台灣建立關係，要提高台灣的地位。杜爾（Bob Dole）曾經是共和黨的總統候選人，雖然沒有當選，但他在共和黨內是眾望所歸的人物，幾年來他都做台灣的說客，他的公司每年都在幫台灣想各種辦法跟美國拉近關係，讓美國給台灣更多援助。現在他親自介入，這次談話的人不是他發動的，但拉近台灣跟川普人馬的關係，是他的主要任務，而且做得相當成功。川普的人馬本來就有許多是支持台灣的，由此可見，美國現在有許多人要打破害怕得罪共產黨這種心理。他們很不願意被這種心理制止，共產黨動輒表示憤怒，美國就顧忌了；就好像支援北韓核武的問題，事實上中共一直在支持北韓，從來沒有真正幫過美國這個忙，一點都沒有，反倒變本加厲。就是在伊朗問題上，雖然中共也表示支持伊朗的和談，但它也沒有真正賣力。所以嚴格來說，美國從中國得到的支持和好處幾乎談不上，實際上到處都吃虧，但美國沒有人敢出來說中共如何如何不應該，應該改變，反倒多半聽它的。

所以川普這次是打破了這種心理，而且不只川普一人，我們從最近的報導可以看出，很多人都要改變這個情況，不怕得罪中共了，什麼事情都公開說，否則美國永遠在吃虧，永遠在顧忌中共會不會為了這件事情憤怒、生氣、有所報復？現在美國似乎已經看得很清楚，對中國不能採取這種方式，因為中共的方式也可說來自於中國舊社會。舊社會有一批潑皮，常常以憤怒來嚇唬別人，叫別人不敢動作，以這種手段盡量威脅、為所欲為，取得自己所要的東西。這是中共對外的一個普遍政策，在美國已經搞了二、三十年，始終沒有打破，這次我認為是打破了。打破了以後怎麼變化？會不會改變大格局？這個不敢說，也可能最後還是維持現狀。

我想基本上，蔡英文打電話也並不是要改變大格局，主要還是她所說的要維持現狀，不能一步步被中共消滅。而且內部又造成許多親共的人、親大陸的人，希望早點統一，這種情況下，蔡英文不得不向外面表示，要在國際上取得一種新的地位，要讓人看得見。這次川普跟她的通話，我覺得最大的意義就在於此，所以我不覺得像中共的批評那樣說是小動作，而是美國有了根本變化。這個變化說到底就是不再怕中共生氣，有話就直說，至於你生氣不生氣，有什麼後果那就以後再談。我覺得這是一個心理障礙，心理障礙打破以後，美國對中國的關係就會好得多，而且台灣在這件事情上，無論如何已經得到很大的好處。這個好處就是全世界現在都知道有台灣的存在，美國新總統已經公開肯定台灣的存在，還說了話，川普稱蔡英文為台灣總統，這本身也很重要，因為蔡英文是民主選舉出來的。這是川普強調的，美國人也很佩服這一點。台灣的民主化對於它今天取得新的地位，有著很重大的關係。川普跟蔡英文的通話，在我看來，主要意義就在這裡。

民主制度和美中台三邊關係

二〇一七年四月十九日刊登

最近法蘭西斯．福山（Francis Fukuyama）在台灣出席一場演講座談，我們都知道，他最早的成名作就是《歷史的終結》。所謂《歷史的終結》就是他認為，民主自由是人類最終都要採取的制度。而蘇聯、中共或伊朗這些專制極權的國家不管願不願意，最後也要走上這條路。他這本《歷史的終結》就是寫在蘇聯崩潰以後。他很樂觀地認為，從此以後只有民主自由這條路可走了，歷史就終結在這裡了。

「歷史終結」當然也可以有另一種意思，歷史有一個目的，這個目的就是我們要生在一個自由民主的社會裡，可以暢所欲言，言論完全自由，生活也很自由，而且在法治保障之下，這是他的基本觀念。他在這個基本觀念下，又寫了其他許多書，成為世界著名的思想家了。

他的思想在中國也起了很大作用，二〇一五年他訪問中國大陸，得到王岐山的接待。當然大家都知道，王岐山在中國大陸幾乎是習近平以下，勢力第二大的人物。他決定跟福山對話，表示對福山的地位和言論也非常重視，他們兩人談的基本問題是法治問題。

福山認為，一個國家有賴於三個要素，第一是國家的能力，就是國家能做什麼事的能力；第二就是法治的原則，就是用法律來統治，法律是由人民立法，人人都必須遵守；第三就是問責制度，就是你有問題了，我們有各種制度來責問你，讓你解答，所以這是三個要素。

他在某些文章中，大概恭維過中共的國家能力，可是他認為中共的法治原則跟問責制度完全交白卷。但王岐山就希望從他那裡得到一種說法，可以印證中共的理論，就是把國家能力放在第一位。

而中共也講法制，它的法制是由黨統治一切。黨可以制定法律，讓人人來遵守，這個法制就等於專制皇帝訂下一種法，中國過去就有，中國皇帝的立法就是不需要人民同意的硬性規定，這個規定你必須遵守。這在中文也可以用法制兩個字，但這就非常混淆了，使人搞不清楚法治到底是什麼意思。

至於問責制度，中國過去大概有御史制度，就是官做錯了，御史就會責問你，讓你解答，但在中共極權統治下，就沒有這個東西了。從前孫中山提出監察制度，就是中國問責制度的現代化。但到了中共，這個問責制度就完全沒有了，沒人能夠監察黨做什麼事情，除非黨自己或是黨的最高領袖說話了。

在福山看來，中共雖然因為一黨專制，在國家能力上要做什麼就能做什麼，這是西方趕不上的。確實如此，但代價卻是人民都變成奴隸了。所以這兩人對話談了很久，事實上沒有結果，王岐山的法制是黨治，是黨的法律統治一切。最後福山就說，我們兩個談話等於形而上學，完全不著邊際。

這是大陸的一段故事。最近台灣的一個基金會也請了福山去講話，談的主要是美國跟中國的關係，對台灣會有什麼影響？演講中有人問福山，中共到底會對台灣發生什麼樣的影響？美國跟中國到底是什麼樣的關係？他從美國跟中共的關係說起，他說美國在經濟事務上，當然有些地方必須跟中共協商合作，可是在國際結構上沒辦法合作，所以美國不可能跟中共建立一個共同的國際秩序。因為美國是一個民主體制，民主體制跟極權體制的中共，不可能有一個雙方都遵守的共同框架，這是他基本的立場。

但台灣方面也有人出來說話，主要是談中國怎麼偉大。中國的經濟發展示驚人的，由此可以推知，未來一、二十年，至少在東亞，美國就要被中國所取代，而在全世界，美國也一步步衰退，由中共取而代之。這對中共來說是最好聽的說法，中共自己也只能說到這裡為止。所以台灣方面的談話，在中共方面受到極大重視，談話完了以後，中共要求縣以上的人都要讀台灣這方面的反應。因為台灣如果想生存下去，只有跟中共密切合作。不但合作，而且要密切整合，這個整合之說非常重要。如果要跟中共整合，那就等於說最後接受中共的體制，其他方式只是過渡，比一中各表還要厲害。

但這點受到福山的堅決反對，福山認為這幾乎是不可能之事。美國可以跟中共在經濟上打交道，但不可能建立一個共同體制，而必須接受中共是它的夥伴，福山尤其不能接受平起平坐之說。福山對台灣有很明確的表示，他認為台灣的政治體制非常好，已經走上了民主的道路。有言論自由，有行動自由，他說的國家的三要素差不多都具備了，有國家能力、有法治原則、有問責制度。但福山也看到，中共如果像這樣強力發展下去，又不接受任何普世價值，在這個情況下，台灣會愈來愈困難，這就是台灣將來要當心的地方，就是如何能夠避免被中共吞沒。福山的說法基本上非常正面。他警告，中共強大以後恐怕對台灣不利，這也是很實在的警告，要台灣老百姓提高警惕。

香港五十萬人遊行的啟示

二〇〇三年七月九日

自從五十萬人遊行反對香港二十三條立法以後，這兩天局勢有很微妙的變化。特區首長董建華已經公開表示，這個立法可以延遲。這是很不尋常的發展，因為在中共方面，北京早就決定要香港趕快立法，而且希望愈早愈好，立法程序基本上都已經準備好了。現在因為親北京的一群自由黨人員去了一趟北京，回來以後表示不能支持現在的這個立法。這是很微妙的，因為這些人如果反對董建華、反對北京政權，是可以理解的，但這批人明明是傾向於共產黨、幫共產黨忙的。他們跑了一趟北京以後，確定不能投票站在香港政府這邊的舉動，逼得董建華非修改或延遲立法不可。

據最近的廣播，好像董建華又說他的內閣人員都支持他，所以不考慮下台的問題。自從五十萬人示威發生了很大作用以後，香港的民間反對派提出一個很明確的口號，希望董建華趕快自己下台。因為特區首長產生是由基本法規定的，而基本法沒有規定在特區首長做得不好時如何讓他下台，所以除了董建華自己願意辭職以外，並沒有什麼合法的途徑逼他下台。比如美國的州長，選民可以發起公民運動，要求重新投票，這是一種可能。但是這在香港是不行的；同時香港的這個基本法，又是大陸所謂憲法的一部分，董是由大陸任命的，大陸不撤銷他這個特區首長的責任，香港居民沒有辦法趕走他，除非他在壓力下做不下去而自己辭職。董建華現在公開說明得到內閣人員的支持，因此並不想辭職的話，就表示他還有把握做下去，北京還是很支持的，所以說這是很奇妙的現象。

我們怎麼解釋呢？這是很難的。不過我們可以做個推測，也就是說，中共對香港和對大陸的處理方式不太一樣。他們現在很懂得國際支持和國際輿論，如果在香港採取非常高壓的手段，逼著立法部門通過二十三條，讓董建華為所欲為，也就是說，根據基本法第二十三條規定，犯下叛亂罪、分裂罪，或與大陸某些地下組織、地下活動有關聯的人可以隨時逮捕，那就等於一種戒嚴法了，就會使公民隨時受到威脅，所以這是香港公民起來反抗的一個最大原因。

我覺得香港社會的公民意識發展，在中國各地是最高的。辛亥革命還沒發生以前，香港早就落入英國人之手，成為英國的一個殖民地。英國在一九六〇、一九七〇年代以後，對殖民地有很大的改變，慢慢覺得非退出不可，但退出以前，它希望留下一份遺產，就像在印度、在其他殖民地所留下的一樣，那就是法治、民主思想、自由觀念，這些條件加起來，可以產生一個健康的現代社會。所以我覺得，香港這五十萬人遊行所表現出最重要的一點，就是一種公民道德出現了。如果這種公民道德影響到大陸，可以使大陸走上同樣的路，那當然是大家所希望的。

（本篇網路無錄音檔）

香港是中國自由民主的燈塔

二〇一〇年六月九日錄音
二〇一〇年六月二十二日刊登

「六四」在香港燭光晚會，在維多利亞公園聚會的人很多，人數達到十五萬人之多，照警方說法，也承認這次有十一萬三千人。最重要的是，因為「六四」而在香港發生一連串事件。這些事件使我們相信，香港現在已成為中國的民主燈塔。

香港在法律上已經回歸中國，如果說中國人都忘了「六四」，那香港是不是中國呢？所以這件事情最能證明「六四」記憶深深留存在人們心裡，只要有任何自由機會，它都會表現出來。只有在大陸全面控制、全面壓制的情況下，人民才會不提「六四」。不提「六四」，並不表示遺忘了「六四」。

這次意義主要來自一位藝術家，叫做陳維明，他在一九八〇年代初期畢業於北京中央工藝美術學院，一九八八年就移民到紐西蘭，現在又到了洛杉磯。他的雕刻非常有名，他為達賴喇嘛雕過像，也為歐巴馬總統雕過像，都很受到重視。

所以，他在洛杉磯為了紀念「六四」，雕了兩個很大的雕刻。一個是新的民主女神像，運到香港；另外還有一個很大的浮雕，寬六點四米、高二點四米，叫做《天安門六四大屠殺》，六月以前就運到香港。運到香港以後，被香港政府以檢查毒品為名扣留住。香港老百姓可不是好惹的，起來抗議的人非常多，要討個說法：為什麼要扣留我們的東西，這是完全合法的藝術品。

最後香港政府只有妥協，它說過幾天就還給你們。所以這兩件作品在「六四」以前倒是還給香港支聯會，還有在香港活動的中國民主黨全委會。歸還之後，他們就要在維多利亞公園（維園）展出。

這個展覽變得轟動一時，跟往日有所不同。最重要的是，老百姓對這兩個浮雕發生了很深的感情。展覽結束後，有五千學生跟市民要求把《天安門六四大屠殺》、《民主女神像》兩件雕塑，豎立在中文大學校園。但被香港中文大學董事會拒絕。

董事會用的理由是政治中立，這個說法完全不能說服學生、教職員跟香港人民。所以他們不顧一切，要把這兩件藝術品護送進中文大學校園豎立起來。看到老百姓跟學生、教職員態度如此強烈，最後中文大學也不敢直接干涉，只由警方進行象徵性的攔阻，阻止不成，就進去了，最後這兩件雕塑還是在中文大學豎立起來了。

豎立以後，到底怎麼處理？這兩件雕塑因為香港政府扣押的關係，已有一小部分受損。將來能否修補，得看藝術家能不能入境。藝術家陳維明本人，就被香港政府拒絕入境。他在六月一日就到了香港，逼得沒有辦法，在機場待了一天多，六月二日只能飛回洛杉磯，他很遺憾他自己無法入境。

這兩件藝術品在中文大學將來究竟如何豎立，還不知道。同時，由於中文大學當局跟董事會以政治中立名義拒絕這兩件藝術品進入，引起香港人民、香港中文大學教職員和學生的憤怒。現在他們採取行動，要懲罰中大的董事會跟負責人，現在這件事情正在進行法律程序。

我們可以想像這件事的意義，香港是中國大陸邊緣上唯一一個地方，由於一國兩制的允諾，共產黨的統治暫時還不能直接插手香港，所以香港在某些地方，還能遵守英國統治時期那種對法律的態度。

如果在中國大陸任何一個城市，這件事情都不可能發生，早已鎮壓下去了。但香港到底不敢有這樣的鎮壓，香港警察也沒受過這種鎮壓訓練。從這件事情可以看出，香港的意義非常重大，它不但是一個還保有基本自由的地方，同時還是一個民主的燈塔、自由的燈塔，照亮整個中國。

這個民主的燈塔、自由的燈塔存在，就是給中國未來的民主、自由的前途，保留了一個很大的希望。這個希望就是可能從香港一地，照亮整個中國大陸。

緬懷司徒華先生

二〇一一年二月二日錄音
二〇一一年二月八日刊登

司徒華先生是香港民間草根崛起的一位領袖人物。他從教育界開始，然後捲入社會運動，捲入保釣等愛國運動，最後捲入民主運動，一生經歷極為豐富，為中國、香港的努力，至少四、五十年不間斷。今年一月二日去世的時候，已經八十歲了(可能還差一點)，現在是二月二日，剛好一個月。

我現在想簡單講一講，他為什麼值得尊敬。《紐約時報》在他去世那天就有一篇報導，說香港許多人悼念他，可見這位民間領袖引起國際關注，在整個亞洲也受到注目。如果真有人為他提名諾貝爾和平獎，我一定舉雙手贊成。他得不得獎不重要，但他是那一型的人物。

聽到「司徒華」的名字，是因為一九七三到一九七五年，我在香港中文大學工作。他為了爭取香港所有中文教員的福利，就組織了一個教師協會。這個教師協會當時就非常活躍，他到處演講。教師協會的會員已經發展到差不多八萬人左右，甚至還多。一九六〇年代已經開始，一九七〇年代又組織教師協會，到今天算起來，表面的活動已經到了四十年以上。

但他的發展並不止於教師協會，他是反殖民地的。所以首先向英國人爭取需要中文，中文運動在香港也是他努力推動的。因為他有這樣一個組織，所以很見成效，這是他早期的活動。

我相信早期的他，可能有一部分思想是左傾的，認同共產黨講的一些國家、民族觀念。因為共產黨利用國家、民族的觀念，但他是非常認真的。他不是表面愛國、表面上講民族大義或民族文化，他是深受中國文化薰陶的讀書人。每年我都見到他親筆寫詩詞，或是他自己的作品，或是別人的作品，他寫在卡片上，印成聖誕卡、賀年卡，寄給大家，我每年經常收到，都很感動。

他是非常真誠的。我從前並不認識他，認識他的原因則是一九八九年天安門事件，改變了司徒華先生一生的努力方向。就從那天開始，他知道中國最需要的、最能救中國的、能保存中國文化、能保證中國民族尊嚴的，就是爭取民主和自由。

他本來參加過保釣之類的運動，這種背景的人在香港往往被共產黨拉攏。但他不為所動，因為他完全沒有個人的考慮，他絕對不想借任何社會運動、跟他所取得的崇高地位，為自己謀任何福利。所以這個人是大家所公認的，他能做到孟子講的「富貴不能淫，貧賤不能移，威武不能屈」，還有胡適加上的一點「時髦不能動」，任何時髦的東西都打不動他。他是要看能不能實實在在地為中國人、首先是為香港人，爭取有尊嚴的、有人權的生活。

「六四」那一天，他徹夜不眠，非常痛心疾首，所以很快就組織了著名的香港支聯會。香港支聯會就採取了「黃雀行動」，黃雀行動是什麼呢？就是通過香港的祕密社會組織，這些組織是中國江湖上講義氣的人，來營救「六四」的領袖，特別是柴玲、吾爾開希等等年輕領袖，還有其他更多學者等，都是通過他的黃雀行動，一個個救出來的。有些人還親自告訴我經過多少困難，怎樣在荒島上過一整夜，然後才能到香港，到了香港才能自由。

這個援助是非常不得了的龐大計畫，他為了支援這個行動而捐出無數的錢。所以這是他爭取民主的一個主要轉捩點。這個轉捩點以後，他就是要為「六四」平反、中國民主、中國人權而奮鬥。像每年舉行的香港燭光晚會，已經全世界聞名了，《紐約時報》也報導過很多次。

香港民主運動，他屬於民主黨的一員，也是非常重要的領袖之一。因為他是草根民主、中文教育方面，所以影響力更大。表面上，李柱銘在西方的影響、名聲最初可能在他之上。可是實際上，我認為他的影響力超過李柱銘，不過兩個人無疑都同樣重要。兩個人配合也非常好，所以一個對內、一個對外，使香港的民主運動受到全世界關注。

他在這個問題上，始終堅持對共產黨採取抗爭的態度。他最初贊成港人治港，但也主張民主回歸，而不是回歸到極權社會、受極權統治。所以他跟共產黨最初是有距離的，但還是彼此合作，他也參加了《基本法》起草，也到過北京。

但一九九七年回歸還沒到、《基本法》也還沒完成，就發生了「六四」。「六四」以後，他馬上轉變態度了，他再也不跟共產黨合作了，他要改變中國的政治情況，就是爭取民主運動。

所以後來這幾十年中，都是由他做了各種各樣草根活動。香港的政府當然沒有辦法跟中共對抗，中共提出的某些東西，香港議會（立法會）裡只有民主黨才能起來反對，不但能反對，還能號召民眾。有一年號召民眾超過五、六十萬，共產黨想控制香港的一種政策就達不到了，這都是他努力的結果。

所以在香港這個地區，他保證了中國民主的活動。他在人生最後階段曾經受過批評，因為他似乎贊成共產黨將改革的時間延遲一點，有點妥協成分，所以受到某些攻擊。但這是見仁見智的問題，他死後大家也都諒解他，從來不認為他出賣了民主、出賣了人權，這種種價值他還是堅持的。

不過，他覺得策略可以改變，因為共產黨的勢力還很大，不可能跟它硬拚的話，我們就採取軟的對抗。我想在這一點上，他的原則是沒有問題的。所以他死後，全世界的華人地區有很多追悼，從澳洲、英國、北美，都是大規模的追思會。

以北美而言，像加拿大多倫多、溫哥華等等，美國的紐約、洛杉磯這些大城市，都有很大的集會，上百人或更多人前來追思司徒華的貢獻。所以司徒華真正活在中國人的心裡，外國人、西方人雖然對他不深知，但對他也非常重視。

從這方面看，一個從無顯赫出身，也沒有獲得顯要地位的民間人物，竟然能夠普遍受到這麼多人尊敬，在我看來，至少這幾十年來還沒有第二個人。他這樣的平民出身、不懈奮鬥，為了實現中國的普世價值，付出這麼多的努力，同時又介紹了中國的文化和傳統，這樣的人實在太難能可貴了。

所以我想在除夕告別虎年、進入兔年的時候，對司徒華先生致敬如上，我希望大家也都能這樣。因為共產黨是禁止他的，直到臨死也不讓他回故鄉看看，他的名字在大陸也被封鎖，所以我應該做個報導，希望他的事蹟稍稍被中國大陸的知識人和一般人所認識。

香港老百姓要提高警覺了

二〇一一年三月十七日錄音
二〇一一年三月二十八日刊登

中國共產黨要準備行政區劃改革，把現有的省增加、擴大，計畫變成大概五十省。現在宣布的只有四十九省，理由很簡單，沒有說出來的第五十省就是台灣。

第二個就是要把香港跟珠海地區合併為一個單位，所以在這五十省之中，有三個「都」，一個是北京都，第二個是上海都，第三個就是香港都。

如果按照這個計畫，香港就不再是獨立單位了，跟廣東省的一部分珠海市合而為一了。這是一個很重要的變化，因為按照現在已經頒布的行政區劃改革，今年就要啟動，改革方案準備在兩年內完成。

如果兩年內完成，當然台灣是不是拿得回來，還不知道。但無論如何，香港都會有最基本的變化，現在的《基本法》種種，五十年不變的承諾，都沒有了。因為它現在重新劃分過，就不是原來的香港了。

二十幾省變成五十省，擴大了一倍。比如說現有的山東變成四個省，剩下的山東省就很小了。四川也一樣，跟湖北和其他地方都拆開，重新組合，剩下的四川省就小得多了。重慶變成三峽市，沿著長江而下就叫三峽省，那就變成另一個東西了。還有淮河省，又變成跟河南連在一起了。河南、山東、安徽、江蘇，每個稍微大一點的省，都拆成至少兩個省，或者三、四省甚至更多。

這個複雜情況，它沒有宣布內容，我們也不敢一一說明是為什麼。可是很顯然，它是為了控制，怕的是大省將來會鬧獨立，是中國的一種老方案，從這裡要說起「省」是什麼。

中國的省事實上不是地方行政單位，中國從秦始皇開始就是郡、縣；到後來唐朝還是用郡、縣，加上州、府這些名稱。宋以後基本上有四個名稱，最大的是路，然後底下屬於州、府、縣，不是四級，但差不多是兩級到三級這樣。

但在元朝統一中國以後，它為了控制中國才設立省。這個省不是地方官，而是中書省。中書省也叫行中書省，所以我們現在省的制度，清朝以前叫行省制度。

行省制度是什麼？就是中央宰相府是中書省，中書省要控制地方，就設立了十一個，把中國重新劃成十一個省。十一個省就派元朝的征服者自己人，到每個地方去直接控制，有些州、縣就直屬於省，不屬於原來的路了。在這個情況下，元朝人統治就非常厲害。

同時它也把原來州、府、縣的自然地理重新劃分，以防反抗。另一方面，有些地區又劃入不同省分，分割控制。比如說江蘇省的徐州是軍事要地，如果要把它劃成江蘇省，江蘇省的力量就增強了；但徐州旁邊又是安徽、又是河南，徐州只有一個城，外面就控制不住，這樣一來，如果江蘇省想鬧獨立，也鬧不成。這就是元朝人的一種辦法，把自然地理割碎，讓你不能控制，當時主要注重的當然是軍事控制。

但今天共產黨採取這個方式，不只是軍事控制，也是政治控制、社會控制。把大省分成小省，地方勢力就沒辦法擴大，中央可以控制。第二是經濟力量也不會集中在某一地區，以免中央無法控制。

所以現在的情況複雜，把一省劃成四、五省，拆開再重組，這樣一來，這些人既沒有感情、也沒有關係，不容易造成共同勢力，就失去共同目標，短期內沒有辦法形成一種同鄉觀念，就這樣把同鄉觀念等等都給拆散了。

這個設計根據過去征服王朝（特別是元朝）制度而轉變過來，我們一定要先懂得這點，才能了解共產黨作用的可怕。本來，鄧小平答應香港五十年不變，後來又有香港的《基本法》；《基本法》就等於是一部小憲法，保障它的相對獨立性，雖然不是絕對獨立，但它基本上是獨立的，所以共產黨不能進行直接統治。可是現在這個劃分非常微妙，它要把廣東省的珠海跟香港合併，這一合併，內外的界限首先就打破了。

這點它完全不提，而且說明要在兩年內完成，縱使兩年內不能完成，恐怕也要在三、四年或五年內把它完成，遠在所謂五十年之前，香港一九九七年回歸中共，一九九七年到今天才十四年，十五年都還不到，香港交還後二十年內就變成中國一部分的話，完全把所謂五十年的承諾打破了。

屆時香港不可能有自己的選舉，也不可能多黨制，也不可能一人一票；現在還沒有直選，還是受控制的選舉。答應讓香港人直選是騙局，也是謊言，將來一定會取消的。

這是非常重要的發展，這個計畫是不是就這樣確定要做，我們現在還不敢說，要看行動。不過現在傳出的消息，是中國民政部區劃地名司司長戴均良，在香港接受媒體採訪公開承認的，這不可能是別人造謠，這是共產黨把自己的真面目又暴露出另一方面了。

所以我們一直認為共產黨不是中國的，而是非中國的。它是中國的話，就不會一方面接受馬列主義，一方面接受元朝跟清朝人統治中國的方式。所以在這種情況下，香港老百姓尤其要提高警覺。

香港和緬甸選舉的對比

二〇一二年四月四日錄音
二〇一二年四月十二日刊登

這次香港特首選舉有點特別，特別在哪裡呢？就是過去兩次，第一任香港特首是商人董建華；第二次當選的特首是曾蔭權，他是香港公務員出身，前任政務司長。從這兩人看來，還算是港人治港，就是這些人跟共產黨沒有直接關係，只有間接關係。當然他們還是尊重共產黨中央的旨意，但無論如何，他們也多少代表了一些香港地方人的利益。

這次競選不同之處，就在當選的人是梁振英。梁振英是人人都知道的地下黨員，而且對於共產黨言聽計從，這就等於說，共產黨雖然沒有直接派人到香港統治，但事實上已經把共產黨員送來直接領導香港。這是很大的變化，是香港歷史一大轉捩點。

《開放》雜誌的金鐘先生，打長途電話告訴我：這在他們看來是很重要的變化。換句話說，鄧小平所謂五十年不變，完全是騙人的話。現在我們看來，只有十五年，已經開始有了很大的變化，香港政府已經開始進入共產黨的口袋，以後的用人種種，大概都跟梁振英有關係。這個變化當然不是馬上起作用，卻是很重要的變化。

同時我們可以看出來，雖然許多人都聽共產黨的話選了梁振英，但香港最有勢力的李嘉誠完全不贊成梁振英當選。他認為梁振英當選就不能夠代表香港人的利益，所以他支持唐英年。唐英年是商人背景，早期能在香港立足，進入政府做到行政司，當然有背景。他的背景是江澤民，可是江澤民現在力量已經很小。唐英年醜聞太多，因此失去機會。但事實上並非如此，我想唐英年的作用早已過去了。共產黨完全是最現實的功利主義者，過河就拆橋了，看你沒用了就要把你放棄，何況唐英年在香港的評論中，似乎也不是個非常能幹的人。在這種情況下，共產黨把他丟掉，而用自己的人。

所以這是共產黨特意要把香港掌握在手上，因此香港人反應也非常強烈。三月二十五號選舉特首，四月一日就有一萬五千香港人在西環遊行，他們的口號就是「香港是我主場」，我們香港人要自己做主體、做主場。西環是共產黨的辦事處，所以最後說「反對西環治港」，西環就代表中共。因為在香港的關係，不好直接用「共產黨」，只能用「西環」代替。換句話說，香港人認為梁的當選，顯然就是共產黨直接伸手到香港來統治一切，這是他們不能接受的。

反之，緬甸是另外一個情況。緬甸一九九〇年民主黨就當選過，但被軍人取消不算。一直到了去年，緬甸的軍人大概覺得完全靠著跟共產黨打交道也不行，雙方至少有矛盾，所以開始改變態度，希望做些開放的表示。

這次選舉只有四十幾個地區，選大約四十幾個人，因為它整個國會席位是六百人，所以只有不到十分之一、十二分之一人選，不影響大局。但四十五個地區選舉的時候，民主黨取得了大勝，可說是壓倒性的勝利。換句話說，他們拿到四十席以上。雖然這四十幾個人進入國會並不能影響大局，但從完全壓制性的政權控制、專制控制，到有一點點新的開始，有些開放了，所以美國、歐洲都非常興奮。美國國務卿就說，這是給我們一點鼓勵，好像再壓迫的政權，也還有開放的可能；再封閉的社會，也有打開的一天，這對於緬甸的經濟和社會，會有很大的改進。

從這方面來說，這也是一個新的開始，當然是比較好的開始，比起中共剛好相反，所以跟香港的例子是很鮮明的對比。一個是從極端專制、軍人專制到有限度開放，一個是從比較有點法治和開放的社會，要進一步加以控制，變成由共產黨直接伸手統治香港，香港人所謂「西環治港」，這可以說逆轉、逆著世界潮流而動。

所以，本來在北方的北韓、在南方的緬甸，都是中共囊中之物，聽它的話。現在緬甸由於種種原因，至少開始有點改變，希望經濟上也跟西方溝通，不完全靠中共一個專制國家支持，才有這個改變。

我們看到這兩個對比，不能不深深感慨，我希望中國有一天也可能發生像緬甸這樣的變化。

共產黨在香港實行國民教育　實質就是洗腦

二〇一二年八月二日錄音
二〇一二年八月十三日刊登

共產黨要用洗腦淹沒真相，在大陸實行得很嚴密，有沒有效是另一回事，但非常普遍。在香港因為是一國兩制，香港要保持原來的言論自由，現在梁振英當選以後，共產黨忽然要強迫香港實行另一種國民教育，這個計畫準備在九月就要實行，香港公立學校到二〇一六年要全部實行。

這樣就引起香港人極大的憤怒和抗議，抗議發生在七月二十九日，為什麼會有抗議？就是因為前一天教育局長吳克儉發表聲明，說國民教育一定要實行，你們不要去抗議、不要去遊行，因為遊行、抗議也不能阻止它、不能延緩它，我們一定要做。

這個國民教育並沒有在香港討論，就由政府匆忙做出這樣一個決定，所以香港的家長非常擔心。有個家長組織就是為了關心國民教育，推出代表在星期六與教育局長吳克儉談判，談判沒有結果，所以第二天就有大遊行出現。

教育局長當然否認這與洗腦有關，他說不是洗腦，就是介紹中國情況，但事實上大家已經指出，所謂國民教育是模仿大陸所謂愛國教育，香港人都很清楚大陸的愛國教育是怎麼回事。愛國教育就是要把黨捧成最不自私的、最進步的，同時也是致力於中國統一的黨，所有好事都是這個黨做的，同時嚴厲批評西方式的多黨制，認為中國不應該接受。

香港人當然不能接受這樣一種國民教育，所以就有九萬人大遊行，這已經是今年第三次遊行了。我們知道，上一次是「六四」紀念，接著就是香港梁振英上台，胡錦濤到香港來主持，受到老百姓抗議，這是第三次。

香港人認為，國民教育如果是以大陸的愛國教育為範本，那這個範本中間就有個中國模式，中國的模式就是要實行一黨專政；同時在一黨專政下，不同的思想不准出現，在這種情況下，香港人當然認為不能接受。同時在國民教育中，將來還準備把共產黨做過的許多壞事，包括文革種種，都含混帶過，至於天安門屠殺種種，更是一字不提，從小開始給孩子洗腦，現在先把那些錯誤內容放進去，讓它擋住別人的反共宣傳。但反共宣傳在香港是無法阻止的，香港的家長非常憤怒，有幾位母親在遊行中都特別表示，她們絕不能接受這樣一個教育，讓孩子很早就接受錯誤的觀念、錯誤的感覺。可是儘管教育局長吳克儉否認，親共團體「香港國民教育促進會」會長姜玉堆卻公開發言，說這些反對國民教育的人都是腦子有毛病，應該洗洗腦，所以他公開說洗腦了。他還加上一個比喻，說你的衣服髒了要洗、腎壞了也要洗，這樣一來火上加油，老百姓更不能接受了。

老百姓的反對至少提出三點理由，第一是破壞了一國兩制，原來兩制中並不包括所謂國民教育；第二就是洗腦，培養一種人的偽善，都變成假的人了，小孩子對政治、社會，一切將來有關他們一生的重大問題都麻木不仁；第三個反對理由是說，香港已經有了足夠的公民教育，可以包含對大陸的認識，現在不可能再加上一個國民教育。

年輕家長尤其表示，這個國民教育從今年開始實行，到二〇一六年要全部實行，都是在公立學校，從公立小學就開始了。這個小學只有一般工人階層、一般中產階級，沒有錢的人只能進這些小學。有錢的人、富貴的人或者有辦法的人，可以把子女送到外國受教育，不受洗腦，也可以送到外國辦的國際學校，這在香港也很多，它也不能在這些學校裡實行國民教育。在這個情況下，換句話說，就是沒有錢的人被迫接受謊言教育，造成孩子很早就聽的是假話、說的是假話，危害是無窮的。它不只是政治問題，更把小孩子整個人格都糟蹋了。

所以在這個情況下，香港是一片反對之聲，而且我相信，反對聲音絕不會到此為止，這不過只是開始。因為這裡關係到這麼多小孩子的前途，一般大人是不肯放過的。所以他們在遊行中提出兩個最響亮的口號，第一個口號是不要思想控制，共產黨顯然是要思想控制；第二個是守護一國兩制，一國兩制應該堅持到底，就是說，一國兩制不應該在這個時候，被共產黨忽然用國民教育破壞掉了。

最早的所謂一國兩制，包括港人治港和高度自治，這兩點現在都受到破壞了。港人治港現在已經變成共產黨治港了，共產黨地下黨員當香港特首，西環在幕後指揮了。高度自治現在也很成問題了。國民教育這樣大的事情，在這種情況下，我想香港人不會隨隨便便善罷甘休。

香港跟大陸不一樣，共產黨到目前為止還不能公開抓人、還不能公開把人送進監牢，在這種情況下，要想控制、要想實行完全的洗腦政策，我相信是有困難的。而且可以看到，共產黨從來不會守信，這是大家應該深切注意的，尤其台灣的老百姓應該想一想、應該看看香港這個情況的發展。共產黨說五十年不變，現在每天都在變，國民教育更是很大的變化，這怎麼叫五十年不變呢？

我想，大家過去對共產黨的謊言好像不大在意，現在謊言說得太多，沒有辦法掩飾，終於全部暴露在人民眼前。至少到目前為止，體制上的自由還不敢公開否定，在這樣的自由下，我相信香港人會繼續努力。

評香港七一大遊行

二〇一二年七月五日錄音
二〇一二年七月十二日刊登

香港七一大遊行，是香港對中共的一次抗議，也是對中共操縱下香港特首選舉的一次明顯抗議，這是非同小可的事情。按照參加者和旁觀者推測，人數有四十萬人。他們從維多利亞公園開始出發的時候，警方估計只有五、六萬人。一路走下來，愈來愈多的人參加，到的時候確實有三、四十萬人。這是一場很大的抗議，可說是這十年來少見的。除了二〇〇四年那次，五十萬人抗議《基本法》第二十三條之外，這次是人數最多的一次。

這一次上街抗議的人那麼多，原因有兩點。一個是對選舉的不滿，第二是胡錦濤主持會議，為梁振英就職典禮主持交接，因此引起香港居民非常熱烈的要求，希望把他們反對中共的聲音傳達給胡錦濤本人。

我們知道，胡錦濤二〇〇七年也來過香港，那時香港對他來訪問的態度還是比較積極。第一是因為奧運剛剛要開始，隔年就是奧運；第二大概是因為那時經濟很好，很多人都到香港來度假，因此香港人對胡錦濤那次來訪，至少沒有給他任何難堪。

可是這次完全不同了。這次四十萬人的抗議不但熱烈，胡錦濤就在上面做主持，就在這時，二千三百個受邀的客人中間，就有一個客人站起來大喊，告訴胡錦濤六四應該平反，同時還要求香港要直選。聲音叫得非常大，驚動了全場，因此守衛就把這人架出去了。架出去以後，我想在香港你也不敢把他關進監牢整治，也只有放他走了。但以後會不會報復，還不知道。不過在二千三百個受邀的客人中間，有這樣膽大的作為，是很可驚的，胡錦濤不可能聽不見。

所以香港人對中共不滿，在這件事情上，已經看得非常清楚了。主要是香港回到中國十五年來，直選始終沒有實現，而且只有口頭承諾，說二〇一七年可能進行直選，但也沒有任何保證。所以在這個情況之下，我相信共產黨一黨專政，在香港操縱局面，他們是不想改變的。這就是引起香港人憤怒的主因。

當然其中還有許多客觀因素，第一就是香港的貧富不均。照世界上的統計，是一九七一年以後最大的貧富不均，特別在房價上面。香港的財產、房價，特別是房屋價錢之高，是全世界之冠，買房的人多半都是最有錢的人。大陸來的許多貪官，在香港也買了很多房子，就這樣把房價又挑起來了。窮人不可能在香港買房子，所以這是一般人憤怒的基本原因之一，這個原因很重要。

梁振英已經保證，他就職以後，第一個就要解決老百姓住屋的問題，他能不能做到，很難說。因為他非常不得人心。他不得人心的原因，第一，他是個大富豪，住的房子值五億港幣。這種情況下，他會幫窮苦的老百姓著想，也是很有限的。另一方面，梁振英在選舉的時候，把唐英年弄垮，就是說他家裡面有違章建築，現在大家發現，梁振英同樣犯過錯誤。他的房子有六項非法建築。而梁振英沒有辦法推託，只好表示道歉，他表示非法建築是他住進來以前已經有的。這也是他不得人心的主因之一。

在這個情況下，據中文大學的一個統計室調查，香港已經有百分之五的人（百分之五的人，在香港就是差不多三、四十萬人）要他下台。他還沒有上台呢，已經要他下台了，可見他在香港的民望非常低。

最重要也最關鍵的是，香港人對於北京的政府完全沒有信心，他們很擔心的就是通過地下黨員把香港逐漸收緊，所謂五十年不變，所謂公民自由可以允許繼續存在、司法獨立繼續存在，這些都可能會發生變化，因為他們對共產黨實在沒有任何信心。

在這種情況下，中共要想改變香港的民意，除非非常明確的提出許多實際工作、實際作為，比如說讓香港很快地進入直選，如果下一屆還不能直選，我想香港將從一國兩制變成一國一制了。

香港這次遊行舉的旗子，訴求很多，從老年人退休到醫療保險、下降房價等等都有。可是最重大的就是要保持民主，民主唯一辦法就是直選；同時只有直選，才能保證公民自由不會被取消。

香港人現在非常恐懼，就是害怕公民權會被取消。所以我們注意到遊行人數之多，而且都是年輕人，差不多都是二十歲到二十六歲的人參加抗議。換句話說，在香港反抗的並不是舊人、老人，事實上大亨們跟共產黨是溝通一氣的，連共產黨自己本身都變成大資產階級。香港現在反抗的是一般老百姓，一般老百姓對他們的前途沒有把握，所以這一次才有這麼多人示威，而且餘聲不斷。

梁振英是左派，這是不成問題的，他跟唐英年競選的時候，唐英年就已經指出：早在八年前，他就主張強力通過第二十三條，而且用武力、用員警把反對的人抓起來。這是唐英年後來被共產黨扔掉的主因之一。可見梁振英毫無疑問是個不可信的人物，香港人對他有一個整體看法，說他是一隻披著羊皮的狼。所以在這個情況下，梁振英如果想在香港有所作為，那是相當困難的。我們對香港未來的發展，必須密切加以關注。

香港的立法會選舉

二〇一二年九月六日錄音
二〇一三年一月十日刊登

香港的立法會選舉，這一屆特別重要。共產黨第一次把它自己在香港的人選出來作為特首，這就是梁振英。

一般香港人都認為他是地下黨，他是不是地下黨，我們現在不能證明，不過他從年輕時代就開始跟著共產黨走，那是有紀錄的，人人都知道。另一方面，他當選以後，即刻到西環的共產黨新華社去致謝，看得出來他是共產黨一手捧出來的。所以第三屆的特首有個特點，就是不再像前任那樣是商人（像董建華）和舊殖民官（像曾蔭權）。共產黨當初用商人做第一屆特首，然後又改用英國時代的殖民官曾蔭權做第二任特首，都是有過渡用意的。之所以非如此過渡不可，是因為香港《基本法》上說明了要港人治港，換句話說，就是特首必須從香港本地產生。但從本地產生，首先就離不開本地的大商人、企業界人士和舊殖民官；另一方面也可以取得香港人信任，好像共產黨是真的遵守五十年不變的諾言，讓香港人自己治理。

但這兩人因為是香港舊社會出身，對共產黨的領悟並不很高，有些事情未必能想得到。所以有時不敢太強硬處理香港某些事情。這就不合共產黨的意。因此香港有幾十萬人遊行抗議《基本法》第二十三條，當時震動了全世界。由此可見，共產黨覺得，無論董建華還是曾蔭權，這兩個舊時代出身的商人跟殖民官不能夠滿足北京共產黨的要求。就是香港特首對共產黨的一舉一動事先就心領神會，完全知道並且照做。所以今年就選出共產黨早已內定的梁振英做特首，這是第一點。第二點，因為這個緣故，下一步他們要完全控制立法會。過去的毛病就是泛民主派在立法會的席位相當多，可以造成一種反對聲音。這個反對聲音就阻止了香港政府不敢明目張膽地推行某些北京需要的政策，形成了阻力，所以現在第二步就是爭取立法會。立法會今年有特別的變動，它增加了十席，就是從六十席增加到了七十席。這七十名議席中，本來有三十席是所謂功能界別，就是指所謂商會、出版界、各種專業，這些基本上由他們控制。不過今年加了五席，這五席可以由老百姓直接投票選出來，這樣選出來的又叫做五個超級區議會名額，可以由大家來競選。再加上原來民間可以選的二十八到三十席左右，所以前後有三十多席可以由老百姓投票決定。

但香港黨派可分為兩大類：第一類就是親建制派，就是聽共產黨話的，或以共產黨為領袖的一些黨派，換句話說，是親中的；另外就是泛民主派。泛民主派有很多黨，不過基本上都贊成香港民主自由、維持普世價值、繼續多黨政治，這些想法跟原來香港人的基本想法相同。香港在殖民地時代雖然沒有民主，但有自由。所以自由的生活是香港人最不肯放棄的最寶貴傳統。現在泛民主黨就在這方面努力。過去，泛民主黨早期在競選中占的人數很多，而後來建制派暗中得到共產黨愈來愈厲害的支持，這次更不同了，西環幾乎直接出手，用各種方式來爭取選民。它爭取選民的方式很多，比如說送三位太空人到香港，又送奧運金牌得主到香港，都是想用民族主義號召香港人傾向中共。

另一方面，他們又有各種招待會或娛樂會，招待老百姓，也都是為了建制黨派拉票，所以形勢非常緊急，香港人覺得選舉過程是一片紅，非常危險，泛民主黨派可能拿不到幾個議席。現在可以爭取的議席有三十幾席，但建制派相當有勢力。在這種情況下，共產黨這次有意想把立法會完全控制住。同時又發生另外一事，就是國民教育，共產黨已經決定今年開始實施國民教育，基本上還是由各學校自己編課本；但共產黨已經引入很清楚的指標，就是在這個國民教育中，要告訴老百姓、告訴小孩子，共產黨是如何偉大、如何光榮、如何正確（偉光正）；沒有共產黨就沒有新中國；同時也要告訴小孩子，西方的多黨制是很壞的，沒有別的好處，只會危害老百姓。《中國模式國情專題教學手冊》已經在香港露面了，引起了極大憤怒。共產黨推行國民教育大張旗鼓，說三年後就是強制性的。現在可以自由選擇，但以後教材要統一，都要由香港政府教育局決定，這引起家長和學生的極大憤怒。

值得注意的是，九月三日幾千個學生穿著黑襯衫，包圍政府，一定要取消課程；香港政府說可以談判，我們可以組織委員會，你們可以派人來一塊討論，但抗議的人絕對不肯，這樣就變成僵局。在這個僵局下，泛民主黨得到鼓勵，換句話說，照大家估計，這次選舉由於國民教育受到如此強烈反對，泛民主黨可能就會得到好處，就是投票的人可能願意把立法會議席投給泛民主黨。但我特別強調一點，為什麼國民教育不遲不早，今年出現？梁振英當了特首以後才出現？這跟直接干預立法會選舉是一樣的，它是原先計畫的一部分，就是要全面控制香港。在自由開放的地方，看到各種不同的報導，不可能相信共產黨片面的謊言，因為在中國，共產黨的現代史全都是謊言，尤其牽涉到共產黨統治的歷史。

它在中國雖然可以關起門來做這種洗腦工作，搞國民教育，搞各種各樣的意識形態教育，但效率還是有限，因為現在網路媒體太厲害了，許多不同消息都進去了。所以共產黨內部的年輕人，在網上反對共產黨一黨專政，要求民主自由的人還是非常多。從這點看來，它在香港成功的可能性很小。可是製造起來的麻煩，給年輕的學生帶來思想上的干擾，是一時避免不了的，所以香港人為了爭取，在這次選舉中，一定會在投票上有所表現。

香港出版商姚文田被捕　當局收緊言論出版自由

二〇一四年二月十八日刊登

今天我要講一個題目，就是香港出版商姚文田要到深圳、廣州去工作，但三個月前去了以後就失蹤了。最近才知道，因為《南華早報》的報導說他被逮捕，理由是走私化學藥品。他在美國的兒子（姚勇戰）說，完全沒有這回事，這是栽贓。但為什麼被抓？因為他是一個出版商，在香港辦了晨鐘書局，出版的許多書，作者都是大陸異議分子，或是遭中共迫害逃到香港來的人，他們在晨鐘書局出版了很多著作。

最近，晨鐘書局馬上要出版余杰的一本書《中國教父習近平》，這本書講的是習近平二〇一二年接任總書記以後的一些作為。他的分析是尖銳的，所以引起中共的注意。余杰在北京的時候，中共就一再警告他不要在香港出書。他罵溫家寶是中國影帝，這引起中共很大的不滿，現在又罵到習近平頭上，這在共產黨看來，是可忍孰不可忍，就把姚文田抓起來了。

姚文田跟其他許多香港、台灣、海外還有中國辦出版公司的人很不一樣。他把錢放在很低的考慮順位。他基本上是為了追求中國的自由、民主、人權。他一九九八年才來到香港，在中國經受過很痛苦的一度的時期。同時他又特別同情六四屠殺，他的兒子在六四時代就直接參與了。這種種原因就使得他有種種理想。他是個理想主義者，不但不是為了賺錢，有時還往往要賠本。

他被抓起來以後，到底要怎麼審判？國內現在已經有個律師要幫他申辯，不過我們知道，現在維權律師在中國幾乎是沒有力量，一旦你上了法庭，你的辯護律師根本沒有機會說什麼話。現在中共的司法制度是這樣的：可以請出官方證人說你是如何犯罪，可是你不能反問所謂官方證人，被告方沒有權利去詢問，沒辦法對質；第二，也不許被告方律師介紹自己的證人出來為被告說話，這兩個條件都不能存在的情況下，被告律師實際上是沒有作用的。他遲早會被判刑，我想這是不可避免的。因為姚文田先生已經七十二歲了。到底會怎樣？要關多久？能不能提早釋放？這些都不知道。

香港的報紙一再打電話到深圳和廣州的警察局詢問，警察局官方的答覆非常冠冕堂皇，說中國政府不干涉司法。這當然是笑話，也沒人會相信，不過這個情況值得注意。

中共在國內加緊控制輿論，禁止一切反對政府、批評政府的思維和批評領導人的言論出現，這已經不稀奇了。總而言之，這在中國國內是很普通的事情，不值得大驚小怪，可是這件事情發展到香港，那就值得注意了。因為香港這個地方，尤其這幾年來，對中共的反抗特別厲害，而且不是老年人，都是中年人、青年人。現在到處都是反對中共的人，你到街上隨時找都可以找到，所以香港是共產黨很頭痛的地方。他們現在也在想什麼辦法，把它一黨專政的權力用到香港，但也不好直接干涉香港的司法。然後就用了這種方法，只要香港人做了一些它不滿意的事，除非你不去中國，只要一踏上中國的土地，那就有被抓的危險。

還有件事情可以看出來，我們知道香港不但有許多中國人批評中國、報導中國真實情況，同時還有許多外國記者，特別是《紐約時報》記者。

現在大陸有幾位記者，一個是紐約時報駐北京記者王霜舟（Austin Ramzy），他已經在中國六年了，也一直報導中共的不公平或貪汙情事，其中也涉及到溫家寶、習近平。不只是王霜舟一個人，還有好多位彭博社的記者，也報導了許多習近平家裡人做生意的事情（不是習近平本人，但習近平的親故也包括在內），所以這也引起中共的憤怒，非要趕他們走不可，但他們也不能公開向世界上做這種太無道理的事情。

所以外交部發言人秦剛最近就常常對外談話，說共產黨對王霜舟延長了一兩個月，那是出於人道主義考慮，而不是政治的原因等等，他好像是說中國有多麼開放。在這個情況下，美國記者似乎還有一線希望能留下來，現在王霜舟顯然已經不能再待了，能夠調出中國，大概也還是會在香港。所以，香港變成愈來愈大的問題。中國把人逐步掃清以後，進一步的當然是旁邊的香港，所以這是很可怕的發展。只是在台灣，共產黨已經買了《中國時報》，實際上等於是它的喉舌。

從這種種情況看來，習近平政權要靠赤裸裸的暴力來掌控，所以我們對他抱持的任何改革，或是容忍、開放的這種希望，都只能是一種幻想。

共產黨壓制新聞自由延伸到香港

二〇一四年二月十二日錄音
二〇一四年三月十二日刊登

共產黨壓制新聞自由已經伸展到香港了，前陣子我講過一個題目，就是香港一位出版商姚文田，因為出版了反共的書，幾個月前在深圳被抓，到現在還沒有消息。這件事在香港引起很大的震動。但這件事發生不久，馬上又發生了一件更大的事情，就是香港《明報》的總編劉進圖，這位先生在《明報》裡得到其他同事和員工支持，他秉持《明報》獨立報導、調查研究，然後公正報導的作風，於是開罪了共產黨。他最近報導了一些共產黨官員貪汙的事情，同時也追蹤了香港特首梁振英某些不適當的作為，都公布在報紙上。因為這個原因，他目前受到共產黨的側目，當然共產黨不能直接用中宣部的辦法來控制《明報》，也沒有辦法從廣州派人抓劉進圖來坐牢或審判，所以就採取了另一種方式。我們都知道，這個方式基本上就是找到《明報》老闆，一個馬來西亞的中國華僑（張曉卿），本來他從金庸手上買下《明報》的時候，就承諾要辦一個獨立的、不受政治干擾的報紙，所以在《明報》工作的員工，我想絕大多數都支持這個原則。他買了《明報》以後，基本上作風沒有改變，要批評大陸也可以批評。但現在因為這十幾年來，共產黨對香港的新聞界暗中施加許多壓力，有些報紙已經不大敢說話了。就是《明報》本身，有時候某些編輯也要注意用詞，不要太激烈，但基本上還保持獨立的作風。

但這次《明報》撤換劉進圖，震動了整個香港。當時就有《明報》內部的員工，也就是劉進圖的同事，跟他合作了幾十年的人出來在街頭說話，有一百多人正式出面控訴這件事情，認為這不像報紙老闆所宣稱的，只是把他調到另一個部門，或給他更重要的任務，那是假話，主要是不讓他主持香港《明報》的言論。不能主持《明報》的言論，就是不許他再繼續批評中共高官、嚴厲批評中共政權，或者繼續不斷地調查梁振英。這些都是中共所不能容忍的。但因為不能直接干涉，就採取另一個方式。《明報》的老闆是一個馬來西亞的華僑商人，但他有很多事業、貿易在大陸，他的經濟來源或多或少控制在共產黨的手上。共產黨如果決心如何如何，他也不能不遵從。所以北京的高層官員對這個事情非常不滿意，這件事發生以後，反應極為強烈，共產黨報紙《人民日報》的國際版《環球時報》社論，認為這是很可笑的，他們與此毫無關係，想要撇清這件事情。這實際上是此地無銀三百兩，實際上是在背後進行干擾。《明報》這件事情鬧得如此之大。《紐約時報》也報導了幾百群眾在《明報》報社前面抗議，是非常驚人的。所以香港的一般民眾和評論家都認為，這是共產黨在控制新聞自由，不光在大陸普遍實行，還要延伸到香港，因為香港是所謂「出口轉內銷」的地方，國內不能登的許多內容就在香港登出來，然後由網際網路慢慢傳回國內。雖然很快就被禁止，但傳回國內就一傳十，十傳百。在這種情況下，如果不嚴厲控制香港的新聞自由，那麼國內的控制也會大半失效。所以共產黨也開始正式干涉香港的新聞自由了。

我們要注意，這件事情對於共產黨，尤其習近平二〇一二年上台後所謂「開放」跟「改革」，是極大的諷刺。他們的開放最多是在市場上，也非常有限，其他方面的改革偶爾也有一點，「一胎化」稍微放鬆一點，但還是沒有普遍地有效執行。在這種情況下，海外的人還是對習近平抱著很大希望，我看香港《明報》月刊也有些人寫文章，表示對習近平有所期待，當然也有持相反意見的人。換句話說，這意味著習近平在共產黨一黨專政這方面，不可能有任何放鬆，所以我們要回歸到這一年共產黨對中國「新公民運動」的打擊，「新公民運動」在十年前就由許志永、滕彪等維權律師提倡出來。一路都有許多組織性活動，非常有效。比如說二〇一一年的茉莉花運動，就是他們發起的。然後這個運動被鎮壓了。「新公民運動」的幾位領袖，現在只剩滕彪一人沒有被抓，但最近一年多來，大約已經有二十個各地「新公民運動」的領袖人物被抓進監牢了，用法律手段關他們四年、五年、六年不等，其中包括許志永，另外還有丁家喜、趙常青、王功權等，還有江西的劉萍。這些人都在各地做了許多努力，為老百姓說話，他們的目標就是希望中國響應習近平「打老虎也要打蒼蠅」的號召，消滅貪汙。所以這些「新公民運動」的領袖們，就要求共產黨官員公開自己的財產數目。共產黨也宣布要做這件事，卻始終沒有做，所以這個「新公民運動」是響應習近平的號召，他們也許知道習近平的號召只是表面動作，但他們假戲真唱，這就引起共產黨內部對這個「新公民運動」的不滿。「新公民運動」同時推廣一般社會教育，幫人民了解自己的權利，有時還要調查公布大貪官的種種內幕。這些都犯了共產黨的大忌，所以在這一年當中，共產黨就把「新公民運動」所有人都抓起來了。

但有沒有效用？最近我看到滕彪在一次訪問中表示，他很有信心，雖然他並不認為他們能抵抗共產黨的暴力，不能阻止共產黨把他們關進監牢。共產黨現在採取一個手段：「新公民運動」用合乎憲法的形式上街抗議，組織幾個人說話，他們就不用政治理由抓人，而是說你們犯了擾亂公共秩序的法律。所以這是一個很大的運動，表示共產黨在國內要完全控制自由言論、異議分子的言論。但有沒有效用？滕彪認為，再過些時候就可以澄清一些事，很快會再有其他方式出現。在這個情況下，我們要把「新公民運動」和香港新聞自由漸漸被扼殺聯繫起來看，就可以了解共產黨最近的動向。

「一國兩制」、「港人治港」面臨危機

二〇一四年四月十一日錄音
二〇一四年四月二十九日刊登

我講過，中共跟香港之間的緊張，特別是香港面臨的危機，來自中共的最高領導階層。剛剛出版的兩份香港雜誌，《爭鳴》雜誌報導了張德江傳達的政治局中央常委會新決議，未來要怎麼應付香港。這是剛剛發生不到一個月的事情。第二份雜誌是香港《明報月刊》，報導香港目前所面臨的困難問題，以及中共可能對香港直接干涉。

《明報月刊》上，有一位政論家劉銳紹先生談到〈「高度自治」失蹤的背後〉，這也跟張德江報告密切相關。張德江的報告說，中央最近開了政治局常委會，關於香港的局勢工作，有四點重要的決議和指示。大體說來，第一個就是要檢查中共的一國兩制在香港施行後的許多困難，特別是暴露其中的主要問題和突出的矛盾，以及執行的錯誤。由於種種原因，香港的中共機構沒有執行好，所以才造成香港許多混亂。

這是第一點，表示他們很嚴重地查過香港回歸這十七年來遇到的問題。第二點就是：它覺得香港已經有人在直接挑戰中共的憲法之路，直接製造政治事件，所以（用他們的話說）應該堅決地撥亂反正。這就表示要採取行動了。第三點也值得注意，這裡又提到外國的政治勢力，說外國政治勢力有意插手干預香港事務，這些事情應當嚴正交涉，並加以披露。

這就表示中共必須要維護主權、維護國家安全。這個題目就做得非常大了。所謂「外國勢力」，這是很重要的一個名詞，我們知道，中共一向將香港的反共活動指為「外在勢力」，這不一定指國家，因為「外國政治勢力」就表示是由反共國家直接唆使的，比如說美國或英國。後來它又想調和一下，好長一段時間不用「外國勢力」，用「外在勢力」或「外來勢力」，藉以包括海外民運人士到香港來搗亂種種。但現在又直接提出「外國政治勢力」，這是很嚴重的指責。

從這幾點來看，可見中共把香港反對它的一些活動都歸為反中、反共，而且反華。第四也是值得注意，它估計香港隨時隨地都可能出現混亂、動盪甚至於暴亂。如果有這個估計，香港和北京的政府，以及負責港澳或相關事務的組織，包括張德江在內，就應該做出準備。他說是做安全係數的部署。

這話他沒有說清楚，到底什麼樣的部署？這顯然就是可能要動武了，因為香港有解放軍駐紮，前不久還有個事件，有些人到解放軍的兵營附近抗議，變成一個事件。

在這種情況下，我們就覺得香港面臨的危機相當大。因為每年政協或人大做最終政治報告的時候，總要提到香港，提到香港的時候有一句話，那就是「一國兩制，港人治港，高度自治」。這些話是每年重複，因為香港跟澳門在一起，所以「港人治港，澳人治澳」。

但是很奇怪，今年三月在北京舉行的人大和全國政協，李克強在政府工作報告談到香港的時候，沒有按照過去十年的慣例，提到「港人治港，高度自治」等等，這次，這八個字不見了，連澳門的「澳人治澳」也不提了。可見他們現在對這個原則有所改變，這很值得注意。

同時，全國政協主席俞正聲做閉幕講話的時候，也同樣沒有提，看起來好像是一句不相干的、漫不經心的話，但其實應當值得香港人嚴加注意。因為照劉銳紹先生的話說，香港去年的工作報告只有四十三個字，今年有一百三十九個字。可見不是為了精簡而刪去「港人治港，澳人治澳」，這就表示它的政策有變化。可見香港未來面臨著很大的危機。這個危機之所以產生，當然是因為馬上來臨的香港領導人直選問題，這就是現在香港方面的危機：中共可能會對一國兩制本身有不同解釋了。

顯然，中共已經提出一個說法，說是一國兩制不能四個字平等地看，而是要分開來看，說「一國重於兩制」。因為兩制為一國服務，而一國不為兩制服務。這是共產黨現在提出的一個新理論。也許從前他們心裡早已如此認為，但都沒有說出來，現在公開地說出來了。所以從這幾項看，我想共產黨對於選舉的活動非常擔心。尤其是幾萬人去占領中環，讓國際的注意力全神貫注在這上面，如果再繼續下去，共產黨是受不了的。

香港約有一千名中文大學的學生和庶民，對台灣的公民運動、抗議運動表示熱烈支持。

現在我們可以說，「公民運動」四個字已經傳到香港和大陸。我不久以前也講過大陸的「新公民運動」，香港也有許多人提倡：我們不能僅僅做國民，而必須做公民。同時，從最近台灣占領立法院的學生運動來看，他們提出的口號也是第一次大規模的公民運動。香港既然以公民自居，絕不願輕易就向共產黨屈服，所以未來的抗議可能性非常高。

不要以為現在共產黨對於國際上不敢如何如何，現在共產黨覺得自己實力強大，變成了國際第二大經濟集團，沒有人敢跟它對抗。《紐約時報》報導，美國國防部長跟中共國防部長對話，中共國防部長就非常強硬地說：釣魚台和南沙群島爭議的島嶼就是我們的，沒有商量餘地，還說我們的海軍可以隨時應召、隨時打敗敵人。這次共產黨已經露出真面目了，它現在真正覺得，可以在武力上跟美國直接對抗。中國海島主權方面的問題，因為中共事實上已經把南海百分之八十的海權劃歸自己了，所以軍事直接衝突隨時可能發生。如果對外打仗它都不怕，它也不會害怕在香港動用武力鎮壓。這是香港很大的危機，我們要好好注意。

五十萬港人七一遊行爭普選

二〇一四年七月三日錄音
二〇一四年七月十四日刊登

這十七年來，香港變化在哪兒？照當初的說法，特首是由香港組織一個委員會，提出有力的候選人，然後由共產黨當局決定哪個人做特首，所以第一任董建華，後來是曾蔭權，現在是梁振英，這都是中國當時認為可以控制的人。

在這個形勢下，香港這十七年來實際上不斷被共產黨控制，並沒有什麼五十年不變之說，所以一國兩制始終都受到威脅。最大的威脅在於，香港的有錢人如果想在香港的銀行或企業界占有領導位置，共產黨不點頭，他就得不到這種位置。

同時共產黨也派國營企業到香港占領它的經濟王國，慢慢控制在共產黨手上。所以貪汙已經發生了，最近有兩家共產黨企業的總經理、董事長已經被雙規了。可見香港的錢已經慢慢轉移到共產黨相關的勢力者手上，產生了一批權貴，中共把它國內貪汙的權貴搬移到香港來了。

在這個情況下，有錢的人越有錢，沒錢的人什麼都買不起，房子就絕對不要提了。所以貧富分化愈來愈厲害。這就是香港為什麼這次有這麼多人，對爭取普選發生這樣大的興趣。

這十一天可以分兩個階段，一個階段是前十天的所謂公民投票。二〇一七年的特首要經過投票普選了，但怎樣普選又是個問題。共產黨的辦法是它要有一個提名委員會，將一切控制在它的條件下，換句話說，只有愛國的、愛黨的、忠於共產黨的人，才能被提名為候選人。為了爭取真正的普選，香港人民、學界（像香港大學教授以及學生們）就起來說話了。他們要保證選出來的候選人是老百姓能接受的，唯一的辦法就是要談怎樣選出特首的問題。現在在民主黨派方面，爭取民主的民眾數量很多、意見也不同。人民提名選舉的話，香港的登記選民有三百五十萬人。這三百五十萬人中間，只要有百分之一（就是三萬五千人）連署，你就可以成為候選人。民主派方面有三種不同方法、意見，大體上都是如此。有的是主張完全不要提名委員會；有的是說可以有提名委員會，但提名委員會權力非常有限，不能把不滿意中共的候選人踢掉，所以在這方面他們要公投。公投結果是對於來投票的人，換句話說，不管是投三種方案的哪一種，都是針對共產黨的控制直選。而且他們認為，如果共產黨不考慮他們的意見，將來走下去就是占中，所以這是很大的事情。

這次來公投的人居然差不多有八十萬人，儘管中共方面一再表示，不承認這次非法公投，但公投實際上是非常嚴肅的。七月一號的遊行也是為了這件事，上街的人非常有耐心地等著，要過中環，要到中環走一遍表示抗議。這個人數前後加起來超過五十萬人以上，至少超過二〇〇三年的人數。但非常和平，他們也是說要用關愛、和平的方式占中表示抗議。如果共產黨不肯接受香港人的意見，那香港政府就很難維持秩序了。

為什麼會有這麼強烈的反應？這次的原因就是三星期以前，中共的國務院發表了白皮書，說明中共要對香港加強控制，不允許香港成為反共基地種種，措辭非常嚴厲。這就激怒了香港，香港看到這個情況，就曉得中共現在要把它控制中國那套嚴厲的辦法搬到香港來。香港慢慢就沒有一國兩制了，實際上就是一國一制，一制就是受共產黨統治。這是很明顯的情況。當然這五十萬人的遊行，也使得共產黨不能不多想想。至少香港政府表示會考慮人民的意見，但香港政府七月一日的聲明加了一個尾巴，說一切還是要由提名委員會來嚴格控制提名人。如果真做到了這點，就沒有真的讓步。現在的問題就是選舉提名的方式，最後能不能得到香港多數人的同意？至少我們現在知道，香港有人對香港政府表示不滿。最近的調查顯示，對中共不滿的人數已經超過百分之五十二了，而且年輕人中間特別厲害。二十歲左右到二十九歲的年輕人中間，百分之八十不滿意中共。所以這次我們要注意，香港的反對者、組織者都是年輕人。從他們喊的口號就可以看出，「我們絕對不能接受共產黨一黨專政在香港施行」，特別是提出要敢於向中共說「不」，更激烈的甚至說要打倒共產黨。這一次七月一日的遊行也有五百一十人被抓，說他們破壞秩序，又說他們非法遊行。因為他們跟警察直接衝突。

按我的估計，共產黨可能還是會走強硬路線，未必像香港政府所發表的那樣要考慮老百姓的意見。如果是這種情況，接下來占中會繼續發生。香港大學的一位教授就說得很清楚，如果這次遊行和公投完全沒有效果，我們下一步就只能走占中和不合作，整個社會也不合作。因為香港的媒體除了《大公報》、《文匯報》這類的官方報紙，基本上都是同情老百姓的，所以在我們看來，這件事情不容易了斷。

香港將來是不是要繼續抗爭下去？

二〇一四年九月四日錄音
二〇一四年九月十二日刊登

中共的新決定是說，香港的特首必須有一個絕對條件，這個條件就是愛國，愛港無關緊要，最要緊的是愛國，愛國就是愛共產黨，要愛中國，你不愛中華人民共和國就沒什麼別的可愛。換句話說，任何對於北京有批評或異議的人物，都不可能成為候選人。

因為它現在還是繼續依賴現有由一千二百人組成的提名委員會或選舉委員會。提名委員會一千二百人中間，新規定是要超過百分之五十支持，才能獲得提名，大家都知道，這一千二百人都是共產黨認為可信的人，由他們一手選出來，根本不是老百姓能做主的。換句話說，過去只需要在這一千二百人中間得到百分之八的人支持，就可以提名特首，比如說上屆民主黨派還有一位何先生（何俊仁），他代表民主黨競選，提名委員會的多數票落在梁振英跟唐英年之間，梁、唐都是親共的。所以何沒有當選。可是下次，何俊仁不可能被提名了，何自己也對這一點出來說話了。他說：從前我們只要百分之八的選票就可以提名，今後我如果還有百分之八的票也得不到提名了，這一千二百人都是共產黨信任和挑選的人物，不可能拿到半數以上的票。

換句話說，以後選舉只能在提名委員會通過，保證愛黨、愛港的人選，換句話說，就是中共信任的人選之間投票。人民直選還可以進行，在兩到三個共產黨同意的人中間選出一個，所以選舉就變成假的選舉了。這是一個很重大的新決定。決定以後在香港引起了很大轟動，最初他們是想通過各種遊行，向共產黨表示抗議的態度，這樣的抗議可能發生作用，讓共產黨不敢採取過分激烈的手段。

但現在不然，共產黨當機立斷，事先就把門封死了。以後民主運動無論占中也罷，都變得沒有意義，只有抗議了，這種抗議以後能否實行，現在民主黨派的人也非常清楚他們的處境，像占中的發起人之一，香港中文大學社會系的陳健民教授就指出，未來八到十年之間，爭取直選已經不可能了。他所謂八到十年當然就是指習近平，因為習近平上台後一切獨行獨斷、個人專制，黨內鬥爭也很激烈，對黨外也不會放鬆。香港希望能夠得到直選，或選出共產黨不同意的人來執政，都是辦不到的，它事先就把門關上了。門關上以後，就看你怎麼解決這個問題，現在像陳健民先生就表示，香港人民遇到了很大的困難，如果激烈的抗爭走到了暴力的路上，那是他們不肯做的，因為他們要用愛與和平占中，不是用暴力；如果和平占中已經沒有意義、沒有用了，它可以把你抓起來，沒有目標可以完成，只不過是一種抗議，這種抗議到底有什麼意義？

一般居民可能不了解，最大的可能就是中國人過去的一種習慣，到現在都還有，就是自己忍受，以忍為先，讓步，不幹了，不去抗議了，就算了，接受了，等於接受自己現在的命運。當然接受的是非常悲劇的命運。這些民主派人士還有一個手段，共產黨中央提出來的選舉辦法，最後還要經過香港立法會通過。香港立法會有七十席，必須三分之二以上同意才能通過，而在七十席中，民主黨、泛民主派的人有二十七席都可以阻擋、可以否決這個提議，可是梁振英跟北京其他的的共產黨都表示，如果你要走這條險路，那就會更糟糕，那就沒選舉可言了。

到底要不要鋌而走險，還是接受現狀，接受現有的安排？這是很大的困難。民主自由勢力、新聞自由種種已經在萎縮之中，一步步地被逼退，而不能繼續自由向前衝鋒了。所以由主動變成被動、由進取變成退縮，這是香港整個自由現在一個非常可怕的處境，在這個情況下，我想我們應該注意，香港到底將來怎麼樣發展？是不是繼續抗爭下去？

談香港公民運動

二〇一四年十月二十二日刊登

這幾天之內引起了極大震動，出乎大家意料。本來香港的學生和民主派人士，已經要對於香港特首直選的問題，向中國提出抗議，從九月二十七日到今天，變化為什麼很大呢？

從我自己的個人見證說起。我從去年就跟中文大學新亞書院約好，我要在今年九月二十七日早晨十點到十二點，在新亞書院發表學術講演，我的題目是「新亞書院和中國人文研究」。

我的題目與政治沒有關係，可是當時新亞的院長強調，我除了講演一個小時之外，還要留一個小時答覆聽眾的詢問，聽眾有五、六百人。

講完我的主題之後，我當然講的是中國人文研究，錢穆先生、唐君毅先生提倡的中國人文精神，要士大夫承擔起社會的責任，國家社會有了重大問題，讀書的人要特別出來說話，這是中國的老傳統。新亞最早的教育也強調這一方面，就是要用人文主義來吸收中西文化，造成民主自由的社會，但又和中國的人文傳統互相配合，是這樣一個理想。

演講完了之後，問題之多出乎我的意料，而且提問的人除了少數中年人、老年人以外，基本上都是年輕的孩子，都是十幾二十歲的中文大學新亞書院學生，都在十九歲到二十一、二十二歲之間。他們的問題集中在香港的公民抗議方面，我因為做學術演講，同時新亞書院是中文大學的一部分，中文大學又是政府的學校，所以我不能說的太露骨，我只能強調現在的知識人對繼承中國的傳統、對於切身利害、對於整個社會、整個社區、對於整個香港社會的將來有很大的責任，不能不負擔起來。我只能講到這裡為止，並沒有鼓動他們去做公民抗議，根本完全沒有提到「占中」這類問題，他們雖然提出「占中」字樣，我都沒有答覆，所以我相信我的說法相當溫和。

公民抗爭運動還沒發生之前，青年學生的心理狀態非常清楚，他們的心態就是不能過分受委屈，覺得做一個現代人，應該讓正義能夠當家，每個人得到公平的待遇，這個公平待遇是他們所爭取的。

所以香港未來的民主，決定在候選人是誰的問題，候選人如果是中共口袋裡的人，大概不可能有真正的民主自由出現。但如何爭取一般人可以得到提名，提名香港多數人所嚮往、所需要的人，這是很大的困難。因為共產黨的人民代表大會既然公開站出來說這句話，當然是代表了中共中央的意思，也就是代表了習近平和他的政治局常委的共同意見。

共產黨利用香港人的一個心理弱點，就是怕香港亂，亂了以後經濟受影響，經濟受影響，家裡收入就減少種種。這些顧慮在催淚彈使用之後就不存在了，大家覺得，我們與其做個奴隸，委屈地活下去，還不如努力抗爭，抗爭結果如何可以不計較，抗爭失敗一次，還可以再次抗爭。這就把香港的公民抗爭運動擴大到一個最高的限度，可說是香港有史以來最受全世界重視的抗爭，過去香港也有過很多遊行反抗，但受到世界重視的程度都不如這次。

所以我覺得，香港的這次運動特別值得重視，《紐約時報》的報導特別強調，這是一個沒有領袖、但有秩序的抗爭，有秩序的程度絕非人們所能想像。所有垃圾、所有髒東西，他們都收拾的乾乾淨淨，還有些人特別為了收拾垃圾出來，把街道打掃乾淨。這些作風可以看出他們是真正和平地、但非常堅決地要爭取他們的權利、爭取他們的前途。

從這個層面看來，香港的公民抗爭達到了最高的文化水準，遠遠超過了當初「六四」時代，人們一哄而起，還有些人對共產黨存有幻想。這次所有參加的人都沒有幻想，都知道共產黨一時不會讓步。在這個態度下，抗爭就發生了很重大的改變，而我相信，這個改變在中國民主運動史上，將來要占一個特殊的地位。

審判黎智英　香港法律受考驗

二〇一五年一月二十六日刊登

二〇一五年一月十二日，我看到《紐約時報》一篇報導，題目是〈反叛的大亨〉。整個報導就是講黎智英與共產黨奮鬥的經過。他一直到現在都是提倡民主、自由、人權這些普世價值的人，但他同時也是會做生意的人，本事也很大。一九八〇年代他在中國賣服裝已經非常成功，賺了很多錢，也受到大陸官員的接納，所以一直沒有問題。問題就出在大陸的天安門運動，天安門運動可說是他的轉捩點。他一方面在大陸做生意，一方面在香港辦報紙。他的壹傳媒包括最重要的《蘋果日報》和《壹週刊》，這兩份刊物是他在香港的主要輿論工具；所以他在大陸做生意，同時也批評大陸的政治，尤其是鎮壓學生運動。最後學生運動被武力消滅，他覺得忍無可忍，批評得非常激烈，中共就決定不讓他在中國做生意。天安門運動以後，他所有的店都關門了，最後完全撤出中國大陸。但他雖然撤出中國大陸，卻還是有本事維持他的財富。所以他的《蘋果日報》和《壹週刊》都非常興旺，不但在香港辦得有聲有色、銷路好，中國大陸來的人也都想買他的報刊看，所以影響力非常大。不但如此，他還把他的壹傳媒辦到台灣去了，這些媒體在台灣也發生了很大的影響。

他對香港自由民主運動的支持，可說是幾十年不間斷的。所以共產黨把他看成最危險的黑手之一，對他的打擊可說無所不用其極，最近就更變本加厲了。因為自從二〇一四年占中運動之後，共產黨就認定他是最大的黑手之一，他幾乎每天都到占中運動場合，跟學生一塊兒參加示威抗議，而且很早的時候就被警察的催淚彈擊中，受到了相當的傷害，但這還在其次，共產黨就從那時開始，對他的家、對壹傳媒的辦公室都進行很大的破壞。最近他的網路也遭到入侵，這種入侵的背後也是國家力量，顯然就是中共指使網路駭客對付他。從這些地方都可以看出，共產黨已經把壹傳媒、把黎智英當作頭號敵人了。在共產黨的壓力下，最近香港政府也要向他起訴了，指控他破壞香港秩序，鼓動造反。

黎智英不是一個簡單的個人事件，也不是偶然的個人反共問題，而是代表中國一種民主自由的勢力。這種自由民主勢力現在只有在香港才能表現，因為共產黨還不方便直接干涉香港傳媒，也不能直接封掉《蘋果日報》、《壹週刊》。但他們現在想用的方式，就是通過所謂的香港法律來整治他，所以香港法律這次審判黎智英會受到很大考驗。黎智英本人的命運，也在這次審判中受到最嚴重的考驗。換句話說，我們現在要注意的，就是看看香港的法律還能不能真正獨立？把黎智英判為頭號公敵的，不僅是中國共產黨，還有梁振英代表的香港執政集團。梁振英執政集團很明顯要靠攏中國，一切聽中國的話，而且梁振英也受到中共領袖習近平表揚，認為他處理得好，對學生毫不讓步。這就是黎智英命運的關係所在，我們對這件事情應該密切注意，而且我們在海外應當盡力支援黎智英的奮鬥。

香港政改失敗的原因

二〇一五年七月六日刊登

我們知道從一九九七年七月一日，英國把香港歸還中國，就由中共來管理。到今天也已經過了十八個年頭，是十八年的紀念。我們都知道，每年七月一日，香港會有大批人（十萬人甚至更多）上街遊行。今年好像也是一樣，不過據我現在所知，今年的人數比從前少了許多。其原因就是去年九月到將近十二月，有七十多天轟轟烈烈的占中行動，全世界都關注。那時占中的主要原因，就是要向中共抗議，要求真正直接選舉；所謂政改，根據中國跟英國當時所簽訂，相當於條約的同意書，最後在香港實施一國兩制，最初由中共指派特首，經過若干年後由香港老百姓直選，所以香港老百姓一直期望能直選他們的特首。中共對於這個期望已經宣布，到了二〇一七年，香港特首不會再由一千二百個多半親共的人推薦，再由中共指派，中共反倒要提出候選人，讓香港老百姓直選。

這本來是一件很好的事，可是沒有想到，去年八月三十一日，中共人大會突然發表一個重大決定，說香港的直選要進行，但候選人不能由香港老百姓自由提名，不管多少人都不能提名，只能由原來中共同意的一千二百人委員會來決定人選。最後決定兩個或三個人選以後，再給老百姓直選，換句話說，老百姓只能在中共同意的兩、三人之內進行直選，而不能找自己想要的特首候選人，這點引起極大的爭執。去年七十多天的占中行動（就是占據整個中環，還有旺角）都是因此而起，但政改在香港有一個法律規定，同意與否，由香港立法會來決定。香港立法會一共有七十席，而立法會必須要有三分之二的人通過，這個政改方案才能實行、才能變得合法，民主派是主張真正直選的，不是假選的，共產黨提出這個方案是假的直選。民主派在立法會一共有二十七個議員，超過三分之一，他們必須在這二十七張票中說服四個議員改投贊成票，政改方案才能通過。

經過幾個月的努力，共產黨在背後支持香港政府，通過各種管道跟這些泛民主派的人磋商，希望得到他們支持，得到四個人支持就可以通過法案了。可是香港的民意到底是非常強硬的。在民意如此強烈的情況下，泛民主派的議員也不敢違背民意去改投贊成票。所以政改到最後完全失敗了，不但失敗了，而且失敗得非常出人意料。因為支持共產黨的議員有三十多名，覺得民主派沒有人肯轉向，乾脆拒絕投票，只有八人投票支持了共產黨議案，反對票不但二十七個泛民主派都沒有少，還多了一票，二十八人反對，其中一個議員當然或者是中立的，或者是獨立的，可見香港的民意對於反對政改、反對假直選非常一致，這就是它的最大失敗。

失敗的後果當然很嚴重，我們看到雙方的議論有兩種說法：一種是民主派的說法，說中共用假直選讓我們去投票，騙我們上當，上當以後就再也改不回來，為了保持將來民主發展的可能性，他們不能在這種方案第一次提出時馬上表示支持，這是他們很強烈的一種反響，這個反響事實上已經證明，是得到多數人同意的；另一方面中共也有它的說法，就是支持中共、但未必完全是中共方面的人（建制派），他們認為老百姓從沒有辦法投票到開始有票可投，總是進步，雖然不能決定候選人，但可以在候選人之中直接一人一票發生作用。這個方式也許可以打開將來進一步的發展，這兩個說法我們現在都不能論斷，可是這個投票以後，他們也有困難，困難在哪裡？就是將來怎麼辦？下一步怎麼走？

特首直選的人選如果由中共直接指派，這當然也不是很好的方式，可是泛民派和一般支持民主直選的老百姓，人數雖然很多，卻沒辦法起作用，只能在各方面施加壓力；另一方面，中共又玩出花樣來了，他們拚命鼓動大陸的人到香港進行滲透活動。可見香港未來的前途是很令人擔憂的。今年七月一日據說也還是有很多人出來抗議，不過人數少了很多，主要是沒有訴求可喊了。問題在於，過去反對假直選可以有號召，現在沒有一個訴求為號召，只是說我們接下來怎麼辦？怎麼能夠讓香港還能爭取到民主直選的一天？

我們知道對香港比較鬆動的一國兩制，是在鄧小平時代決定的。當時的意思也不完全是為了香港。只要中共從英國人手上收回香港，以後它要怎麼辦都可以怎麼辦。但是它當時想要做給台灣看，讓台灣看到，香港受到比較好的待遇，還有相當的自由、還可以一國兩制，那麼台灣就可能願意跟中共統一，變成中共的一部分，台灣也變成一個特區。但這個情況並沒有真正在台灣發生作用。雖然國民黨最近七、八年執政期間，許多人要跟中共發生關係，經濟上也不能不發生關係，可是共產黨用各種方式、各種機構的人到台灣去做統戰工作，想把台灣拉過去，當然少數人可能被拉攏，多數人我想還是希望台灣維持現狀的，所以目前為止，台灣的中國人更知道中共的真面目，從這方面看，對中共是非常不利的。

談香港「銅鑼灣事件」

二〇一六年一月二十二日

銅鑼灣書店實際上是個小書店，但它出的書非常多，內容基本上都是從大陸得到的資料寫成書，都是關於中共貪贓枉法、亂搞男女關係，尤其是共產黨領導人、高級幹部種種腐敗糜爛的生活，以及毛澤東生前跟許多女人的關係種種，都是這個書店出版的。這個書店出的書都是批評或暴露共產黨的，書中的描寫都是共產黨不願意看到的。

在這種情況下，共產黨愈來愈不能容忍。因為銅鑼灣書店雖然不大，可是因為它的書有許多引人入勝、驚心動魄之處，所以賣得很好。尤其讓共產黨頭疼的是，大陸的遊客都知道這個書店，來了香港都要到這個書店買些書，有些當然帶不回去。但他們看了以後，就在大陸的網上報導。

銅鑼灣書店因此被共產黨當成了頭號敵人，想要把這個書店消滅。辦法就是把幾個重要的股東跟工作人員都抓起來，還要追問他們寫這些書的資料，是從大陸內部什麼地方得來的？這是他們很重視的問題，因為這些東西不是完全造謠，而是有根據的。可見共產黨內部不大可能維持機密不外漏，總有人說出來。

銅鑼灣書店就這樣成為一個大目標，前後已經抓了五個人。兩位工作人員跑到大陸去工作、找資料的時候被抓了，後來有新的發展，有一位桂民海，已經成為瑞典公民了，住在泰國，共產黨就派人從他泰國的公寓祕密把他綁回中國，因為從外國綁回中國這件事，也不是從今天開始的。

十幾年前，大概二〇〇三年，著名的反共產黨人士王炳章，到了越南就被共產黨綁回中國大陸，現在大陸已經判他終身監禁。艾未未說，二〇一一年左右，他坐飛機從北京來到香港，在機場就祕密地被便衣人員抓走了，關了八十一天。最近才發生的是一個十幾歲的小孩子（包卓軒），母親是被捕的人權律師（王宇），想把兒子送到美國，就先想辦法把兒子送到緬甸，但在緬甸被共產黨發現，又把他抓回國內了，所以政治綁架、從外國綁回中國是不稀奇的。

可是這件事發生在香港，情況就不同了，因為依照共產黨一九八四年簽署的協定（《中英聯合聲明》），香港歸還中國的時候就是一國兩制。中國不能取消香港的法律，中國要尊重英國人設立的法律制度，在這個法律制度下，人權是受保障的，言論自由、著作自由都有保障，沒人會干涉，沒人會把你抓起來。但中共現在不一樣了，中共要給香港立威，給它一點顏色看看，你只要敢反對我，遲早就沒有好下場。這件事目前還沒看到妥善解決的方式，所以非常值得大家重視。

我相信在這件事情上，共產黨雖然可以說我不在乎、我照我的辦法，可是道義上沒有提出任何控訴。沒有任何控訴，那怎麼解決這個問題？最後放不放他們回香港？這是很重大的問題。你可不可以把香港人抓過去，在中國判刑，讓他蹲中國的監獄，蹲個十年八年？這是關鍵所在，大家的關心也在此。

銅鑼灣書店好像是一件小事，可是這五個人被抓，而且其中三個股東都被抓了。銅鑼灣書店下一步怎麼做，目前還不知道。但可以看出，目前這件事情已經不只是一個書店的問題，而是整個香港一國兩制能不能維持的問題了。如果一國兩制不能維持，其結果就會是香港失去它現在所謂自由港口的身分，這是很嚴重的。

所以最近台灣在進行民主選舉，香港的許多年輕人都到台北去觀望，聽說還有許多香港人準備移民到台灣，因為台灣到底不像香港那樣，共產黨一跨步就過來了。中間隔著大海，攻打台灣也不是很簡單的，這種情況下，我看共產黨還是把香港逼成真正的反對力量了。因為我們幾乎可以說，香港百分之七十以上的人都反對共產黨，至少都是不同情共產黨的。只有少數人得到了利益，要跟著共產黨走。所以香港的未來跟這件事有很大的關係。要緊的是，我們現在看到共產黨的政治作風，個別的政治綁票從外國一直發展到香港，真是越走越下流。所以這個案子可說顯示了共產黨這個政權的本質。

我的一位美國朋友孔傑榮（Jerome A. Cohen），從前是我在哈佛大學的同事，他是法學院的，中國法律研究所所長，現在在美國紐約大學當美國與亞洲法律研究所所長，始終站出來為中國人權說話。他對這件事有一個評論，我覺得值得引到這裡給大家做參考。他說：中國跟外面世界交往愈來愈多，發生了一個很嚴重的問題。就是共產黨要把它自己國內所謂的法律推到外國來運用，這是不許可的。但共產黨照做不誤，把它的法律推出來了，更可怕的是，共產黨把它的無法無天（lawlessness，就是毛澤東所說的「和尚打傘，無法無天」）也推到外國來了。這件事情的嚴重性，孔傑榮先生這幾句話是有代表性的，我特地引出來讓大家參考。

中國的周邊：台灣和香港

二〇一六年二月十一日刊登

台灣和大陸事實上是分開的，台灣有台灣的主權，是中華民國，並不在中華人民共和國之內，不過它在中國的旁邊。但在文化上還是中國的一部分，在政治上它是獨立的。

香港是另一個情況，也是在中國旁邊，但在英國和中國的談判中，鄧小平保證五十年不變，「舞照跳，馬照跑」，說香港一切都不變，等五十年以後再說。香港作為周邊地區，雖然中國有主權，但法律上也是在中國的控制之外。中國的政治控制不能直接延伸到香港來，但這兩個地方經過幾十年變化，發生了很多不同情況，值得回顧一下。

尤其在今年，台灣經過大規模的民主選舉，民進黨取代了國民黨，不但取得總統的位置，蔡英文成為第一個女總統，也引起全世界重視，而且民進黨在立法院從少數變成多數。

照一般人的說法，台灣這次選舉就是它要自己作主。它並不是要台灣獨立，但也沒有要跟中共合而為一。這是國民黨想做的，而他們覺得不能在現在的條件下跟中國談統一。所以民進黨這次當選，台灣民主化又往前走了一大步。換句話說，台灣老百姓只能接受一種政治方式，就是民主政治，台灣老百姓希望兩岸保持現狀，台灣繼續有自己的主權，有它完全獨立運作的方式。這是台灣的新情況。

這個情況引起香港人的重視。很多香港人都去參加了台灣這次選舉，因為香港在二〇一四年也有大規模的民主運動，要求自己作主，不受共產黨直接控制。原來香港的法律是最高的，不能受大陸干涉。香港最近的情況之所以變得惡劣，就是共產黨一年多前宣布，要把香港變成中國的一部分，雖然沒有直接插手，但實際上已經是如此，尤其最近，香港大規模雨傘運動以後，共產黨現在肆無忌憚，把許多它不滿意的香港人都綁票到了中國，尤其是銅鑼灣書店事件，引起全世界重視。

現在共產黨越境偷偷把人抓走，已經變成一個常態了。如果變成常態，當然會引起香港人的憤怒，所以香港最近有一部電影特別值得注意，叫《十年》，這部電影包括五個故事，這五個故事假定二〇二五年中共政權對香港控制得更嚴的時候，是什麼情況？《十年》本來不是高成本的影片，製作費只有五十萬港幣，是給自己觀賞的。沒想到這部電影一上映就在香港引起轟動，幾乎一星期內，收入就超過成本的十倍以上，還引起香港人的一種新自覺，就是我們非要保護自己不可。如果我們自己不保護自己，被共產黨一步步吞下去，不要到十年，香港就已經沒有了。

這部電影基本上就是說，香港應該自己找出方法，如何能夠維持自己的尊嚴。這部影片引起了中共的憤怒。中共的《環球時報》發表一篇長文，痛罵《十年》是一種毒素。導演是伍嘉良先生。在這個情況下，中共是不是一意孤行、不顧一切，我們就不知道了。不過無論如何，我想它是得不到人心的。

中國雖然沒有民主，幾千年來有一句話大家都相信：一個王朝得到民心才能起來，失去民心就要滅亡。現在我們看中國的周邊，台灣的民心顯然不能接受共產黨的極權統治，那是不在話下的。香港又同樣有如此強烈的表示，所以我們從周邊的情況來看，香港的人心絕對不在共產黨一邊，同時，我們還可以進一步說，伍嘉良也這樣說，他認為《環球時報》對他的毒罵，說他是毒菌，他不但不生氣，還引以為榮，認為被共產黨罵是很光榮的，表示自己做的事情很對。從這點看來，《十年》這部電影有著重大意義。這部電影能引起這樣大的轟動，是他們自己事先完全不能想像的，但今天有這樣的結果，可以看出香港的民心所在。

輯六

民主與異議

談黨內退休高幹民主追求

二〇〇九年十一月三日錄音
二〇〇九年十一月十六日刊登

《紐約時報》前幾天有一篇很長的報導，寫杜導正，說他已八十六歲，但仍跟中共的新聞檢查人員鬥法。他在趙紫陽的時代是管出版的，職位也很高，差不多是內閣成員（新聞出版署署長）。趙紫陽下台以後，他也跟著解職了，但他始終對趙紫陽很忠心，也很佩服趙紫陽想把改革從經濟方面推動到政治方面，因此他還是希望跟趙紫陽保持接觸，但是要到三年後，他才有機會去跟趙紫陽談話。

所以，三年後他們開始談話，就要回想改革之所以失敗、鄧小平之所以下狠招、動手用暴力鎮壓，以及要把趙紫陽趕下去、在政治上開倒車，原因是什麼？所以他們就談了很多。

開始是杜導正手寫筆記，後來就索性用錄音了。所以錄音帶有很多捲，後來就通過鮑彤的兒子鮑樸，慢慢把這些錄音從大陸偷運到香港，最後是由鮑樸把它整理成文字，從中文又譯成英文，所以中、英文雙管齊下，就出了《國家的囚徒：趙紫陽的祕密錄音》這本書。

這本書當然轟動，中文版在香港一下就賣了十萬本，這是很難想像的，當然也有許多大陸人也來買了帶回去，所以這是很轟動的事件。這個事件讓共產黨非常惱火，而且其中有些訪問刊登他辦的雜誌，就是很有名的《炎黃春秋》。這個《炎黃春秋》是在他下台後辦的一個刊物，過去歌頌過胡耀邦，後來又歌頌趙紫陽，這就引起江澤民的憤怒。江澤民隨後指示黨內重新訂定一個規章，共產黨裡面做過官的、做過政治主管的，不能辦雜誌，就把他搞下來了，但還不敢把《炎黃春秋》封掉。因為《炎黃春秋》在共產黨黨內也有一批人是支持的。

所以我們現在也看出來，共產黨內部是分裂的，這就是「黨外無黨，黨內一定有派」。黨內有些人是支持杜導正的，而且都表示如果真要封掉的話，他們要上街遊行了。

共產黨想到這個後果可能很嚴重，因為杜導正已經八十六歲，如果遊行導致死亡，那就造成很大的新聞，對中共也不利。考慮到胡錦濤要提倡「和諧社會」，對形象更不利，所以就容忍他。

容忍他並不是因為共產黨變得民主了，住在北京的政治分析家，美國人墨儒思（Russell Leigh Moses）指出，共產黨之所以容忍杜導正，是因為他對共產黨的政權並不構成真正的威脅，所以只有睜一隻眼、閉一隻眼，兩害相權取其輕。

無論如何，杜導正成了一個很有象徵性的人物，他要催促黨內開始政治改革，也就是走上民主這條路。這就引起我的一種反思，為什麼共產黨現在黨內有這一批人，而且這批人大概都是八十歲以上。黨內除了他以外，現在我們所知道就是萬里，也以不具名的方式批評了中共對「六四」的處理，催促黨內進行改革。因為萬里在當時跟趙紫陽思想相當一致，他被逼回國以後，不能不聽黨的話，但他心裡並不甘心，所以黨內有這批真正追求民主的老人。

同時我還看到許多其他的人，有的已經死了，比如李慎之。李慎之也是抗戰期間左傾的，他在燕京大學念書時，慢慢左傾、相信共產黨，認為國民黨不抗日，就共產黨還抗日，就這樣慢慢轉移了。

杜導正大概也是如此，他大約是在中日戰爭開始的時候，一九三七年他參加了抗日活動，事實上是共產黨領導的抗日活動，也不是真正打仗，只是在宣傳。

最近我還看到了何方寫的一本書，何方也是一九二二年出生的，也跟杜導正差不多。杜導正是一九三七年十四歲時參加抗日的，何方是一九三八年參加抗日的，然後都到了延安。到延安以後就受共產黨訓練，當然就接受了共產主義、馬列這一套。接受以後當然就把它當宗教一樣，非得完全服從、完全盲目跟隨，也不敢對黨提出任何懷疑，他們忠心耿耿地相信共產黨最後領導中國抗日成功，一定可以走上民主大道。但當時他們誤認共產黨是代表民主自由的，因為毛澤東所提倡的叫做「新民主主義」，並不是共產主義，所以很有迷惑性。

一九三〇年代末、一九四〇年代初，李慎之抗戰時期就讀燕京大學的時候，也是因此而參加了共產黨，然後到重慶的共產黨報紙《新華日報》國際部工作。所以這些人都是差不多同一背景、同一年齡層、同時找到了民族主義抗日這個關係，而參加了共產黨，認為共產黨是抗日的。他們嚮往一種民主自由的社會，也就是毛澤東的「新民主主義」講的那套，每天鼓吹著民主自由、甚至於美國式的民主自由，所以那套方式也迷惑了很多美國人。

在這個情況下，就有一批人在共產黨裡面工作，直到發現問題愈來愈大了，從「反右」一直到文革。「反右」已經是知識分子一場大劫難，李慎之就被打成「右派」，何方也差不多，因為他跟張聞天工作的關係，最後也被打成「反革命」。總而言之，他們經歷了苦難以後，慢慢發現共產黨所追求的，並不是它所承諾的那些，而是奪取政權。除了奪取政權以外，好像沒有別的想法，所以這些人就慢慢走向追求民主這條路，這是黨內的一個新發展。但有沒有後繼者，我們就不敢說了。

談俞可平所謂的體制內改革

二〇一〇年八月十一日錄音
二〇一〇年八月二十日刊登

現在有一些黨內人士對外發表談話，表示中國共產黨可以改革、也會改革，不過是從體制內改革，大家不要急、慢慢來。

這個聲音現在相當普遍。共產黨黨內就包括溫家寶，往往說些好像給人以希望的話，以為他們要開始改革了，要開始實踐政治改革。我們知道，自從一九八九年的天安門以後，政治改革就沒有人敢談了。事實上是愈拖愈改不了，問題愈積愈多。但好像國內的安定又會受到影響，又怕如果不改革，有人叫喊或鬧事，所以這是兩難的局面。要改革也不敢放步，一放就怕亂，所以這是共產黨一個左右為難的地方。

在我看來，共產黨並沒有任何動機或欲望，在最近真正地實行政治改革、政治開放。你看它最近一切的作為，包括劉曉波等人，還有其他的編輯、寫作者被送進監牢，一關就是十年、八年，少則三年、五年，例子極多，這就不像是要放鬆的意思。我始終認為，我從前說的，共產黨的基本政策是經濟放鬆、政治加緊，而且政治加緊愈來愈厲害，對網路的封鎖我們也可以看出來。

所以共產黨沒有意思要改革、想改革也很難，我跟許多中國來的朋友談，他們很坦白地告訴我，他們並不真正希望共產黨在最近會有任何改變，也沒有任何跡象能看出它會改變。目前來講，危機是存在的，比如說許多老百姓的抗議、西藏事件、維吾爾族事件、新疆事件，這些都使共產黨非常緊張，所以它要造成一副面貌，它最近有一種主張，我將來會有機會說。

共產黨好像要向外國移動，它要在美國把《新華社》的宣傳機構建立起來，造成很好的對外形象，讓人家不要罵中國，希望把負面輿論改正過來，變成正面地探討中國。所以，我認為俞可平在這個時候出來，跟共產黨現在對外宣傳方面有新的動向，是值得注意的。因為他們現在有錢了，可以在美國花得起大錢做宣傳工作。這一點我留在以後再說。

現在我的意思就是，俞克平等人最近的言論，基本上應該與黨內這個動向聯繫起來看，而不是單純的、忽然一時興起要說幾句安撫的話。我認為這個安撫的話對國內來講，恐怕聽眾並不會有深厚興趣，因為共產黨裡面有經驗的人，不會相信你說一兩句好話就可以打動人心的。

就像從前江澤民上台以後、朱鎔基做總理，許多人寄予厚望，因為他是右派、可能改革，結果是一場失望。然後就是胡、溫體制，最初也都認為會比江澤民好，事實上在某些情況下，言論自由方面比江澤民時代更加倒退。現在中宣部的掌控之緊，是無法想像的。

在這個情況下，公開批判政府還是有罪的，這就是俞可平所謂的體制內改革一個最基本的動力所在。

（本篇網路無錄音檔）

解讀《人民日報》鄭青原評論

二〇一〇年十一月三日錄音
二〇一〇年十一月十一日刊登

十月二十八日，《紐約時報》有篇關於《人民日報》的報導，是說《人民日報》在十月二十七日忽然刊登一篇文章，作者叫鄭青原，題目是〈再提政治體制改革〉。包括外國人和中國國內的某些人，經過採訪以後，好像都認為這是一種對溫家寶的不點名批評。

我們知道，溫家寶似乎一向給人這種印象：因為他跟趙紫陽合作過，是比較溫和的，他個人的形象也是溫和的。但有些人就說他是作假，像余杰就把他看成善於表演的中國影帝，用電影明星的方式作秀給人家看，所以不相信他真的會改革。

但又有不少人，包括許多海外的、國內的異議分子、改革派、知識人，都認為他可能想推動政治改革。因為他一再強調，經濟發展、經濟進步到一個程度，就遇到阻力了，阻力來自政治制度的牽制。如果政治制度不改革、不開放、不走上民主自由這條路，那麼很快地，經濟發展也就不能再往前走了，這是他一再表示的。當然他說的民主自由，可以做各種解釋，不一定是西方的。不過看他那個說法，好像有近乎三權分立的味道。因此給人一種印象：他還是會像趙紫陽一樣，提倡西方式的民主制度，以及民主、自由、人權這些我們今天所謂的西方「普世價值」。國內的保守派、堅決主張一黨專政到底的人，當然引起憤怒。

這也有可能，我們現在在外面，也沒有得到任何可靠消息，不知道是怎麼回事。溫家寶是不是每次講這些問題一定都是作秀給人家看，我們也不敢完全武斷地這樣斷定。所以我們就姑且承認有這樣一個可能：國內有一種意見，就是黨內當權派中間以溫家寶為首，或圍繞他的一些人士，主張某種政治改革。這種改革跟西方很像，雖然也沒提出具體的方式來，但可以大體認為是走趙紫陽原來的改革路線。

我們知道，趙紫陽當初的改革路線，就受到鄧小平的直接批評，他說你不要搞三權分立、不要搞西方那套。因為鄧小平希望加強政治控制，也就是加強一黨專政，認為經濟上我們可以放鬆，政治上要加緊。

但今天情況又變了，大陸的經濟也是由黨來抓的，所有賺錢的重要企業都是國營，相對私人的自由市場反而縮小了。所以今天共產黨的言論，國內尤其黨內的保守派、一黨專政派，他們的信念更是加強了，那就是只有加強政治控制，才能維持經濟發展。

這篇以鄭青原的名字發表的社論，也是這個意思。其中有個說法，表示只有加強黨的領導，黨才能指揮一切、包括指揮軍隊等等。換句話說，他們明顯地認為西方制度不合中國國情。這是從前國民黨拒絕民主開放的一個理由，現在被共產黨吸收過來了。

為什麼大家會認為是針對溫家寶呢？當然是因為溫家寶過去也受過批評，因為溫家寶一向好像表示要民主自由，還有些人跟著一塊叫嚷民主是好東西等等。但自從今年八月二十一日溫家寶在深圳講話，特別強調民主改革，引起大家很大的注意。自那以後，一直到赴美訪問聯合國，受到CNN採訪，也大談民主改革、民主自由、法治種種，甚至對人權好像也表示同情，所以更引起注意。有些相信他的人就認為他代表一種改革力量，不相信他的人就認為他是作秀。

不管怎樣，據《紐約時報》報導，自從八月至十月為止，他前後至少有七次機會講這個問題，都強調改革。所以再引起反應，說是對他的一種不點名批評、批判，我想也不是不可能。

但這個問題，我想在共產黨十月尾出版這樣一個東西，又跟劉曉波的諾貝爾和平獎有關。因為和平獎以來，國內知識分子要求民主改革、人權的壓力非常大，共產黨元老也有幾十人上書。最近還有一百多位自由派知識分子聯名寫信，要求釋放劉曉波。

國外壓力更大，從美國到歐洲的德國、英國、法國，總統、總理都發言，一方面恭賀劉曉波得獎，一方面要求中國政府釋放他，美國的歐巴馬也是這樣做的。唯一沒有這樣表示的，似乎就是聯合國祕書長潘基文，他是韓國人，最近《紐約時報》報導他受到了壓力。他的六年任期很快就要屆滿，他要是表示這種意見，共產黨可能就會否決他再連任一次。這是

《紐約時報》刊載的，對這位秘書長也很不光彩，他為了私人想再做一任，就連對劉曉波這件事都不敢表態，所以國外壓力很大。

另一個壓力來自諾貝爾和平獎的委員會、挪威的委員會主席賈格蘭（Thorbjørn Jagland）在《紐約時報》投書，雖然不長，但說明了要把和平獎頒給劉曉波的理由。他就說這是《人權宣言》，聯合國提倡的、中共也接受。中共在它的憲法上還要有所改變，以適應《人權宣言》。劉曉波做的事情絕不可能是叛國，毫無理由，這是對人權最大的糟蹋。他說我們一定要這樣做，威脅也沒有用，而且共產黨一再威脅，也都被賈格蘭戳穿了。

在這幾種情況下，我們可以看出中共的壓力很大。另一個壓力就是有十五位過去的和平獎得主，包括屠圖主教（Desmond Tutu）、美國前總統卡特等等，聯合起來要求中共釋放劉曉波。這也是很大的國際壓力。

所以我想十月以後，一定是民主自由人權的問題，讓共產黨內部感受到相當大的壓力。在同一時期之內，共產黨還跟整個西方，以及日本等亞洲鄰居全都發生衝突。

由此可見，共產黨壓力很大。劉曉波事件跟溫家寶的談話，大概把它們聯繫起來的，好像黨內、黨外、朝野，都有壓力。在這種情況下，我想才有《人民日報》這篇評論。

談中國大陸近十年內發生巨大變化的可能性

二〇一一年六月十三日錄音
二〇一一年六月二十日刊登

未來幾年內或十年間，會不會有很大的變化，就是所謂變天，是值得討論的。有一位朋友，一向支持中國改革開放、一向對於中共黨內改革派抱著希望，也幫他們做一些比較好的工作，他忽然回來給我一封很長的信，還附上許多網路上的消息，使我大吃一驚。

因為他在信上就提出這個問題，他覺得最近幾個月在北京所得到的感覺是，許多人都說，十年內有可能會變天，這個變天當然不是普通的變，而是重大變化；這種變化可能有暴力活動、也許是和平的，就不知道了。

但我這個朋友是對共產黨黨內的改革派有很大信心的人，現在居然失去了這份信心，覺得變化莫測，我覺得是值得討論的。其中三個題目，第一就是今年有獨立候選人運動在整個中國出現。獨立候選人過去也有過，偶爾有一、兩個人在共產黨的基層選舉裡面，就是人民代表大會。人民代表大會有各種級別，像縣一級的，甚至區一級、市一級的都有。從前的候選人一定是共產黨想要的、一手找出來的人，由他們信任的人作人大代表。今年也一樣，但今年忽然獨立候選人問題多起來了，《新華社》、《人民日報》都有報導，而且表明了官方立場，說獨立候選人事實上沒有法律根據，不合法，換句話說，他們要阻止。如果獨立候選人都起來競爭各種人民代表的位置，那就很麻煩了，共產黨的控制就不會那麼嚴密了。

現在問題還不止於人民代表，甚至有一位鄭州的著名企業家，也表示他願意出來競選河南省省長，他說他競選以後不要任何錢、也不要任何薪水，就是要把河南的事情搞好，這也是一個很大的挑戰。

共產黨目前看來，是把獨立候選人看成不合法，要想辦法阻止的。這件事還沒有結束，還在展開，將來怎樣不知道。不過可見，這場運動對共產黨頗有威脅。這個運動表示，共產黨對中國人的統治，慢慢也不是那麼順手了。

第二是民變，就是群眾的事件愈來愈多。最近《紐約時報》有篇報導，提出了兩個地方的衝突，一個是廣州附近的新塘地方，外來小販跟地方公安人員起衝突，結果有二十多人被逮捕，這個案子剛發生，還在發展中。

另一個是在湖北的利川，湖北利川只是個八十五萬人口的城市，但有幾千人起來抗議市政府，因為市政府把一個人民代表弄死了。這位人民代表很有良心，他要調查地方官員貪汙的問題，因此被逮到警察局，在警察局裡就被弄死了。後來共產黨的報紙都承認，他的死亡是不自然的、不正常的；換句話說，他一定是被害死的，這也引起很大的暴亂，所以有幾千人出來抗議，軍警出動了上千人，死亡、傷亡種種情況，報導得還不夠清楚。

我們知道，去年一年的群眾事件，中共官方的報導就有十二萬七千件，中間我想還有隱瞞，大大小小很多，都是一種正面衝突。

另外我們還要特別提到的，就是前陣子在內蒙古呼和浩特發生的事，因為漢人在內蒙古占百分之八十，把百分之二十的蒙古人擠得沒地方去了，蒙古人牧羊、牧牛的這些地方，都被合法的、不合法的發展商和開礦業者占領了。最近有個漢人就開車和兩、三個人一塊，撞死一個蒙古人。這件事引起極大抗議，所以有幾千學生上街，還有蒙古的民族大學學生也非常憤懣，但他們被警察圍困在校園裡不能出來，許多其他學校也都不能出來。許多蒙古人領袖，甚至於學生、教授都被逮捕，暫時關在警察局。但中共也很害怕，所以它很快就把傷人的司機先殺掉了，這是第二個。

第三個就是現在我一個朋友，香港的一位大學教授帶學生去中國訪問，經過北京、一直到山西，告訴我一個很奇怪的現象，就是人人都在唱紅；唱紅的中間、背後，唱完以後，又不相信這些東西，覺得可笑。所謂唱紅，就是歌唱偉大毛澤東、中華人民共和國這個事情，特別是延安時代的歌，現在又流行起來了。這個運動也很重要，這是黨內權力鬥爭的一個信號。

這三個問題加起來，我們可以看出，共產黨的未來會發生很重要的變化。

談烏坎村選舉與中國政治改革的前景

二〇一二年三月二十二日錄音
二〇一二年四月十三日刊登

廣東陸豐市的烏坎事件，本來是一個小村子的小事，但從去年年底開始，一直發展到今年二月才完全結束，其間四、五個月引起全世界的注意。美國、英國、各國報紙、媒體都有介紹、有評論。這個事情最近已經結束了，我介紹一下事件本身。

村裡的幹部、黨委書記把老百姓耕種的田賣掉，本身也能賺到大錢，給村子裡帶來很多的錢，個人的好處就很多了，所以這裡就涉及到各種各樣的關係，就是建立工業園、商品房，都是官商勾結的。

最後是在今年二月執行選舉，第一個是官方，就是省的工作委員會，這個工作委員會進駐村中，選出新任村黨委書記。書記選出以後，就召開會議，選出代表，代表是怎麼選出來的？就是選舉，選舉由村民直接、無記名投票。

這件事情得到全世界的注目，很多記者都去攝影，我們在電視上也看到，確實是自己投票的。不過官方還不是那麼放心，所以有大批武警在左右鎮壓，不讓某些記者接近村民。所以雖然說是無記名投票、自由選舉，但其中還有一些威脅。

但無論如何，這是破天荒的事，從前可說是沒有過的。第一，它允許村民自己選出代表跟省政府談判，而且在幾個月內黨根本不存在，村民基本上自治。第二，讓老百姓真的無記名直接投票，選出來的人都是村民支持的。

我們知道，這件事情目前可以說是告一段落，可是這個事情到底怎麼樣？烏坎村能不能變成一個模式，可供全國仿效、各村都可以依照這個辦法？我看很成問題。到目前為止，這是特殊情況，黨並不認為這是一個普遍的模式，可以在全中國實行。

所以從這方面看來，這個選舉只有地方性的意義。可是這個選舉本身之所以存在，是由於黨派鬥爭的結果。我們知道，汪洋是團派的人物，也就是胡錦濤團派人員之一。因此《中國青年報》對這件事非常讚揚，而且大家都知道，汪洋很顯然是跟重慶的薄熙來打對台的，在這兩個人打對台的情況下，汪洋要走出另外一個面目，這個面目就是改革開放，改革開放就實現在烏坎村的處理上。

另一方面，汪洋處理這件事情的時候，薄熙來地位還是很穩固，而且他「唱紅」的聲勢，在全國來講要比汪洋大得多，他們兩個就是要爭奪中央政治局的常委席位。從某方面看，薄熙來顯然占了上風，可是沒想到在二月的時候，忽然發生了王立軍事件，薄熙來變成落馬人物了。

這樣看來，烏坎事件本身跟今年「十八大」換屆有著密切關係。換句話說，這是權力鬥爭的前兆，我們在今天才能看得清楚。烏坎事件剛開始，在汪洋最初用寬厚態度處理這件事情的時候，我們看得還不是很清楚，現在看起來是很明顯的。

因為最近在北京「兩會」以後，汪洋在廣東傳達「兩會」主要精神，特別強調改革開放是黨的基本路線。而這基本路線是薄熙來垮台、至少失勢以後，一個新的發展，又跟溫家寶提倡政治改革有些密切呼應。

所以這裡面撲朔迷離，我們現在還不敢說到底會不會有改革。要共產黨放棄一黨專政、真正開放改革，我相信是很困難的。不過開放改革成為一個口號、一個號召力量，還是存在的。黨內本身就有分歧，黨內許多人就說不要政治改革、不再繼續開放，以鎮壓的方式，黨可能會陷入危險。而另一些人，包括團派、包括溫家寶的經濟改革派，都認為非政治改革，經濟改革就不能再進行了，遇到的社會危機也非常大。

顯然共產黨內部至少有兩種態度，這兩種態度是尖銳對立的。汪洋正好站在改革開放的一面，至少表面上是如此。他內心是否認為可以開放、開放以後又有什麼後果，還沒有資料可以讓我們做進一步分析。

不過我們可以說，目前烏坎事件所表現的，與今年統治階層換屆密切相關。我們現在不能給這次事件一個普遍意義，因為其他的村子（我記得湖北已經有一個村子）想援引烏坎為例，但沒有得到當地黨和領導幹部的同意，所以烏坎事件並不能成為烏坎模式。但如果改革開放占得上風，烏坎事件所打開的這樣一個缺口，還是有很大意義，可以使老百姓群起效法。

中共政權轉移的困難

二〇一二年五月十七日錄音
二〇一二年六月七日刊登

胡溫的十年，今年就要到期了，馬上要在今年下半年、七月以後要召開十八大。十八大就是要完成政權轉移問題，如果政權平穩地轉移了，那中共局面當然就很穩定了。可是我們知道，中共對穩定是非常不安的，所以才有維穩制度的出現。

因為貧富不均的關係，跟黨有關的人掌握了企業，個個都變成億萬富翁，一般的老百姓愈來愈窮。中國這樣富，可是最窮的農民和失業的人非常多。貧富不均造成許多不安，所以每年都有十八萬到二十萬起集體抗爭事件，像廣東烏坎村的事件。

因為這種情況而有了危機感，危機感在共產黨統治階層內部也非常嚴重。所以能不能和平轉移政權，是一大關鍵。可是最近發生了薄熙來案，到今天我們看來，好像已經不是簡單的刑事案件了。

中共官方最近到處發言，表示十八大還是要如期舉行。因為外面許多人都傳說，薄熙來的案子不容易擺平，一時還不能解決，今年秋天未必能夠開得成會。中共領導人都是要到北戴河避暑的，在這個避暑的會議中，就要決定怎麼處理薄熙來案，不能永遠擺在那兒不動。

政權傳遞之所以有問題，是因為牽涉到紅二代問題。最近北京大學的錢理群教授有一篇文章，專講紅衛兵復活，掌握政權的問題。像薄熙來就等於是早期的紅衛兵，現在他想奪權，也採取紅衛兵當時的方式。

我們知道，紅衛兵剛剛開始的時候，共產黨人有個口號，就是說父親打的江山由兒子來繼承，所以他們那時高唱的口號就是「老子英雄兒好漢」，就是一定要繼承的。這個繼承制就等於北韓最高領袖的繼承制一樣，不過表面看來好像不同，不是父親傳給兒子，但事實上是集體繼承，也是第一代傳給第二代、第二代傳給第三代這種方式。

所以，就是胡溫也不能不選擇習近平，可是習近平在第二代中間名聲並不好，至少認為他不是有能力的人。我所知道的材料，薄熙來根本就明說他是個劉阿斗，要把他清除以後，重新由第二代來控制世界、控制中國。怎麼控制？那就是要走毛澤東的路線，就是重新回到平等主義、民粹主義，用紅衛兵方式。

所謂打黑，就把許多有錢人都誣賴成黑道，你也無法自辯，然後就抓起來，許多人還槍斃，還有進監牢的，種種懲罰。這些案子現在都出來了。黑道分子不能說沒有，但事實上被誣為黑道的人更多。所以這個方式大家是很恐懼的，就是回到紅衛兵時代，可以抄家、可以把你一生的財產整個沒收、也可以把你送進監牢，法律在他們手上。

所以這是紅二代的想法，紅二代的人相當多，軍隊方面有劉少奇的兒子劉源，他在後勤部門已經官拜上將，照說也應該扮演很重要的角色。今天我們已經知道他跟薄熙來有密約、互有默契，就是在軍隊方面來支持薄熙來，而且不單是劉源一個人，還有其他相關的著名軍人之子，像張震的兒子張海陽，也答應跟薄熙來一道合作。

現在這一切都完了，完了以後，如果薄熙來再能還手、再能出來的話，那就不但是胡溫本身，包括習近平、李克強等人，都將死無葬身之地。我們知道，中國共產黨權力鬥爭起來非常殘酷，不是你死就是我活，四人幫倒台、林彪倒台都是例子，他不敢再讓你復活，如果復活就是這邊要全部崩潰。

所以在這個情況下，薄熙來案不是那麼簡單。因為中共第二代也就是中共的紅二代，也有他的焦慮，這個焦慮就是因為貧富不均而有可能江山不保，所以他們的方式是回到民粹主義。另一個方式就是我們外面所傳說，或認為溫家寶所代表的一種政治改革。可是政治改革又不能走西方路線，也不能三權分立，那改革等於根本只是一句空話，不能動的，民主自由式的改革、西方式的改革又行不通，這就是困難所在。如果這件事不能解決，習近平的案子就不容易下一個清楚明確的結論。所以我認為，權力轉移的問題，將是共產黨今年下半年所碰到的最大困難。

言論自由與鞏固政權

二〇〇四年三月十二日

最近發生兩件事。

第一件事：二月十四日，北京二百多個居民想請願，他們抱怨受到迫害，被強制要求遷居。這二百多人已經準備，在政協十屆二次會議開幕的時候，把這份請願書傳給政協委員，讓政協委員反映他們的痛苦。但這件事情還沒有發生，警方已經知道了，大批軍警包圍了這二百多個人，把他們軟禁起來，根本不能出去。所以十四日晚上，這兩百多人就可以證明，官方根本無意讓老百姓把他們的痛苦投訴給政協。就算向政協投訴，也未必有結果。但連投訴都不可能，這是非常嚴重的事情。不但違反了法律，而且這種暴行也真正地蹂躪了人權。

第二件事情，是最近的網站，完全受到網警的控制，封閉好多敢說話的網站。我所知道的其中一個，就是北京大學的一個網站，因為登了一篇由學者組織、內容很翔實的農村調查報告，把農民的痛苦和鄉村裡各種各樣的困難全部說出來。這個報導當然是官方不願意看到的，因此也被封了相當長的一段時間，最近才解封，但仍然受到監視。其中有篇批判毛澤東的文章，就立即把它屏蔽起來，讓別人看不見。

從這兩件事情可以看出，如果是一個民主的、合理的政府，一定要把這件事情看得很嚴重，但中共的政府顯然談不到這點。這是中共沒有什麼新發展的一個最大原因，也就是他們犧牲民主來保持政權、保持特權。如果這樣發展下去，中國將來的結局會是什麼樣，可想而知。

共產黨繼承的馬克思主義已經破產了，很少人再提這種意識型態，就是江澤民的「三個代表」也是廢話，沒有人提了。可是共產黨又想利用中國文化、甚至儒家來給自己塗脂抹粉。但這個塗脂抹粉更是做不到的，首先，中國文化、儒家講政治方面，最要緊的就是老百姓能自由表達對政府的批評。這話不是我編造的，這在《左傳》、《論語》裡都有記載。西周的時候，已經有人提出「防民之口，甚於防川」，就是你得讓老百姓說話，你要不讓他說話，等於把大河阻擋起來，如果災禍爆發，那就不可收拾。所以古代就有一種「士」，就是讀書人，他可以「傳言」，要把這些話傳給社會。但你要知道，我們政治上遇到什麼困難、老百姓有什麼疾苦，「庶人」就是一般老百姓，罵政府叫「謗」，即批評政府，這是中國的老傳統。所以孔子在《論語》中才說，「天下有道，則庶人不議」。就是你要讓一般老百姓不說話、不批評政府的話，只有一個辦法，就是天下有道、秩序合理、大家都肯接受。這是中國儒家的老傳統，所以中國雖是皇帝專制，事實上皇帝制度也包括了一種自我批評的傳統，這個傳統是中國一向看重的。敢於批評的人，可以聽到什麼話就講，不一定要有證據，說錯了也沒有關係，也不懲罰他們。

這就是中國的一個傳統，中共要想解決問題，別無他法，只有盡量開放言論自由，否則這個政權是很危險的。

（本篇網路無錄音檔）

中共控制言論登峰造極

二〇一三年十二月十六日錄音
二〇一三年十二月二十日刊登

中共控制言論自由已經達到最高峰了。一方面是對外，一方面是對內。所謂對外，就是拜登副總統這次訪問中國，最主要的問題當然是談日本跟中國的釣魚台爭議，但同時，拜登也對中國控制外國記者太嚴格表達不滿，這是美國官方第一次這樣公開表示，認為會有嚴重後果，為什麼這樣警告呢？因為《紐約時報》和彭博社這兩家媒體，前後都做了許多讓中國官方不滿意的攻擊性報導，他們的記者今年年底簽證就要到期，現在中共官方表示，這兩家媒體記者的簽證到期以後，大概不會給予延期，換句話說，就是要把他們趕出中國了。這是很嚴重的事情，從來沒有這麼大規模的。

事實上，中共對於這兩家媒體，尤其《紐約時報》，是非常深惡痛絕的。我知道最近有件事，就是許多海外媒體受招待跟習近平見面，全世界各國媒體的領袖人物都去了。《紐約時報》的領導人就在要見習近平的前一分鐘，被兩個共產黨人員把她拉下來了，說她不在內。這是對《紐約時報》進行一種公開侮辱，表示它沒有資格跟習近平見面。為什麼《紐約時報》受到這樣的特別待遇呢？因為它一直報導得非常真實，而且非常詳細。尤其關於溫家寶一家財富的報導，引起共產黨最大的仇恨。同時，共產黨其他人員也很怕《紐約時報》可能會牽扯到他們，換句話說，《紐約時報》跟彭博社這兩家媒體，對中國做了許多不利的報導。這些報導使得共產黨非常厭恨它們，就想藉此機會把它們去掉。

這次公開由拜登提出，是很嚴重的事，因為從前都是大家在幕後談判，得出某種妥協。可是這次拜登公開提出這樣的要求，據報導說，習近平完全不為所動，又通過中國外交部發言人強調，中共一切依法執行，不管哪一家媒體，如果記者自己不檢點、不能客觀報導，我們就有理由不讓你繼續留在中國。所以由此可見，明年還會不會有《紐約時報》、彭博社的記者在中國，就很難說了，看誰做出妥協。但《紐約時報》總編輯艾布讓森女士（Jill Abramson）表示不肯屈服：我們要報導中國，也要用最高的報導水準，給不給簽證不在我們考慮之列。

這是第一個案子，表現出共產黨現在對外國記者，已經不像從前那樣了。早期中國非常希望外國記者報導，非常巴結外國記者，給他們各種便利。但今天時代變遷了，中國財大氣粗了，這兩年尤其厲害。不但不巴結記者，而且要記者做出種種屈服於他們的報導。這是很大的危機，而且共產黨前倨後恭的這種做法，明眼人一看就知道是他們向來的習慣。它在不利的時候非常卑躬屈膝，等它一旦占有勢力，就會騎到你頭上了。

第二個事件可說是對內的。先前我們看到北京大學校長開除了經濟學家夏業良，說他學問不夠。其實真正的原因是他反對一黨專政，反對集體經濟、國營企業霸占一切。這就引起了很多抗議，英國的倫敦政經學院、美國的衛斯理大學都有強烈抗爭。雖然沒有任何結果，但已經鬧到舉世皆知。最近又發生一件事，上海有名的華東政法大學法律學院，最近把一位副教授張雪忠開除了。

張雪忠是什麼人呢？他一直是維護憲法的。他寫了許多文章，主張保持憲法的正當性，乃至保持共產黨一九八二年所宣布的憲法，認為不能違憲，要有言論自由，但共產黨當然不允許。最近他又發表一些文章，批評一黨專政體制，又批評一黨專政的後果及其造成的危機。屢次勸告他都不聽，最後學校方面在今年八月就通知可能不續聘他，不久前由院方正式通知，系主任告知他不能再繼續教下去了。這又是一個很大的案件。這個案件可以看出是北京大學事件的延續。可見共產黨對言論自由的控制不但有系統，而且從外到內無所不包。從前以為大學教授總可以享受一些言論自由，但今天已經不行了。

也就是說，就我現在看來，共產黨對國外記者、國內記者，以及國內學者教授的態度，是有系統、有計畫，而且完全不在乎的。從前總覺得還是有求於外國人，怕輿論不佳，但它今天覺得它可以用錢買到一切，所以現在豁出去，狠了心一直幹到底了。這是習近平的一個真面目。習近平一開始講憲政、也講憲法，但別人一講憲法，他馬上禁止，張雪忠的案子就是很明顯的例子，從內到外，我們現在看到的都是有系統地控制言論自由，而且已經達到最高峰了。最後國內能見到的就是一片歌功頌德之聲，網上只能偶爾流露出一些批評意見，這是很可悲的事。

中共壓制人民自由愈演愈烈

二〇一〇年四月七日錄音
二〇一〇年四月十九日刊登

中共最近這一、兩年來，控制國內人的自由和網路、對異議分子、稍微批評政府的人，都採取最嚴厲態度，而且愈來愈厲害。這是一個趨向，不像從前那樣趨於緩和，而是愈來愈兇，我可以舉幾件事情來講。

第一，我們講劉曉波。劉曉波並沒有犯什麼罪，他的《零八憲章》不過是根據中共已有的憲法，要求實踐而已。就為這個給他栽了個罪名，判了十一年徒刑，可說是荒唐到了透頂的地步。

此外還有很多人被判刑，我現在就想起來，四川有個譚作人，他也在今年二月九日被重慶中等法院以「煽動顛覆國家政權罪」判了五年徒刑。他事實上什麼事也沒有做，就是談了六四屠殺不應該發生，就用這個罪名，判了他五年徒刑。這兩件事情可以看出，共產黨用法愈來愈嚴厲。

另外，限制異議人士的自由，也出乎許多人意料，還可以舉兩個例子，像四川的廖亦武第十三次被否決出國。而且最後一次、第十三次，在成都已經上了飛機，還把他拉下來。他去參加的活動連德國總理都已經批准，是一個文化節的文學節目，要他去朗誦詩，結果他就未能出席。共產黨現在已經不顧臉面，已經不在乎外面人怎麼罵，都不相干。我現在有錢，我總可以制服你。

還有一個也出人意料，這是我在《紐約時報》上看來的。《紐約時報》有一篇文章，講一位女學者崔衛平。我看過她的著作，寫得非常好，介紹過捷克哈維爾（Václav Havel）的民主思想，也是提倡人權的人。但她絕對是一個學者，完全沒有推翻政權的意思，只是她的活動也給共產黨帶來困境。

因此，她在今年三月接受哈佛大學的演講邀請，然後又接受在費城的亞洲學會年會的邀請，但到了最後一分鐘，學校不放行，說她要教課，不能走。事實上就是懲罰她，因為她批評政府，對政府不利。

所以這些動作都很出人意料之外。從前共產黨只是把異議人士和它不喜歡的人送出來，送出來以後不讓你回國，但沒有像現在這樣。如上海的馮正虎，並沒有什麼特別的錯誤，多少次到了國門不讓他進，到了上海又把他送回來。

另外是限制學者，而且是到世界上參加重要會議並演講的學者，不讓他（她）出國、不讓他（她）到場，讓他（她）最後只有放棄，這也是從前沒有的。這是最近兩年的一種新趨向。這個趨向愈來愈凶，就是給你臉色看。

谷歌（Google）的問題也是因為要限制它的自由，因為怕谷歌引起國內異議分子的活動。不接受中共的檢查、不接受中共要求的自我約束，就會造成更多人在網上抗議，逼得谷歌非走不可，最後搬到香港。

這些都表示它對國內抗議的人群非常害怕，如維權律師、講愛滋病的醫生、維護環保的律師、環保人士，都受到種種不同壓制。而且用叛國、洩露國家機密種種罪名，把他們送到監牢裡去。而且坐牢的時間愈來愈長，從前不過一、兩年的事，現在可以到五年、十一年，這就表示共產黨心裡非常害怕，就像孔子說的小偷進來偷東西，然後跳牆而走（「色厲而內荏，譬諸小人，其猶穿窬之盜也與？」），表面上很兇、說我不在乎，但內心非常恐懼。

這種恐懼就是現在共產黨當權派的心理，這種心理從哪兒來？我想最重要的還是因為共產黨內部有各種各樣的勢力，至少有兩大勢力。

一派是看到危機很大，如果不進行民主改革、三權分立，不進行選舉，政權這樣子維持不了多久。完全靠武力、暴力維持，是不會長久的。所以有一批人為了黨的利益，也不能不提倡緩和的小幅度改革，我想，溫家寶可能代表這一派。

有些人認為他是做戲，跟胡錦濤那一派或其他保守派在演戲，一個白臉、一個紅臉。事實上不是如此，我覺得溫家寶可能有了危機感，因為他自己總理的權力現在也很有限，被限制得很小，什麼事情都不能發揮作用。所以他要提倡「民主才能使國家長治久安」這類的話。事實上他也做不到，他沒辦法實行。

談中共因恐懼而強化對維權人士的打壓和迫害

二〇一二年一月十二日錄音
二〇一二年一月二十六日刊登

中共政權最近在政治上表現得害怕，它怕什麼呢？就是怕像中東、敘利亞現在這樣，老百姓正式起來反抗，那就不得了了。因為現在個別的反抗，每年已經有十幾萬起，今年就有十萬以上，最著名的比如廣東的烏坎之類，已經造成很大的影響。現在烏坎事情還沒有解決，好像又開始要秋後算帳。共產黨本來好像以為地方上可以很開明地解決這個問題，事實上又發生變化了。

我們暫時不談個別案子，我就講共產黨的恐懼表現在各種方面，基本上有一個中心的線索，就是用最極端的暴力鎮壓一切，決不紓解、決不跟老百姓和緩談判，而是鎮壓，就是完全用「鎮壓」兩個字。

共產黨第一個怕的是法輪功的人，為法輪功辯護的高智晟，二〇〇六年早就被判刑三年、緩刑五年，事實上從來沒有緩刑，就一直失蹤。最近忽然又出現了，就是中間它讓高智晟出來一下，好像放回家，事實上第二天又失蹤。過一、兩年又出來一下，見個記者，然後又失蹤。到現在又出現一下，這是他的家人、他的弟兄報告的，現在他又加判了，等於說那三年沒用，說現在又要再關三年。原因就是他沒有真正屈服，而且最重要的是他受到酷刑，又向外宣布，對共產黨造成更大威脅。

現在共產黨為了這個原因，也要修改法律，就是今後可以隨時逮捕它懷疑的人，拘留的時間也延長，到了無法無天的地步。換句話說。所以現在公安人員抓異議分子、人權律師，那是毫無顧忌、毫無忌憚，根本不在乎輿論的、從前還怕，這就是它恐懼更加深的表現。如果這個修正法出現，那就更不得了了。

這是一件事情，也是《紐約時報》在今年一月二日發表的消息，然後一月三日，我們就看到另一個很有名的女律師倪玉蘭。倪玉蘭是北京西城附近的一個律師，她是幫助她附近的人。她很早就出了毛病，二〇〇二年她就被抓去關起來了。原因就是她幫鄰居在法律上對抗官方，因為官方為了建造運動場、迎接奧運之類的，要趕走西城的居民，她是那樣開頭的。

關起來以後已經是多少年了，說她擾亂秩序、甚至於涉嫌顛覆國家政權、顛覆政府。總而言之，給你造一些很大的罪名，然後就把你送進監獄去。送進監獄還挨刀，她挨各種酷刑，腿都打斷了。二〇一〇年出來的時候，就坐在輪椅上了，她的丈夫推著她，情況非常可憐。

但現在又出毛病了。因為她出來以後，房子已經沒有了、被拆掉了，有些支持她的人就送她一個帳篷，她就住在北京的某些公園地區。似乎又鬧出報導、網路上也拚命宣傳，這樣又把她抓進去，覺得她問題很大。然後把她送到一個小旅館，這個小旅館只有一間小房讓她夫婦倆住。她又付不起房費，所以又欠了錢。現在她出來以後，她的律師執照被吊銷，所以她變成非法了。她又幫老百姓打官司，這樣就冒犯了共產黨，又以新的罪名說她搗亂，又要開始審判她，同時也告她欠了旅館的費用種種。總而言之，她丈夫現在推著輪椅到法庭受審，說這次會判得更重。

這是得到普通居民支持的，共產黨都怕。因為就怕將來連成一氣，變成大規模、全國性或者大區域反抗的時候，那就沒法制止了，就是星星之火、可以燎原，共產黨最恐懼的就在這裡。維權律師首當其衝，就是他們要消滅的第一個對象，讓他們不能在老百姓中間造成威信，產生號召力。這一號召，那共產黨的政權就岌岌可危了。

所以從這兩個例子，就看到共產黨現在的恐懼感。另一方面，西藏又發生別的問題。最近的報導就是又有三名僧人自焚，自焚人數已經到了九個人，或者還更多。這樣下去，我想到處都是火苗，共產黨恐懼得不得了。

這樣的恐懼下，到底用什麼辦法能和解？現在國內的作者、年輕的作者，像韓寒，最近一連出了幾篇文章，我已經講過〈論自由〉、〈論民主〉，現在還〈論革命〉，現在的一個題目就是討論革命應不應該再來一次，他是理論探討，所以一時還沒有辦法抓他，不過這在網上變成極熱門的題目，所以這是共產黨更恐懼的一點。

目前照趨勢來看，我看共產黨不會放寬它的控制，也不會進行改革，只會愈來愈緊。這樣的話，它自掘墳墓又挖得更深一些，這是我們很擔心的事情。

中國官方大力打擊網路言論

二〇一三年九月十二日錄音
二〇一三年十月十三日刊登

將近一個多月來，全國警方都在抓網上所謂造謠的人，傳播對維穩不利的訊息就抓起來，或者警告判監，總而言之，就是叫你不能在網上亂說話、批評政府。因為網路批評現在成為很大的問題，共產黨覺得是極大威脅。為什麼從上個月開始？也許跟薄熙來案有關，也許跟習近平剛剛上台，決定用更強制手段控制中國有關。這點我已經做過報導，就是習近平現在完全站在反對普世價值的一面，認為普世價值是西方價值，是拿來侵略中國的。中國有自己的價值系統，不需要受西方影響。在這個情況下，他們現在就對網路上提倡的普世價值這類東西非常敏感。

最近發生了一件很有趣的事情，就是關於薛蠻子的問題，薛蠻子是一個美籍華人，他的名字本來叫薛必群（Charles Xue），是一個投資商，對中國貪汙的官員攻擊得非常厲害。這個人在網路非常有勢力，據說登記的粉絲超過一千二百萬人，所以每次攻擊某個官員常常引起注意，甚至可以鬥垮官員。在這種情況下，大家就希望把他扳倒，怎麼扳倒這個薛蠻子呢？八月二十三日，他在北京嫖妓被捕，讓他穿著囚衣在電視上示眾，讓他供認犯了性醜聞罪，並當眾宣布。所以這次逮到大魚，他們的口號是現在薛蠻子已經跌下神壇了，因為他說一句話就有很大的號召力。現在從神壇跌下來以後，到底他的粉絲是不是因此就放棄他？完全相信官方的版本？我們也不知道。到底他嫖妓是真的還是汙衊？或是做出圈套讓他上當？這些都有可能。但嫖妓在中國不是很重要的事情，前陣子我們看到上海有四、五個法官集體嫖妓，而沒有很大的處罰。所以嫖妓還是其次，主要是貪汙，貪汙可以判罪，嫖妓目前就算有罪，也非常輕微，而且嫖妓在共產黨內是一個非常普遍的現象，這個文章做到薛蠻子頭上，可見它實在是走投無路了。這件事現在被誇大得很厲害，所以全國都受到影響，關注這件事情如何發展。

有個共產黨官方的報人叫胡錫進，他在網路上說了下面這一段話：「用性醜聞與逃稅這兩件事情來扳倒政治敵人，是共產黨把人扳倒的一種隱蔽方式。」這在共產黨是個規律了，比如艾未未就是用逃稅名義把他抓起來關了很久，同時又用最高水準罰款幾百萬美金。薛蠻子大概沒被抓到逃稅的把柄，所以現在就出現了嫖妓的事情，這是共產黨的一種手法。由此可以看到，中國的微博（尤其新浪）有很多用戶，換句話說，這些網路上的事情扳倒了很多人，很多貪官汙吏都是因為網路而被暴露出來，然後就出事。

最近共產黨誇下海口，說網民扳不倒政府。就是說，共產黨政府不是網民攻擊就能把它搞垮的。說出這句話的意思，就是它現在要正式對付網民了。所以現在稍微有名的評論人員都受到警告，薛蠻子的例子就用來殺雞儆猴。雖說警告，但總會有人出來，你就是抓了一批、關了一批，或者判刑若干人，我想很快會有網路名人因為言論不謹慎被它抓到，微博傳出以自殺作為一種抗議方式，幾乎在中國各地都有，長沙、江西，我們看到的例子甚多。這裡無法一一列舉，這些都是官方不准報導的。官方報導的只是西藏老百姓、僧侶自殺，為什麼報導呢？他們認為這是達賴喇嘛和西方帝國主義有意煽動藏民反抗中國，所以他們就報導。但是關於農民自殺的案子，網路能報導的三、四十個，小地方的事情沒被報導的多得很，共產黨在報紙和電視上是完全隱瞞的，你完全不知道，所以要靠網路，網路報導受到很大注意，像成都郊區農民的反抗事件。

現在共產黨想發動一個大攻勢，想把新浪微博的力量基本消除，但我相信是相當困難的。所以我們來看看這一次的事情，將來會是什麼結局？因為這才剛剛開始一個多月，還看不出結果來，但我相信，對網民的控制是做不到的。

習近平強化對維權人士的打壓

二〇一五年六月九日刊登

六四到今天已經二十六年了，過去我講過很多次六四。二十六年來，中共今天變成了什麼樣子？特別在習近平上台兩年半左右，習近平對於六四到底是什麼態度，現在也已經很清楚了。十八大剛剛講社會主義核心價值的時候，民主、自由、平等等主要價值都提到過，好像引起許多人的幻想，以為他上台以後經過整頓、打擊過政敵也會改革，因為他的父親是對改革很有真誠意願的人，可事實上完全相反。

我們看二〇一五年最近的一些運動，就是共產黨抓了五個女權主義者，從這件事情開始，引起國際極大的反響。所謂女權運動，就是這五個人反對公共交通色狼很普遍地侵犯婦女的現象。這五位女權主義者，有的在北京，有的在杭州，有的在廣東，都開始在公共場合讓大家看一些圖片，引起大家同情，要大家警惕色狼，特別是公共汽車、電車或火車上色狼的活動，大家要怎樣抵抗，當然還有其他活動，也都是爭取婦女基本權利的。照說這在任何國家都應該受到政府鼓勵，不會受到政府干涉。可是在中國，這五位婦女的活動引起了群眾注意，就忽然犯了罪，「尋釁滋事罪」。這種莫名其妙的罪名，把爭取婦女正當權利、對抗色狼的這種運動變成罪名，把她們投入監牢，一直拖到四月十三日才釋放，釋放也只是暫時保釋，罪嫌並沒有取消。

世界各種人權組織有一個共同看法，什麼看法呢？就是說從六四以後，這是中國政府壓制言論自由、壓制對政府批評的一次最壞行徑，因為很少看到像這樣不合情理地逮捕婦女領袖的運動。全世界都看出來，習近平其實不但不走改革之路，不但不能回到六四前的狀態，反而加強控制言論。

換句話說，二十六年來，中國在這方面不但沒有進步，而且愈變愈壞，變成最壞的時期了。這不光是表現在婦女運動上，最近我們還可以提到，像二〇一四年四月高瑜被捕，一個月後，人權律師浦志強也同樣被捕，高瑜的案子特別引起了世界注意。

高瑜是一位婦女人權活動者，而且已經七十歲了。逮捕她的罪名尤其可笑，說她向外界洩露國家機密。什麼機密呢？她發表一篇文章，引用了「七不講」。「七不講」是共產黨內部的一種宣傳，其中最重要的是新聞自由不要講；公民權利不能講；司法獨立也不能講；還有中國共產黨歷史錯誤也不能講，這已經是四個了。總而言之，這種不能講本來是黨內文件，向下傳達到很低的基層，事實上一般黨員都可以看見，談不上機密，可是他們要把這個

「七不講」變成高瑜的罪名。

有個共產黨幹部說，高瑜最後被判入獄七年，原因就是她講了這個「七不講」，每一個「不講」判了她一年。這當然是個笑話，可是無論如何，如此重判一個七十歲的老婦人，可說是超乎任何人的想像，也引起了世界性的抗議。但這次就沒有用了。事實上「七不講」在中國人人都知道，根本就不是機密。共產黨向來不承認有七不講之說，現在它以這個來判刑，那就表明它的「七不講」是真的，所以共產黨自己也招認了有七不講之說，而且是國內的機密，機密由高瑜宣布出來，就變成了重大罪名。

由此可見，像這樣壓制言論自由、壓制批評政府的自由，確實是六四以來所沒有的，而是習近平的新貢獻。習近平的貢獻不僅在此，還表現在浦志強身上。浦志強根本沒做任何非法的事情，因為無論是浦志強也罷、高瑜也罷、甚至劉曉波也罷，他們都是希望中國接受一種憲法或加以修改，變成一個民主、自由、法治的現代國家。他們從來沒有任何意圖要做土地革命運動，或使用暴力達到目的的運動，都是非常和平的，在任何國家都可以被允許。只有在中國，因為中共實在是怕得不得了，就怕蘇聯垮台這件事會在中國重演。所以，民主自由在習近平統治下是不必考慮的，沒有實現的可能，這一點是我們覺得非常洩氣的。將來中國怎麼演變，只有看事態怎麼發展了。

新聞自由日的反思

二〇一六年五月十一日刊登

五月二日的出版自由日，是一個很重要的紀念日，全世界用這一天公認出版自由的重要。如果說沒有出版自由，可以說，就不配稱為一個現代國家。所以出版自由日是很重要的一天。就在這一天，我們想到中國剛剛才因為習近平的談話，強調媒體姓黨，把出版自由幾乎全部消滅了，所以這個很值得反思的問題。反思的是，禁止老百姓說話合不合理？出版自由是不是西方的東西，中國沒有？我想許多人都可能有這種誤會。

我就先從習近平最近的談話說起，習近平在二月十九日訪問了新華社、《人民日報》和中央電視台三個地方，他強調一點：凡是媒體都應該姓黨，不應該為黨以外任何勢力說話。這是一個很強烈而且很突然的宣布，這就表示，他的政策是不許人們公開說任何跟所謂「黨的意志」相反的話。

黨其實沒有意志，黨的意志就是習近平個人以黨總書記身分提出的東西，換句話說，現在只能講他同意的話，絕對不能說他不同意的話，這就是媒體姓黨的基本精神。「媒體姓黨」這句話一旦成立以後，就不可能對中央做出任何批評了。習近平提出媒體姓黨以後，再提出或再強調的一件是，就是不能妄議中央。可以說，「不能妄議中央」簡直是荒謬到極點的一種說法，其實中央就代表黨，黨就是習近平的意志，就是任何人說話都不能跟他有所不同，不同就是妄議，下面就來說說這為什麼荒謬。

從中國傳統來說，孔子早就說過「天下有道，則庶人不議」，如果天下非常好，完全合乎道，大家就不會批評了。可是天下不可能完全實現道德，總有許多缺點。這就是理想與現實的不同之處。現實中若有可批評之處，那庶人還是要議的、要批評的，所以不可能有妄議之說。從這點就可以回到，是不是妄議中央，是不是批評總書記、批評黨，就代表中國傳統文化呢？有些人就是這樣說的，現在提出儒家的人就特別歪曲這一點，把民主、自由、人權都變成外國的東西，都不能要。

一切要回到儒家，其實儒家與所持的觀點是真正與此相反。孔子就說的很清楚，「天下有道，則庶人不議」。天下不可能完全有道，總有各種各樣的問題。如果有各種問題就是要「議」。議就是議論，就是批評，是一個很好的字。在周代，西周、東周都有議論，就是老百姓怎麼反映政治，老百姓（庶人）怎麼罵，就需要士傳言，由知識分子把這個話傳出來。

我們要去收集老百姓怎麼批評政府，要記錄下來，周代有所謂的「采風」，「風」就是老百姓唱的歌。所以現在《詩經》裡就有一部分是批評政府的，對政府或現實這樣那樣的不滿，許多讀書人把它「采」下來然後寫成詩，成了《詩經》的一部分。就是在《左傳》當中我們也看到「士傳言，庶人謗」，老白姓不滿政府是合理的事情。

最有名的一個故事，就是比孔子早一、二十年，春秋戰國時代的鄭國，子產做宰相，他施政有許多改革，許多人不滿意新的舉動就罵他，在什麼地方罵呢？在鄉校，就是在學校裡面。當時各國都有學校。學校裡面有人跟子產說：「你是宰相，被人這樣罵是不能允許的，應該把整個學校拆毀。」子產說：「那怎麼可能呢？怎麼可以把學校毀掉呢？」子產認為，人們議論政治好壞，就是我們所需要的。他說好，我們就做，他說不好，我們就改（「其所善者，吾則行之，其所惡者，吾則改之」）。整個學校裡議論的人都是我的老師（「是吾師也」），所以絕不能毀。這就是中國對「議」的看法。所以議政是好事情。

接著在十七世紀，黃宗羲有名的《明夷待訪錄》裡，有一篇是講學校的。他心中的學校就是知識分子集中的地方，等於一種議會，讀書人在這裡是可以批評的。而且皇帝也不能自大，不能由皇帝說是就是、說黑就黑，而是讀書人、士大夫在學校裡研究過，得出是與非的結論，這才可靠。學校就應該起到批評皇帝的作用，皇帝做錯的事，讓他不能再實行。

明朝有許多有名的御史批評皇帝。更有名的是像海瑞罷官罵皇帝，這樣的事情在明朝很多。雖然有些人遭到很壞的待遇，被殺或被關，但精神是不斷的，他們雖然被關被殺，卻受到尊敬。整個知識界受尊敬，才會使整個社會受尊敬，由此可見我們中國是主張議的。所以孟子說「民為貴、社稷次之，君為輕」，民是最要緊的，社稷是國家還是次要的，最不重要的就是皇帝；如果皇帝不代表人民，而是孤家寡人，那就變成獨裁者。殺掉一個獨裁者（獨夫）不是弒君，因為他已經不是君了，君是為老百姓說話的，違背了老百姓的意志，那就不能做君，這都是中國傳統很有名的故事。

我還要講一個故事，就是唐代有個李華，那是七、八世紀玄宗時代的人，他有一篇很著名的文章〈中書政事堂記〉。中書政事堂是唐代討論政治的地方，所有宰相、高官都在那裡集會，討論問題，這裡面討論君不能亂做，不可「枉道於天，反道於地」，不能違反天也不能違反地；也不能「覆道於社稷，無道於黎元」，不能搞亂國家，尤其不能無道對待老百姓，剝削和壓迫都是不許的。這四個不許就是政事堂應該遵守的，所以由此可見，中國的議政始終是不斷的。出版自由日這一天，我們要特別記住這點。

民族主義取代了民主嗎？

——「六四」十年的反思

一九九九年六月六日

「六四」今年是十周年。除了中國大陸以外，世界各地都有紀念這個日子的活動。美國尤其熱鬧，我所看到的報紙、雜誌，已有多家刊登有關「六四」的文章，最重要的是《紐約時報週日雜誌》和著名的《紐約客》等等。五月三十日晚間，美國廣播公司（ABC）和有線電視新聞網（CNN）兩家電視台，都播出了特製節目。幾天以來，又繼續有更多報導和評論。關於「六四」的意義和歷史功能，我以前早已多次談到，這裡不想重複。現在看了今天中外輿論的趨向，我想針對眼前的現實談一點簡短的感想。

最近中國大陸因為抗議北約轟炸南斯拉夫中共使館的事件，爆發了民族主義的憤怒。北京、上海、成都、廣州等各大城市，都出現以青年學生為首的大規模遊行，和包圍攻擊美國使領館的激烈行動。海外的輿論界，特別在華人社群之間，因此出現了一個說法，即認為中國的人心已經轉向了，從一九八〇年代的親西方，變成了今天的反西方，美國更是頭號敵人。青年學生也走向了「六四」前後的反面：從反抗中共政權轉為積極擁護中共。他們已不再相信民主、自由、人權之類的西方價值。相反地，他們終於選擇了「亞洲價值」或「中國價值」，一切以國家民族集體的尊嚴和榮譽為重，唾棄了源出西方的「個人主義」。這個說法在海外華人之中十分流行，幾乎眾口一詞。這使我彷彿又聽到了毛澤東一九四九年十月一日在天安門城樓上所喊出的響亮口號：「中國人民站起來了！」

北約炸中共使館的事件（無論怎樣解釋）是荒謬絕倫的行動；民族、國家的尊嚴，也是沒有人能不予以同情的。這樣的基本事實和原則，引不起任何嚴重的爭論。但如果說今天的民族主義已徹底否定了十年前的「六四」，或者進一步認為大陸上的中國人已普遍有了「今是而昨非」的大澈大悟，則至少我個人是不能不抱持深刻懷疑的。我懷疑的理由十分簡單：我還沒有看到可以接受這個看法的論據。

談到這裡，一定有人會反駁：「你沒有在電視上看到那麼多的青年學生去各大城市遊行示威時的憤怒表情嗎？你沒有看到那麼多反西方、反美的布條嗎？你沒有在報上讀到各地群眾包圍使領館、砸毀外國人汽車、焚燒房屋的壯舉嗎？這些豈不都是活生生的證據嗎？」但是抱歉得很，從研究歷史的角度來看，這些表現不但不足以構成嚴格意義上的證據，而且還有「反證」的嫌疑，因為它們恰恰和「文革」時期的遊行示威是屬於同一類的。這和一九八九年天安門前的學生運動是完全相反的。「六四」的學生行動純粹自動自發，是我們親見它一天一天發展起來的，所以高潮迭起，意外很多，沒有人能預測它走向何處。這次各大城市的群眾行動則同起同落，口號、標語、動作全是一個模子印出來的。以最近（特別是今年）中共對學生集體活動防範之嚴、監視之密的情況下，竟然能井井有條地出現這些大規模的遊行示威，並且在每個使領館前面都恰好有那麼多的磚石可供攻擊之用，這究竟是什麼性質的「群眾運動」已不問可知。年紀大一點的中國人大概都記得，一九七六年「四五」天安門事件後，所謂「四人幫」曾組織過大規模「打倒鄧小平」的示威，北京、上海等大城市都有百萬人參加，每一個在電視鏡頭前露面的參加者，都顯出一副義憤填膺的樣子。但半年後「四人幫」倒台了，又是同樣一批示威群眾去作完全相同的「演出」。今天我們看到的所謂學生示威遊行，正是一九七六年那些運動的「具體而微」。因為時代變了，控制和操縱的力量也大大減弱了，「具體而微」是無可奈何的事。

所以我要說，剛剛出現的民族主義激烈表演，不能成為大陸上中國人已完全放棄了民主的證據。這是因為我們無從判斷，參加遊行的人中間究竟有多少是自動自發的。相反地，一切跡象都顯示，這些遊行的後面有人導演和組織。我說「六四」天安門的民主運動是自動自發的，這次的遊行則不像是如此。我有什麼根據說這句話呢？我又有什麼證據呢？「六四」的自動自發是早已證實了的。中共在一九八九年鎮壓時期，便曾一再說它背後有外國勢力，但經過每次審判，送了無數參加者入獄，卻至今拿不出一絲一毫證據來支持這個論斷。一個極權政權，一切得心應手，竟不能找到「六四」有任何背景，這便十足證明了「六四」是青年學生自由意志的自由表現，其他社會上無數參與者也都出於自發、出於良知的不容已。至於這次遊行示威，我們目前當然不能到中共統治下的大陸蒐求「證據」，但在五年、十年或更長時間內，證據必然會出現。如今我雖未掌握到「證據」，根據卻是極其堅實的。

我只需舉出一個絕對性的原則，便可以徹底答覆這個問題了。古今中外，一切自動自發的群眾集體抗議活動，尤其以青年學生為主體的運動，都是首先針對政府而來的。中國史上學生運動發生最早，東漢便有太學生反宦官的大運動；宋代也有陳東等領導的抗金運動；現代更有康有為「公車上書」和更著名的「五四」運動等，其對象無一不是政府：或者由於政府太腐敗、太不公平，或者因為政府對侵略的外敵太軟弱。一九六〇年代從美國到歐洲各地的「反越戰」、「反殖民」運動，都完全是學生們自己發動，以抗議本國政府「帝國主義」、「殖民主義」之類的霸道行為。最近印尼學生民主運動逼蘇哈托（Suharto）下台，也是反政府的收穫。歷史上從來沒有出現過青年學生為了擁護政府政策，而突然自動自發地掀起大規模運動。相反，凡是以擁護政府或執政黨為目的的學生運動或群眾運動，無一不是由政府或黨在背後操縱的結果。在二十世紀史上，以群眾運動方式擁戴執政集團政策的例子，最著名的有納粹德國、軍國主義的日本、法西斯的義大利和毛澤東時期的中國大陸。這是極權政治或專制政治的最大特徵之一。根據這一絕對性原則，這次大陸上學生示威遊行的本質，便再也無從掩飾了。中共利用民族主義情緒反美、反西方，以爭取在國際政治上的主動性，抵銷「人權」問題的干擾，遠遠走在青年學生的前面。學生們的一切要求都是政府和黨早已實踐了的，他們有什麼理由再去組織大規模的遊行示威呢？

在「六四」十周年的紀念日，我鄭重提議對這一重大歷史事件採取嚴肅的態度。無論有多少人今天是否已對民主和中共政權調整了看法，我們似乎不應忘記，至少在一九八九年「六四」前後一段相當長的時期內，我們都曾在精神上受到巨大的震動。這幾天看到美國電視上重播當時實況的鏡頭，至少我個人的感受還是和十年前一樣。「六四」的「成敗」是一回事，其「是非」則在十年前已有全世界的公論，我敢斷言是永遠不可能改變的。「六四」後，中共再也不敢談政治改革的話，轉而以全副精神去引進外資，發展所謂「社會主義市場經濟」。許多海外華人，特別是台灣、香港的商人，都因此發了財。發財本身不是壞事，不過我們不能不承認這是發「六四」財。好幾萬大陸來美的留學生和訪問學者，都因此得到了「綠卡」，可以持之出入於美國與大陸之間。也有不少人因此「發跡」，這也是發「六四」跡。但「六四」是用鮮血換來的，當時被屠殺的學生和普通群眾究竟有多少，至今仍是一個謎。少則數百、多則逾千，大概是不成問題的。最近我收到死難家屬的訪問錄音，其中便有我的一位至親，她的十九歲獨生子便被殺死在東長安街上。現在有人批評學生領袖，說他們今天能在美國發展自己的事業，是用死難者的血換來的。我想不出世間還有比這個批評更不公道的了。這些領袖們我都很熟悉，深知他們還在奮鬥的階段，而且並沒有忘記初衷，不過想另走一條迂迴的道路，去促進中國的民主化罷了。比起那無數發「六四」財、發「六四」跡的人們，他們連「小巫」見「大巫」也說不上。我們的批評家真可說是「明察秋毫而不見輿薪」了。但是不少發財、發跡的人，今天都變成了大義凜然的民族主義者；他們異口同聲地譴責西方價值，說民主、人權不合中國的民族性。「十年河東轉河西」，他們今天都是李光耀主義者了。

民族主義確是一股重要的原動力，對於處於弱勢的國家和民族，尤其是不可少的精神屏障。但民族主義的目的何在？簡單地說，它是為了爭取每個民族國家在國際社會中的尊嚴、自由、平等和主權不受侵犯。明白了這個簡單道理，我們便認識到，它不折不扣是民主原則的引申。一國之內每個人的尊嚴、自由、平等和人權不容侵犯，這是民主最原始的涵義。在以國家為單位的國際社會中，同樣的民主原則也必須遵守不渝。尊嚴、平等、自由的概念照舊不變，只是用於個人的「人權」在國家只能改稱為「主權」，因為「主權」便是「國權」。威爾遜總統的「民族自決」便明明是民主原則的延伸，它的原形是「個人自主」。這裡只有個體與集體之別。從以個人為本位的社會，到以國家或民族為本位的國際社會，都只能建立在民主的原則之上。

我不相信大多數中國人今天已放棄了追求一百多年的民主原則。民主自然不是唯一價值，也不是最高價值。相反地，民主只是最低限度的社會構成原則。像考試制度一樣，它是公平的起碼保證。說大陸上中國人放棄了民主，就等於說，他們每個人都願意在不公平的狀態下生活。對於少數有權有錢的人，不公平當然是可取的；但大多數無權無錢的老百姓呢？難道他們都願意被人蹂躪踐踏嗎？我們不妨讓未來的歷史去答覆這個問題。

從中國近代史觀察，民主運動是一場長期的接力賽，一波接著一波。「六四」也是其中一波，然而是非常壯闊的一波。十年前天安門廣場上的無數人群，無論是領袖還是群眾，無論是生者還是死者，當時都接過了民主的火炬，並且跑完了他們能跑的路程。以後將不斷有繼起者接過火炬再跑。事實上，火盡薪傳，民主的火炬從來沒有熄滅過。最近十年的歷史告訴我們：民主運動是和暴力絕緣的。八九民運便是以請願和靜坐的方式出現的。台灣的民主化進程，還有菲律賓和印尼的經驗也是如此。東歐和蘇聯極權體制的崩解，則明顯地受到了「六四」的感染，基本上沒有流血。以和平理性的方法爭取民主，這是「六四」留給二十一世紀中國人的一筆最珍貴的遺產。

（本篇網路無錄音檔）

談「六四」記憶和中國人對民主的追求不可扼殺

二〇一〇年六月二日錄音
二〇一〇年六月十四日刊登

一般年輕人不論在電視台、在書上，都看不到這個事件了，好像沒有發生、好像記憶力已經被共產黨消滅了。但真的消滅了嗎？因為二十歲以下的人就算沒有聽說、沒有見到，但他也有父母，也有年紀比他大的長輩，這種口耳相傳是不會斷絕的。

不過沒有在當初親眼看見「六四」事件情況的人，沒有深刻印象而已，人的記憶不可能靠著官方權力就消滅了。秦始皇焚書坑儒，也消滅不了記憶力。所以我想，「六四」今年二十一年，我還是要來講一講。

去年二十周年，大家比較熱鬧，今年二十一周年，可能沒有這樣熱鬧。可是事實上，我想有些地方還是會非常紀念「六四」的。尤其是香港，我可以保證，香港因為在大陸旁邊，記憶猶新。現在領導香港政治、社會思想活動的人，都叫做八十年代以後的人（八十後）。換句話說，這些八十年代以後的人，「六四」時都是小孩，記憶力不一定很強，可是他們對大陸的專制政府非常警惕，因為香港就在旁邊，「一國兩制」很快就變成「一制」了。現在已經慢慢有「兩制」走向「一制化」的傾向了。

我要講「六四」的另一個理由，是我最近看到一位所謂新左派（汪暉）寫的一篇文章，可以說，我看了相當生氣。這篇文章主要是講中國走上新路、大國崛起的樣子，就是〈中國崛起的經驗及其面臨的挑戰〉這樣的題目。

這位新左派在這篇文章裡明目張膽地說，從前對「六四」有點記憶力，到一九九〇年代最初幾年是記得的。過了一九九〇年代，慢慢就消失了。到了二〇〇八年以後，他認為「六四」的記憶就沒有了。西方的民主正處於高度危機的時代，很快就要過去了。

而中國在大國崛起以後，二〇〇八年有許多特殊的表現。比如說鎮壓西藏，又鎮壓維吾爾人，後來又是汶川大地震、還有奧運會、金融危機，好像共產黨或者用武力鎮壓，或者用金錢收買，都一一解決了。總而言之，他當然不是這樣說的，他是說共產黨這樣有效的政府，把一切危機都輕而易舉地解決了，比任何民主制度或西方民主政黨都要高明得多，所以這是中國成功、中國崛起的一個最基本原因。

這是一個非常喪心病狂的說法，我完全不能同意。最重要的是，我認為民主和法治這兩樣東西，是中國到目前為止仍然必須爭取的。不要認為中國人沒有法治觀念、沒有民主觀念，一向都有，不過沒有像西方一樣發展成制度。而民主絕不可以說是西方腐朽的觀念，跟資本主義有什麼關係。

資本主義後來才跟民主發生關係，民主本身卻是另外一個發展。像共產黨那樣一黨專政到底，到底憑什麼？你怎麼知道老百姓支持你的一黨專政？剛剛打垮國民黨的時候，你可以說老百姓已經對國民黨相當討厭，雖然未必選舉了你，可是總覺得讓你試試看，其中還是有民主的味道。就算中國過去改朝換代，也有因為前代太腐敗，不能不換一個試試看。這是很消極的程序，也不能算民主，但民意到底是很重要的。所以在孟子時代，就引了《尚書》的話「天視自我民視，天聽自我民聽」，老百姓看見的、聽到的，就是天所看到的、天所聽到的。換句話說，天命就是老百姓的意志，所以，這兩個是合一的。

可是中國因為沒有發展出一種制度，所以沒有變成民主制度，只採取了士大夫通過選舉、考試，取得做官的權利，從漢代開始。這也是一種嘗試，是馬克斯．韋伯（Max Weber）所說的，一種高層精英分子中間的民主。

這種民主雖然有限度，到底還是要經過一種客觀標準，才能去做官、做領導。如果你在傳統時代沒有考中舉人、進士，就不可能做到地方官、也不能做到中央政府很高的官。所以由此可見，中國人雖然沒有民主，但也在摸索一種方法，怎樣能夠使得執政的人得到老百姓支持。從這點來說，孫中山開始強調民主的重要性，這是不成問題的。

民主的觀念一到中國，無論是康有為、孫中山，還是薛福成，或者王韜，大家都認為這是個至寶，我們中國從來沒有做到的，現在西方居然有這個方式，我們趕快接受過來。至於沒有能夠接受過來、受到種種挫折，這是中國文化上其他的問題，尤其是習慣上的問題。

一黨專政變成了代替皇權的形式，等於滿洲人征服了中國一樣，共產黨這一黨，也就征服了全中國，然後就永遠執政下去，這是他們的如意算盤。事實上，這是不可能的事，我相信民主這件事是消滅不了的。

談「五四運動」和「六四事件」的異同

二〇一四年五月九日錄音
二〇一四年五月十五日刊登

六四二十五周年是大家非常重視的，共產黨也非常重視。《紐約時報》五月七日刊登了一個消息，維權律師浦志強在北京被捕，罪名是涉嫌「尋釁滋事罪」，這個莫名其妙的罪名，就變成他判刑的根據，我覺得這非常荒謬，這根本不成其為罪名，刑法上不可能成立，可是在中國，現在用來當成逮捕和拘留的藉口。由此我們就可以回顧五四到六四的發展。就是六四和五四運動之間，在思想上有直接關係。

所以我們要回顧一下過去，五四提出兩個最重要的口號，到今天我們大家還是一致接受。第一是科學，科學是很廣義的，就是用科學精神、科學方法研究一切問題。五四的科學研究，後來落實在研究中國歷史、文化、思想各方面，當時稱為以科學方法整理國故，我們要提到五四的科學意識，就是一種現代人研究學問的方法。

第二個綱領叫民主，我想，共產黨起家也是靠著借用民主的名義。所以毛澤東當時以新民主主義為號召，還離不開民主，《新華日報》在抗戰時期主要就是講民主、講自由，用這個當藉口攻擊國民黨，並取得美國人信任，美國人當時相信共產黨是走向民主的，而不是共產主義。所以到今天為止，共產黨還是不會放棄「民主」兩個字，但它的意義全變了。

五四宣導的兩件事，一個是科學精神，研究人文、社會和自然界，而共產黨當時抱著完全否定知識的態度，所以才有「知識越多越反動」這樣的口號。五四當時反對的是孔教對儒家的定義，儒家的定義當時還是鬆動的。可是到共產黨執政以後，馬列主義統一思想，那是非常強硬的。所以從五四到今天，中國完全走到了反面，民主在中國的狀態，遠遠比不上五四時代。

五四那時候，北洋軍閥也不能統一整個中國，南方還是國民黨孫中山的勢力在進行一種無效統治，跟民主也相反，可是壓迫的性質較少，因為它根本很少注意到思想界的事情。因為這個緣故，五四新文化運動作為一個思想運動，還能以北京大學為中心發展出來。這就可見北洋軍閥的專制非常有限。他們也不懂思想的重要性，所以就不大注意思想界。思想界因此似乎還能有一段輝煌成就，與當時的政治情況恰好形成尖銳對比。五四運動的民主和科學，這兩樣東西是密切相關的，因為這幾十年來，西方的政治思想、社會思想、科學哲學各方面，都有自由發展思想的空間，必須要有相當民主的環境，才能發展新知識。

同樣的道理，一九八九年六四時候，也是慶祝五四運動七十周年，這也是天安門六四民主運動的重要背景之一，當然還有其他背景，但重要背景來自五四。當時也提出要走民主的路，不只在政治上要這樣做，同時也想發展新的學術研究方法，所以才在一九八九年六月三日創建了天安門民主大學，這個民主大學僅僅存在了一天，但意義跟五四提倡的科學是連貫的，是一種延續。所以今年，美國一群學人跟民主人士，都主張要恢復天安門民主大學，大概今年六月一日，要在舊金山市立圖書館裡面舉行開學典禮，繼承一九八九年天安門民主大學。這就是因為他們早已了解，民主進展必須要走研究學問的路，沒有學問和思想在後面督促，這樣的民主、這樣的運動就不可能持久。

天安門以後這二十五年來，劉曉波宣導《零八憲章》，也因此入獄十一年以上，現在還在牢裡，另外像剛剛被捕的許志永，他提倡公民運動，從這些地方就可以看出，這些人在思想上，已經比二十五年前「天安門」那時的意識重要得多了。我們記得在「天安門」的時候，還有一小部分人要在人民大會堂前下跪求共產黨開放、求共產黨給予民主。這就是還沒擺脫掉臣民觀念，但今天提倡公民運動的人已經沒有這種觀念了，他們要求的是自己必須要有最基本的權利，不允許別人剝奪。公民意識的發展在中國很重要，思想上的追求和民主運動是密不可分的。

共產黨對六四的恐懼已超乎常情

二〇一四年六月四日錄音
二〇一四年六月十一日刊登

六四二十五周年，全世界都在紀念，共產黨決定在二十五周年的時候，讓全國的人都不能發出任何有關六四的聲音。

每年六四當然都很緊張，差不多從四月中開始，一九八九年四月十五日胡耀邦去世，因為紀念胡耀邦而引起大規模的遊行運動，一直延續到六四屠殺。所以每年差不多都從四月中開始，尤其北京，對異議分子控制更嚴，讓他們不能外出，或把他們送去別的地方。今年很特別，二月份就開始了。坐過牢的胡佳就告訴記者，他今年從二月份開始就不許外出。還有其他人，是案情比較輕的異議分子，警察就給他八百塊人民幣讓他出外躲開六四，他就跑到西北去了。這裡可以看出，今年中共當局非常重視六四二十五周年，也可說是驚慌失措。浦志強、徐友漁、郝建，這幾個人被捕。抓了訊問以後釋放的也有，像是張先玲。另外，浦志強之前從來沒被抓過，他是最有名的人權律師，為各種人權辯護，包括艾未未事件都是他辯護的，所以他是很主要的目標，他被逮捕以後，家裡也被抄了，另外還有郝建，他因為在家裡舉行談話會，也被抓起來了。

最可笑的是這次逮捕這些人，罪名叫做「尋釁滋事」，「尋釁」就是找麻煩，「滋事」就是引起事件。這樣的事情不可能成為罪名，這可說是天大的笑話，比從前中國人說的「莫須有」還要糟糕。滋事怎麼可能變成罪名呢？同時，人家在家裡，又不是在外面，在外面還可以說他聚眾、擾亂公共秩序，郝建在家裡辦私人談話，十幾個人也沒有外出，頂多網路上有些報導，如此而已，何以變成一個很大的罪名？

由此可見，共產黨對異議分子的害怕、對六四的恐懼，已經超乎常情了。我們可以看出，六四在中國潛在的力量非常大。我們都說共產黨消滅記憶非常有效，二十五年來，國內任何學校年輕人都碰不到談六四的題目。可是六四的記憶在人心中不可能消失，而且往往越推越廣。年輕人一代代傳下來，總會流傳的、總會有人知道的，關心的人都會知道，因此會不斷出現異議分子。你抓了一批，又來一批，年紀大一點的被抓了，年紀輕一點的又出來了，永遠不會斷，這就是共產黨為什麼恐懼。這個恐懼是因為他們知道，民心不在他們這邊。中國人講政治秩序、社會秩序，主要是看一般老百姓支不支持？共產黨已經喪盡人心了，它不但不收拾，還用更殘忍、更直截了當的鎮壓來解決問題。希望涌過大量金錢和無數新科技、武器來鎮壓老百姓，讓他們不敢反抗。比如說廣州工人罷工、溫州教會被拆、無數基督徒起來抗議，再加上新疆、西藏。所以到處都是人心幻滅，不只幻滅，更是對立，愈來愈走向跟共產黨對立。這是非常可怕的一種局面。正是在這種局面下，才造成共產黨對今年六四二十五周年如此驚慌失措。我們覺得這個事情非同小可，應該好好地注意。

《零八憲章》與劉曉波案

二〇〇九年十二月十六日錄音
二〇〇九年十二月二十九日刊登

起訴的罪名說劉曉波煽動老百姓顛覆政府、顛覆國家，這是個很大的罪。這件事本來也不稀奇，因為共產黨根本就沒什麼法律觀念，所以把一個人拘留一年以上還可以不承認，這等於跟綁票的綁匪一樣，尤其外交部的發言人個個臉皮極厚，所以你跟他們沒辦法說理。

但這個案子引起的關注很大。第一，我可以講，歐巴馬到中國訪問的時候，特別提出十二個異議分子，要中國釋放他們，其中就有劉曉波。十二月十五日，國務卿希拉蕊．柯林頓（Hillary Clinton）在一場人權演講上，也特別提到《零八憲章》問題，特別提到中國迫害異議分子。雖然沒有點名劉曉波，但講到《零八憲章》，大家都知道現在為《零八憲章》關進監牢，可能被起訴的就是一個劉曉波。

《零八憲章》其實很簡單。它要求什麼呢？第一部分是回顧中國追求憲法的一百年歷史；第二部分比較重要，就是要說明中國的公民對於自由、人權、平等、共和、民主、法治、憲政這些普世價值有權力追求，既認同、又追求，這些價值不是國家可以不給的，不是國家能用暴力阻止得了的；第三部分是講基本政策，有十九條主張，這裡就不說了。

總而言之，《零八憲章》有兩個起草人，第一個當然是劉曉波，第二個是張祖樺。兩個人都很有造詣，對於憲章，對於現代價值，對於人權，都是全力投入的人。

為什麼只抓劉曉波而沒有抓張祖樺？因為張祖樺的影響力大概還沒有劉曉波那麼大。其實要說「犯罪」的話，兩個人是同一條罪，一個被抓、一個不抓，這就表示共產黨根本沒有法律觀念。既然是以這個罪起訴，而這個文件根本不能構成所謂「煽動人民」、「顛覆政府」。

因為《零八憲章》非常平和，而且在起草的時候，一再申明他們根據中共頒布的憲法，不離開憲法本身的範圍，讓共產黨無話可說，它不是要顛覆政府，他們只是要求局部的和平改革。所以《零八憲章》本身沒有什麼可挑剔的。

不過，《零八憲章》對北京的共產黨有很大的威脅。第一，他們開始頒布的時候，就有三百零三個人簽名。不光是劉曉波跟張祖樺，三百零三個人中間，各行各業的人都有，包括工人、農民、商人、企業界、知識界、律師等等，所以相當有代表性。不但如此，放上網路以後，不斷有人來參加簽名，不過兩個月時間，已經有八千五百人了，事實上後來增加到超過萬人。不過，共產黨已經在網上禁止了，之後在網上的簽名情況，我們就不清楚了。

這就是共產黨震動的原因，因為它確實說到一般中國老百姓的心裡去了。他們最關懷的一些問題並不是什麼空洞、抽象的理論；也不是講什麼民主自由主義，反對共產主義，都不是。講的是跟你切身利益有關的一些基本價值，你要沒有這些基本價值，根本無法生活。

比如講法治、法律要起作用，共產黨也一再宣布要依法治國，事實上它根本不依。所以這些要求，共產黨沒有一條可以否定的。但它不顧一切，它就是把這件事變成政治事件，就把劉曉波推出來，做一個殺雞儆猴的樣板，拿他重判，叫你們絕不敢再對政府提出任何異議。

我們知道，劉曉波這個案子不光是中國人關懷，美國總統歐巴馬、國務卿希拉蕊也關注。現在我要更強調一點，根據ＢＢＣ報導，歐盟二十七國在十六日發表公開聲明，他們在聲明中要求中共公開劉曉波是怎麼被捕、被捕的原因何在、他的現況如何？換句話說，不只是美國，整個西歐、中歐，除了俄國以外，都關懷這件事情。這就不是一個簡單的問題了。

當然共產黨一向有個辦法。第一是否認一切；第二是說沒有人能干涉中國內政，劉曉波問題是中國內政。這些話早就聽得爛熟了，恐怕也沒有人真正在意。我現在的想法是，共產黨為什麼這樣怕？中國有十四億人，就算簽名有一萬人，那也根本談不上，怕什麼呢？而且劉曉波無拳無勇，沒有政治組織、也沒有軍隊，更不可能推翻你政府。共產黨有這麼強大的武力在手，誰能推翻你呢？所以這是很值得注意、更值得討論的。

這是第三次了。劉曉波第三次在中國坐牢，是件光榮的事。從前范仲淹在宋朝就有三次被貶，一次比一次光榮，他說第三次「我是三光了」。這次對劉曉波來講也是「三光」了，我想，劉曉波進監牢，只有加速共產黨自己顛覆自己的政權，絕不可能阻止任何要求民主的勢力繼續往上發展，要求民主的勢力會愈來愈強大。

中國官方在劉曉波一案上　應學習孔子的恕道

二〇一〇年二月十七日錄音
二〇一〇年三月二日刊登

劉曉波在牢裡的日子不會好過的。因為中國監獄黑暗，許多人在裡面受到各種各樣的不人道虐待。所以劉曉波的身體能不能支持到十年以後出來，我們也不知道，這是一個相當殘忍的決定。這個殘忍當然不只是對劉曉波，因為我們只知道劉曉波的案子，所以我在這種情況下覺得，共產黨如果真要提倡孔子，就特別應該學習一件事，就是所謂「恕道」。

這個「恕」，就是上面是個「如」、「如果」的「如」，下面是個「心」。就是我們的心跟別人的心，比起來像是一樣的，將心比心的意思，如心，這是「恕道」。

但「恕道」可以發展出「忠」，所以孔子對曾子說「吾道一以貫之」。說完了以後，同門的師兄弟就問曾子，這老夫子說他的道是「一以貫之」、一貫的，這句話是什麼意思。曾子的答案很簡單，他說「夫子之道，忠恕而已矣」，就是「忠」和「恕」是連在一起的。

「恕」是孔子講過很有名的話，人人都知道，我們今天還在用的：「己所不欲，勿施於人」，我不希望人家怎麼樣對待我，我也不用同樣的方法對待別人。

比如說，共產黨如果要懂得「恕道」，應該知道他們當初被國民黨抓進監牢、被國民黨審判，他們是非常痛恨的。就等於今天劉曉波一樣，他們自己深受過這樣的苦，今天對一個同樣的人，就算意見不同，但他也沒有真正造反、也沒有用武力，只是根據憲法提出一些意見，就受到這樣的待遇，這就非常不「恕」，就完全不是「己所不欲，勿施於人」，而是「己所不欲，偏要施於人」了，這就跟孔子之道完全相反了。

孔子講「恕」以前，還講了「忠」，是什麼意思呢？「忠」是助人益人，大家都同意，「忠」在這裡不是忠於君，或甚至忠於國，也不是忠於事，而是指更積極的一方面。更積極一面就是幫助別人完善自己。用孔子的話說，就是「己欲立而立人，己欲達而達人」。就是我自己想站起來，我要幫別人先站起來；我自己想達到某一種成就，我也要幫助別人先達到某一種成就。

這跟「己所不欲，勿施於人」，一個是消極方面，一個是積極方面。就是我不喜歡的東西，我不施加給別人；我自己想完成的東西，我也幫助別人完成。所以這就是「夫子之道，忠恕而已矣」。

「夫子之道，忠恕而已矣」這句話，意思就是說孔子的思想雖然千變萬化、有各種花樣，但是最核心、最重要的一些基本觀念，最基本的就是人心，這就是「忠恕」。「忠」和「恕」都是有心字的，中國人哲學講心性，就是這個道理。

所以這是人性，人性就是人心。有這個人心，我們就知道怎麼對待別人、怎麼對待自己。人與己之間應該是一貫的，我怎樣對待我自己，我也怎樣對待別人。這就等於康德（Immanuel Kant）講的要自我立法、我自己立個法。康德就說，比如你不喜歡被偷東西，你就不要做小偷；如果小偷想到自己的東西被人偷是什麼感覺，那他就不會偷了。許多中國講儒家的人喜歡引用康德，關鍵也在於此。

所以在「忠恕」觀念出來的《中庸》文本上，也強調「忠恕違道不遠」這句話。如果你有行「忠」、「恕」這兩個德性，那你就不會離開「道」太遠了，所以儒家之道、孔子之道顯然是以「忠恕」為中心。

我們剛才只是從個人方面，對每一個人來講。同時孔子對於整個社會、對於國家、對於政府，也講「忠恕」為中心。這個說法就稍有不同。比如說，我舉兩個例子，在《子路》這一章裡面，孔子先講的是「善人為邦百年，亦可以勝殘去殺矣」，很好的人、君子之類的人治理國家一百年，就可以「勝殘去殺」。「勝殘」就是克服殘暴，「去殺」就是消除殺害別人、掠殺別人的情形。

所以這就是要行一種後來孟子講的「仁政」，對人要有「仁」，「仁」當然就包括「忠」、「恕」了。所以「仁政」由善人來施行要一百年、要相當長的時間。就是在經過殘暴以後、像中國近百年來，各種革命已經過百年了，但我們現在要想真正回到一個好的政治，大家至少要花一百年的時間。

孔子在同一章裡還有一句話：「如有王者，必世而後仁」，這就是講能行王道的人（孔子講王道，不講霸道），以「仁」為中心（「仁義」的「仁」）掌握政權的人，行仁政的「王者」，也要經過三十年，才能把仁政完全實行起來。

這是從社會群體上來講。這個「仁政」就是「王者」來實行，等於說今天的執政黨來實行。毛澤東說我們不行仁政，那就表示，如果他是一個最高統治者的話，當然就不可能指望在他底下有什麼仁政可言。但如果換了一個人，是個跟毛澤東不一樣，還有人性的人做統治者，他要行仁政，也要三十年的時間。但由此可見，孔子的「忠恕」之道不但用在個人方面，也用在集體方面，就是一個國家、一個社會。所以談「勝殘去殺」，不要殘酷、殘忍，這是儒家一個最重要的觀念。

而這個觀念不光是儒家的，現代新的自由主義者也特別強調這一點，一位著名學者史卡拉（Judith Shklar）就認為殘忍是萬惡之源。我們不能施行殘忍，如果不能進而克服殘忍，我們這個社會永遠沒有希望。

為什麼能夠克服殘忍呢？因為我們人類有一個很高級的感情，就是能體會別人的痛苦，別人的痛苦我知道。所以，對於弱勢團體我們一定要支持，看到有人被欺負，即使是外國發生的事，我們也要干預，這就是儒家的一個基本精神。

談劉曉波事件

二〇一七年七月五日刊登

劉曉波得肝癌大概已經到了末期，所以共產黨把他從監獄裡保外就醫，但還是看守得很緊。我們在國外的人只看到劉霞去探病的一個鏡頭，不過看出劉曉波非常消瘦，所以我想，他這個病已經相當嚴重了。劉曉波之所以在關了多少年之後得了肝癌，我想跟共產黨在監牢裡對他的壓力和種種欺壓有關。他的心情非常壞，因為癌症往往跟心情有關。雖然劉曉波只判了十一年，事實上等於判了死刑。共產黨不會讓他在監牢裡過好日子的，久而久之，不是心臟病或其他的病，就是癌症。現在癌症到了肝，那是非常難辦的事情。共產黨對他還是有非常多限制，首先不會提早釋放他，還是等於關在牢裡，不過從監牢換成醫院，可見共產黨的心狠手辣。

劉曉波事件最重要的一點就是全世界的反應，我所看到有歐洲的反應，有日本的反應，還有美國許多不同人的反應，幾乎都一致認為劉曉波應該放出來，應該讓他到美國來治病。而且美國國務院跟官方都直接或間接地表示，希望把劉曉波接出來治病。共產黨對這一點把握得很緊，絕不肯因為生病的關係，就放鬆對劉曉波的懲罰，所以出國之事是絕對不可能的。

當然國際壓力也很大，比如德國一個團體就非常支持劉曉波。現在習近平要去德國開會，我想他也會遇到很尷尬的事情，但心狠手辣一向是共產黨的基本原則，它不可能因此就有點好心腸出來，所以劉曉波的命運事實上已經決定了。不過因為壓力的關係，好像最近稍微鬆口了。不是放他出來，而是說外國專家如果願意到中國來幫他治病，中國也讓他去，這一點是最起碼的。如果你也不讓外國專家到中國去給他治病，那就證明你是一定要把他整死。他們為了避免更大的罪名，就想辦法來緩衝一下。不過外國的醫生怎麼去？誰來負擔這個經費？都不知道。而劉曉波既不能出國，也不能到諾貝爾獎委員會去領他的獎金，如果他領到獎金，他就有錢給自己治病，如果不能出國，獎金也拿不到，那他就完全要靠大家捐款或其他方法，但捐款也未必能夠實現，因為共產黨可能不允許他收到外面的任何金錢，一切還是要控制在共產黨手上。所以我們從劉曉波的事件，對中共至少看得更明白了。

許多人總以為習近平可以緩衝一點，現在他已經拿到最高領袖的地位，跟毛澤東相距不遠了，應該可以寬大一點，事實上完全不是如此。主要原因就是習近平對自己掌握的權力，還是沒有很大的信心。最明顯的就是郭文貴在美國一連串的廣播，說將來要召開十九大會議，對他造成很大的威脅。其中郭文貴雖然基本上是以王岐山、傅政華為報復對象，可是慢慢也要涉及主席的地位找誰來接手？如果王岐山不能擔任十九大以後的常委，那誰來接替他？這是很大的問題。

所以我覺得劉曉波事件並不簡單，因為我的許多國內朋友也打過電話給我報導過，他們說雖然官方從來沒有任何報導，報紙上不可能刊登他的病情，但私下大家都知道，要封也封不了多少。傳說往往還是很多，同情的也相當不少。長期以來被共產黨壓得大家幾乎都不知道劉曉波是什麼人了，可是這件事不是官方鎮壓就能把人整死的。劉曉波的名字和他的所作所為，他所嚮往的也無非是憲法、是人權，是基本自由、民主體制、法治這些人人都要的東西，所以劉曉波在我所知道的一般知識界人士中，地位非常崇高。而且他現在才六十一歲，看這樣子，也許活不過一兩年，如果他死了，當然是令人非常惋惜，可是另一方面，他在歷史上的不朽盛名一定會流傳下去。

說老實話，今天的黨主席將來在歷史上的地位，跟劉曉波一比，我想會有很大的對照性，一個是正面，一個是負面居多，所以我覺得劉曉波事件不應該只從眼前看、從生死上看。生死現在對他已經不重要了，他能夠挑戰這個極權，已經達到了歷史上不朽的地位。以後寫共產黨統治幾十年的歷史，一定要提到劉曉波的，而且是愈來愈正面。跟過去反右時的林昭一樣，林昭是北大的女學生，因為反抗極權政權，最後被槍斃了。現在大家又開始注意到她，林昭的墓地在蘇州，常有人去祭拜，我們常常聽到關於林昭的報導。而劉曉波的影響遠遠超過林昭，他又得了諾貝爾和平獎，更是中國唯一一個諾貝爾和平獎得主，竟然關在監牢裡已經八、九年了，又到了垂死的階段，所以我想，劉曉波事件反映中共政權的本質，是再清楚不過了。

我覺得共產黨可說是愚笨、愚蠢到了極點，沒有人能比這件事更蠢了。我覺得把劉曉波放出來，或者讓他在患病情況下得到寬大處理，對共產黨在世界上的名聲會好得多，讓人覺得它還有點人道，現在這樣看來，是一點人道都沒有了。所以對於劉曉波來講，已經無所損失，他能完成的、他能達到的，已經到了最高峰了。有這樣的人在中國出現，就表示中國的知識界還沒有完全投向共產黨，儘管現在被壓制得很厲害，國內沒有人敢公開如何，可是私下的抗議還是會有。在這種情況下，共產黨還能堅持對於劉曉波施展全面鎮壓，全面封鎖他的消息，也可見共產黨對自己政權的穩定性始終沒有信心。我覺得共產黨最大的問題，就是知道它現在擁有一切權力，以及幾百萬軍隊、幾百萬警察可以鎮壓一切，但在人們心中卻沒有真正的合法性，許多人只是為了生活而不能不跟著走，但沒有人衷心擁護這個政權，當然擁護它的人也會有很多，但我們所能看到的這些人，都是一些五毛黨，此外就是有錢人，因為共產黨的政權現在已經變成大資產階級專政了，在每個大城市、每個地方，包括香港在內都是如此。

習近平到香港這件事，也可以反映出他對自己政權的恐懼，他不敢跟香港泛民主人士見面談話，說話是以解放軍為後盾，向香港老百姓示威，老百姓並沒有被他征服。我昨天還打電話給香港的朋友，他們覺得習近平的到來，不但沒有增加香港一半人對於北京政權的好感，反而更覺得可怕。在這個情況下，我覺得劉曉波事件更值得注意了。因為香港在抗議習近平的時候，我在電視上看到，打的第一條旗號就是釋放劉曉波，所以劉曉波已經深入人心到了這種地步，他跟香港無關，可是香港人想到的第一件事，就是要求釋放劉曉波，做為香港人能接受中共政權的條件之一，這裡就可以看出劉曉波三個字的份量之重。共產黨如果堅持這樣下去，真是到了眾叛親離的狀態，沒有人會對它心服。表面上只能接受它的暴力統治，但這個暴力統治能維持多久，只有天曉得，所以我覺得我們今後關注劉曉波，不是他個人的生死問題。就我能看到的狀態，劉曉波的生命不會很長久了，能不能救活很成問題。事實上就算能救活，共產黨也絕對不會讓他自由。劉曉波以後在活動上也不能發生什麼作用，他的《零八憲章》當然轟動一時，但這件事已經過去，他不可能再發動什麼運動了，因為他已經被嚴加看管，所以在社會政治活動方面，劉曉波的工作已經結束了。就他個人、他的道德跟政治最高成就上講，也到了頂點，無所遺憾了，遺憾的是，他活在一個中國古往今來不曾有過的殘暴政權之下，這是值得所有中國人痛心的。

廖亦武身上所體現的「見義勇為」

二〇一〇年三月三日錄音
二〇一〇年三月十五日刊登

廖亦武的所有作品在中國都被查禁。他的境遇非常淒慘。文革時，他還在武漢大學念書，已經被整、被關了，放出來後，一九八九年碰到天安門大屠殺，他又仗義執言，寫了一首〈大屠殺〉詩歌，因此又關進監牢許多年。

從牢裡放出來以後，他沒有工作，他是個音樂家，簫吹得很好，非常有名，有時就靠吹簫賺點錢。寫作賺的錢很少，但他鍥而不捨，一直在工作，一直在寫作。著作無數，現在有許多已經翻譯成德文、法文，所以在外國也非常有名。

廖亦武的個案非常值得注意，二〇一〇年三月一日，他在成都坐上飛機，要去德國科隆參加一個重要的文學節。這個文學節的一個節目，就是安排由廖亦武朗誦他最近寫的一篇作品。作品已譯成德文了，他只要唸中文，會有人把德文唸出來。所以這是他的任務之一，要向眾多德國讀者介紹他的新書。但就在他登機以後，突然飛機上的人員對他說：「廖先生，你得下去了，你得把行李也帶下去，有人來找你了。」他問是誰？「下去就知道。」下去以後，原來是公安局的警察在底下等他，把他帶到了公安局審問四個小時，然後放他回家。

但他在家裡不能做任何事也不准出去，等於是軟禁在家，他的電話和手機都被切斷。不過他最後還是有辦法，用網路跟外面取得聯繫，這樣才使我們知道了真相。剛才說的那些事情，就是他自己說出來的。

在這個情況下，我們可以看出共產黨對他的壓迫無所不用其極，而且這不是第一次或第二次，這是第十三次，所以是特別少見的事情。他們沒有一次放他出國過，廖亦武從前寫過一些激烈的作品，但是並沒有推翻政府的任何意圖。

他只是描寫最悲慘的下層社會，因為他自己就流落在下層社會。他揭露了下層社會悲慘的生活，包括掃茅坑的人、盜墓賊、妓女。在中國經濟繁榮的假象之下，少數人是富起來了，可是大多數人生活窮困、悲慘，是不堪想像的，他是為這些人說話的。

所以我們由此可以看出廖亦武的精神，他最後發表了一篇聲明，通過香港的人權組織告訴大家，他對這件事情雖然失望，但他還不灰心。他在聲明中說：「像我這樣的作家，來自社會的最底層，必須繼續寫作、繼續記錄我的所見所聞，並把這些東西傳播出去。我明知這樣做，會讓中國共產黨不高興的，但是我也顧不得，因為這是我的責任。我們所有作家，從底層社會來，看到不公平的事情，想說話，都有這樣的責任。這個責任就是要讓大家了解事實。」

他特別強調要讓德國的讀者了解，中國精神的生命一定遠比集權政府長，所以他並不灰心。他自己一再遭到挫折，十三次被阻止出國，但他還是抱著希望。這也是孔子的一種精神，就是所謂「知其不可為而為之」。

我們知道，儒家的孔子、孟子都提倡三種最高的道德，我們一般叫做「智、仁、勇」。但「勇」不是匹夫之勇、不是莽莽撞撞，而是有文明的。所以孔子說「勇」要有「禮」，勇而無禮就不行，勇而無禮就是胡來了。

怎樣叫做「勇」呢？「勇」就是要見義勇為，如果見義不為，就是無勇。你一個人看到社會不公平，覺得應該出來說話，或應該出來干涉，如果你可以做而不肯做，那就是缺乏「勇」。缺乏「勇」就不足以成為「士」，就不能擔負社會的責任。所以這是孔子最早的一句話，叫做「見義不為無勇也」。

孔子又強調，「勇」固然重要，但「義」為上，「勇」是為「義」服務的。我們不是光有勇，不怕死、可以冒險，這不稀奇，看你目的何在。目的是「義」，「義」就是社會公平、社會正義。

如果社會正義不能維持，你見義不為，不出來說話，那就是沒有勇氣，所以必須出來說話。像廖亦武這樣的人，實踐了孔子說的話，所以也配得上孟子講的話，孟子說：「威武不能屈，貧賤不能移，富貴不能淫。」這樣才是大丈夫，大丈夫就是要有勇氣，要見義勇為。

方勵之的卓越成就

二〇一二年四月十日錄音
二〇一二年四月二十日刊登

方勵之先生在四月六號，也就是耶穌受難日那天，忽然過世了。過世得很倉促，雖然高齡七十六歲，可是他還是精力很充沛。兩年前劉曉波得獎，他還是興沖沖地和其他人一塊到奧斯陸去參加頒獎典禮，雖然劉曉波不能到，可是他對劉曉波表示十分關心。

他在亞利桑納大學（University of Arizona）做長期教授，由此可見他在科學界的地位。同時，他從來沒有忘記要為中國追求民主、自由種種現代價值。我跟他個人只有很少接觸，談不上熟人，但我說這句話，是從一個歷史學家的眼光來評論他的，我認為他在歷史上已經取得絕對不朽的地位。

一九八〇年代提倡變化的人很多，他有一個特色，他是第一流的科學家，繼承了五四以來提倡科學跟民主齊頭並進的一位頂尖知識人。他的科學幫助他推動民主，他的民主觀念也使他愈來愈推進科學開放。這是兩個方面，一個是科學、一個是民主。所以他可說是真正繼承了五四以來的運動，他已經跳出了所謂馬克思主義的基本教條，完全不受拘束了。其他的人多少還是認為馬克思主義是絕對真理，只是中國的共產黨違背了馬克思主義。

方勵之不同，方勵之從科學的方面也跳出了恩格斯（Friedrich Engels）的範圍。恩格斯有個理論，認為宇宙是無限的、時空是無限的，所以他的理論中間就不能允許康德所謂忽然大爆炸（Big Bang）這樣一個理論，而方勵之就提倡這個理論，並且受到黨內嚴重處罰。

事實上，他從一九五七年就被打成右派，後來恢復黨籍。一九七六年以後很器重他，不但給他很高的待遇，同時也請他做安徽合肥的中國科技大學副校長。他就在這個時候到處演講，不但推動科學，而且推動民主、推動自由、推動普世價值。所以普世價值在中國五四以後的再生，我認為是方勵之的主要貢獻之一。

另一方面，方勵之死後，我們看到大陸的反應非常奇怪。《環球時報》還有一個社論，對方勵之表示不屑，認為他是一個過時的人物了，評論中間說方挾洋自重，最後才被西方拋棄——這是完全造謠；現在沒有什麼人知道他——那我們是相信的，共產黨把方勵之已經封鎖了二十多年。

所以他去世以後，在海外追悼他的人非常、非常多，不但是中國人，西方各大報紙、各電台都有追悼方勵之的報導跟評論，基本上都是肯定他的貢獻，在現代中國史上是很獨特的，不是別人能望其項背的。

我必須從歷史的觀點，說出他真實的狀態。就是他不但沒有過時、被人遺忘，他的貢獻更是一再加深。我們不能想像，一九八〇年代的方勵之有多大魅力，他的演講所到之處人山人海，他影響了整整一代人。像王丹說的，整個一九八九世代都是他教育出來的。因為王丹在北京大學讀書，所以受到方勵之的影響、也受到方勵之夫人李淑嫻的影響。

西方的報紙也完全肯定，方勵之基本上重新改造了中國政治發展的面貌，換句話說，天安門民主運動的形成，其中精神力量貢獻最大的就是方勵之，至少沒有人比他影響更大，這個影響一直實實在在地維持到現在。

中國人現在追求普世價值，劉曉波繼之而起，提出新的《零八憲章》，被共產黨判刑十一年。劉曉波就是繼承了方勵之的貢獻，我相信中國知識界的人，沒有人忘記過方勵之。同時，方勵之因為六四的影響，對共產黨永遠都是一個很大的精神負擔。共產黨最近好像有人說，溫家寶有意平反六四。從這次《環球時報》的評論來看，可見得這是完全沒有根據的。共產黨並沒有任何意思要平反六四。我相信他們只要權力在手一天，它永遠不敢碰六四這個題目。除非老百姓都走上茉莉花革命的道路，那時可能不得已要對六四做出公平評論，那也不是共產黨本身願意的，它可能是不得已而求其次，最後走上妥協之路。但就是這一點妥協之路，我們目前也還看不出苗頭來。

總而言之，我們評論一個人、評論一件事，不能專以成敗論。如果專以成敗論，秦始皇成功過、史達林也成功過、希特勒也成功過，毛澤東的文化大革命也可以說是一種成功。從個人來講，他把中國搞得天翻地覆，但這種成功是毫無意義的。不但沒有意義，而且是有負面價值、沒有正面價值的。

方勵之的成就是非常卓越的。

科學與民主相結合：方勵之、許良英等知識人

二〇一三年五月十六日刊登

我們知道，一九八九年六四以後，中共要逮捕、迫害方勵之，他在不得已的情況下，進入美國大使館，進去以後就成了僵局，共產黨非要他不可，所以在這個情況下，他就在北京大使館前後待了差不多一年多，到一九九〇年才離開到英國，然後從英國到美國。在這一年多的時間裡，他寫了一本自傳，從他北京的家開始，一直寫到一九九〇年出走中國。所以這幾十年的歷史是很重要的，是他親身經歷。

他太太李淑嫻女士也是一位很好的學者、很好的教授，同時也是民主運動的領袖。所以他們兩人互相唱和，同時進行科學和民主活動，對中國青年一代的影響非常重大。自傳二十多年後才見天日，由台灣的天下文化出版。出版前還請了人寫序言，李淑嫻本人就寫了一篇

很長的介紹，很動人的。

另一個更值得注意的，就是許良英先生為這本書寫的序，許良英寫序的時候是二〇一二年十月，離他死亡已經很近，只有三個多月了，因為許良英先生在二〇一三年一月二十八日就逝世了，這說不定可能是許良英先生生前最後的絕筆。許良英先生還有一件事最值得稱道：我所看到中國五四以後的早期知識分子（我稱為知識人）信仰共產主義、馬列主義以後，他是覺醒得最徹底的一位。他在反右以後成為右派分子下鄉工作，等於是農人一樣，但在這段期間，他把馬克思、恩格斯的著作全部看了，也把列寧的著作都看了。他得到的結論是，馬克思主義從開頭就是錯誤的。所以他反省、批判，一直批判到馬克思本身，不像許多人總覺得馬克思是好的，只是共產黨的做法把馬克思主義搞壞了。從這一點來說，我認為許良英先生的重要性，在他的同輩人中間是無與倫比的。

方勵之先生可說把一生奉獻給了科學和民主，他對民主的貢獻引起全世界的注意，在中國引起很大的動盪，在青年中間產生了很大的影響，所以廣為人們注意。至於他在專業方面的成就，因為一般人也不懂天文物理學，就不知道，以為他到美國以後好像在政治上消沉了，不能夠那麼活躍了，因此就好像很失落，好像方勵之從此完了。這是共產黨在他去世以後，由《環球日報》社論發表的一種意見。其實這種觀點非常可笑，不但不懂方勵之，而且也不懂科學。我所看到的國內崇拜他的青年人多得是，因為追求真理是人的本性。只要不是在一個非常扭曲的社會，追求真理的人總會不斷出現。

但另一方面，在共產黨的領導下，現在青年人是權力薰心、毀滅一切，現在用錢來腐蝕一切，結果科學界反而似乎成了雖然有錢，卻沒有顯著成績，甚至抄襲之風在科學界常有所聞，我們已經聽到很多次，有中國人在西方雜誌上投稿，結果發現是剽竊、抄襲的。在這種情況下，中國所謂改革開放雖然已經三十年以上了，卻沒有產生值得重視的科學家。像日本已經有物理、化學方面的諾貝爾獎得主，但中國一個都沒有。中國人過去得獎的都是美國公民，並不是在中國研究而得到諾貝爾獎的，而且到現在為止，還沒有獲獎的跡象。

所以，我們從這裡可以了解，民主跟科學是不可分割的，科學需要民主的社會體制，民主也需要科學的不斷進步，然後才能有各方面的改善。所以民主與科學的結合非常重要。

談中國的政治文化、維穩和對付盲人維權者陳光誠的手法

二〇一一年十二月一日錄音
二〇一一年十二月十九日刊登

「政治文化」這個名詞，在西方早已流傳很久了，就是一個國家在政治方面的行為是怎樣表現的，這個行為方式就代表文化，因為文化就是一種生活方式，所以，政治生活方式所表現出來的行為，就叫做政治文化。

現在這個政治文化，是共產黨文化中間最值得注意的一方面，因為共產黨徹頭徹尾地用政治來統治一切。雖然現在號稱「經濟第一」，或者說市場運作開始在中國出現，可事實

上，我們知道它還是以國有的、國家能控制的、就是黨能控制的市場，在其中運作，所以，這也是它政治文化的一個方面。

換句話說，它永遠政治掛帥，市場雖然重要，還是相對次要了些。所以，如果政治和經濟發生衝突，那它寧可犧牲經濟，不能犧牲政治。所謂不能犧牲政治，就是共產黨決不能把權力放下，讓別人拿走。經濟利益它可以放鬆，所以它可以花大量的錢、包括國防軍備的錢，來進行一種所謂維穩、維持穩定。這個維持穩定，就是犧牲經濟來保護政治。所保護的當然是一種極權政治，就是它一黨專政、黨天下的政治。

我現在要講的政治文化並不牽涉那麼多，我講兩個大家都知道的例子。第一個例子就是陳光誠案。陳光誠的案子外國報導得很多了，各種電視台都有轉播；同時《紐約時報》、洛杉磯的報紙、《華盛頓郵報》種種，都有無數報導。中國的維權人士、律師、記者、甚至外國記者，已經多次前往訪問了。外國記者也已經報導，只要一接近他的村子、接近他的農舍，就有一大群蒙面的流氓人物阻止你再往前走，而且打你、搶你的東西，用暴力把你驅逐出境，不准你接近。因此挨打的不只一般人，從上海去的記者團體、甚至是有良心的《新華社》記者也挨打。

最近我看到一篇報導，就是一位《新華社》的記者石玉，他義憤填膺要去訪問陳光誠，遭到很大的困難，最後被逼辭去《新華社》的職務，他還繼續追究怎樣能夠為陳光誠說話，他的遭遇也有詳細的報導，我在這裡就不細說了。總而言之，他告訴我們，他們把他在外面痛打一頓，痛打完了，還把他抓到警察局整治幾十小時。打人的都是些流氓人物、黑社會人物，我們不知道的，總而言之，是共產黨警察雇的人。這些人去打人，然後警察出來就把他關到警察局，再用暴力把他送回，不准他再接近這個村子，村子叫東師古村。

很多人想去這個東師古村，但實在沒有辦法接近，不管從哪一個方向進去，都有人攔阻。所以，陳光誠這一家人是非常悲慘的。我想，共產黨的政治文化在這種情況下，表現得最淋漓盡致。因為這個方式不光在陳光誠一個地方，我們發現其他地方也有，甚至在北京。

十月裡還有一個報導，北京一個中產階級住宅區，因為政府要徵收這些地方供其他用途，要把住戶全部強制驅離。這些住戶實際上是中產階級，卻也沒有受到保護。用的方式就是派流氓到人家家裡打破一切，任何人只要出來，流氓就動手打他們。而警察坐在車上剪指甲旁觀，完全無動於衷，以至於這些住戶憤怒填胸，用大字寫出「誓用鮮血和生命來捍衛家園」，所以由此可見，共產黨運用流氓的殘暴手段，遍地都是如此。

我還要講的第二個例子就是艾未未，艾未未的事件和罰款也非常荒唐，也是出乎常情的。共產黨的政治文化已經墮落到不能想像的地步。在這種情況下，我相信它的文化改革如果不從政治文化開始，是沒有希望的。

談陳光誠事件的意義

二〇一二年五月一日錄音
二〇一二年五月八日刊登

盲人律師陳光誠，逃出了山東臨沂東師古村。他已被判了差不多四年多的徒刑，放回家以後，還沒有任何法律根據，至少有五個人繼續監管他，外面還有幾十人、上百人，隨時攔阻任何人去訪問他。

所以，這個案子早就受到國際注意，因為包括好萊塢的電影明星（克里斯汀・貝爾〔Christian Bale〕）在濟南拍電影，聽說陳光誠案，他很同情，帶了一群人去東師古村，就被幾十個便衣看守打回來了，中間被打的人甚多，包括外交官、民運分子同情者、記者，都是說任何人都不准見他。

在這種情況下，他現在奇蹟似地逃出來，先翻牆，然後逃出村子，經過多少關卡，出了村子以後，才敢打電話跟預先約好、從南京開車到山東附近等著他的何培蓉聯絡，何培蓉等到他電話以後，就把他送到北京。到了北京還不能馬上找到安全地方，還有許多民運人士、異議人士同情他、幫他忙，包括胡佳、艾未未。所以，他在北京有三天時間，都在不同地方睡，最後跑到美國大使館。我們看到他自己用廣播、用錄影，要求溫家寶保證他的自由，他最初表示絕不到外國，他要留在中國，但要自由；得到的消息似乎是，如果他全家都能離開的話，他可以考慮到美國來。

現在我只想就這件事情，講三點意義。

第一是陳光誠案把共產黨統治政權的本相，完全、徹底地暴露出來了。他就是一個盲人律師，不過是因為他幫當地被強迫墮胎的人抱不平，給他們申告，而且群眾也支持他，有一些群眾活動。為了這些原因，他在二〇〇六年就被抓去坐牢，判了五十一個月徒刑。放出來以後，因為坐完牢了，應該說是自由人了，卻還是繼續監視，我剛才說，這個監視密不透風，往往還進去痛打他和他太太。對這個盲人如此虐待，簡直是不能想像的。就是罪大惡極，你頂多判他在監牢裡，也不可能隨時進到別人家裡去加以痛打。這種情況，他當然忍無可忍，沒有任何人能來看他，如此一來，他當然要想辦法爭取他的自由。

在這種最艱難的困苦下，他不顧一切，翻牆而出，遍體鱗傷，經過多少關卡，然後才能到達安全地區，就是美國大使館。這就造成一個國際事件了，事件還大得不得了，自從六四以來，除了方勵之在美國大使館那件案子以外，我還沒有看到過第二個這樣的案子，所以全世界的人都關注。

主要是全世界的人都會同情一位盲眼殘疾的人，被一個極權政權如此虐待到毫無人性的地步，這是簡直不能想像的。我不知道共產黨有沒有任何一點羞恥觀念，如果有任何點羞恥觀念，不可能用這種方式對待這樣一個殘疾的律師。幾十個便衣偵探使用流氓手法，隨時攔阻、毆打任何人；看守他的人又隨時進去打他，這些都是不能想像的事情。這充分表露了共產黨的政權，而且也暴露共產黨的恐慌、驚慌失措，維穩經費在這個人身上就不知道花了多少錢。它以舉國之力對付這樣一個殘疾的盲人，那簡直是可恥之至，所以這是中共政權的一方面。

第二方面我要談的是，他這次的逃亡絕不是一個人貿然行事，而是經過長期計畫，至於詳細情形目前還沒有透露，一時恐怕也不會透露出來。總而言之，幫他的人很多，有些幫忙的人後來也被警察局抓去審問，有的放出來、有的沒有放出來。由此可見，不只是異議分子，就連一般人對他也有極大的同情心，認為這件事實在欺人太甚，所以民間的義憤非常大。沒有這個義憤，就不會有這麼多人如此冒險出來跟共產黨作對，把他開車送到北京。

所以由此可見，反抗共產黨的異議分子，雖然沒有正式的組織，但從這件事情來看，是非常令人吃驚的。在如此嚴密監守的情形下，他們還能做到這點、把陳光誠送到大使館為止，這是很不得了的。從這件事可以看出，共產黨並不那麼安全，所以我想他們因此會更恐慌。

第三點我要講的，就是國際的情況，主要牽涉到美國。美國的三大電視台爭相報導，這就在希拉蕊國務卿和財政部長到北京，找共產黨談合作問題的這個時候，忽然發生這件案子，對共產黨可說是前所未有之事。這件事情在美國大選之年，而且美國處處以人權為號召，就在希拉蕊國務卿和財政部長到北京，找共產黨談合作問題的這個時候，忽然發生這件案子，對共產黨除了面子難堪以外，也很難接受。

所以從這三點來看，第一點是共產黨政權本質的暴露，第二點是異議分子的反政府組織力量的可怕，第三點就是國際上引起的大糾紛，這都不是很容易解決的問題，這件事情值得特別重視。

談陳光誠案

二〇一二年五月九日錄音
二〇一二年五月十六日刊登

陳光誠最大的變化就是：第一次美國跟中共談好了、陳光誠自己也同意了，到中國另外一個城市天津，陳光誠就送到北京的朝陽醫院。因為他的腿在逃出過程中摔壞了。到了醫院以後，忽然發生很大的變化，因為這時共產黨也把他的太太和孩子都從山東臨沂接到北京來了，他了解共產黨怎麼處理他，情況就更清楚了。

最大的變化就是陳光誠忽然決定要離開中國，他本來同意留在中國，但他覺得不安全，因為他離開的時候，共產黨似乎已經間接向美國大使館傳達一個消息：如果他不出來，就要把他太太重新再送回山東，這是一種威脅。共產黨並沒有直接告訴陳光誠，而是通過一名大使館人員。無論如何，從這一點看，他最初好像是完全願意離開醫院，後來中間又起了變化。《紐約時報》指明，美國大使館表示說他們的幫忙只能到此為止。雖說他是自己願意出來的，但其中也有勉強的成分。

但是到醫院以後就很清楚了，他願意出來了。他不但通過電話跟其他信得過的人說過這個意思，而且最重要的，美國國會舉行聽證會的時候，這個聽證會舉行了兩、三個鐘頭，有六位見證人，有中國來的、也有在美國工作的。

聽證會非常令人感動，可以知道陳光誠二〇〇五、二〇〇六年以後受到怎樣的迫害，尤其是最近兩年軟禁在家之後，隨時挨打，這是證據確鑿，所以感動了所有人。這個聽證會在美國的影響也非常大，我們從這個聽證會就感覺到，陳光誠不能在中國大陸待下去了，美國如果撒手不管，那麼共產黨保證、答應的事情，以後絕對不會算數。

今天，美國人已經有了很清楚的認識，就是共產黨所謂的承諾絕對不可信，你不能從它那裡得到任何保證。在這點上，聽證會也起了很大的作用。因為就在聽證會講完之後，在醫院裡的陳光誠，居然找人想辦法幫他打通電話，直接對美國的聽證會主席、眾議員史密斯（Chris Smith）談話，表明他要出國，但還是感謝大使館、感謝美國人最初幫他調解，得到留在中國的結論。但起了變化以後，他發現不能夠信任共產黨，所以他就要求出來了。

這不但把他要出來的意思，很明確地告訴了國會聽證的議員，等於也告訴了全美國人，因為這是在電視上直播出來的，中間通過教會的重要人物傅希秋（Bob Fu）翻譯，所以中文和英文的部分，我們都聽到了。

所以共產黨最後又跟美國人展開第二次談判，這次談判非常困難，但最後還是由國務卿希拉蕊出面，向（中國國務委員）戴秉國表明這件事情。雖然中方很憤怒、很不高興，因為中方始終要掩飾這件事情，最初進了美國大使館，也要求美國人不要洩露，所以我們最初只能傳說在大使館，而大使館不敢承認。這都是因為受到中共威脅，它說你一公開，事情反而就不能辦了。

但最後，火不是紙能包得住的，全部案情終於明朗化了、透露出來了。在這個情況下，第二次談判更費勁，談判的內容我們暫時不去管它，結果決定由紐約大學法學院給他一個獎學金，讓他來做訪問的教授，先待一、兩年，不說政治庇護，因為政治庇護讓共產黨面子下不來，所以現在只能說他來訪問。據說在醫院裡，中共現在已經決定給他辦出國手續，幾天之內就可以辦好。不過我必須加上一句，就是《紐約時報》的報導常常強調這點，美國的官員也強調這點，雖然跟共產黨有這個協議、有這個互相理解，因為中間並沒有寫下真憑實據、沒有寫下保證書來，所以變卦的可能性還是存在。

共產黨是最不可信的談判對象，你跟它談的話，對它有利，它可以履行它的諾言；對它稍有不利，它馬上就把諾言當耳邊風了。所以到今天為止，我們只能說，照現在的理解，共產黨是在讓他辦出國的手續，不過能不能辦好、能不能拿到護照，我們到現在為止還不能保證。

所以從整個事件的過程，我們可以看出，中共的一切打算，就是不要傷害它的政權，它怕這件事曝光以後，在中國老百姓心裡失去信用。其實這是多餘的，因為在中國老百姓的心裡，共產黨早已沒有任何信用了，沒有任何人相信它的諾言，沒人相信它為老百姓做任何努力，因為它的一切作為就只有一個目標，就是保持它的政權不會喪失。

所以現在網路的控制還是繼續加緊，最近甚至把阿拉伯半島電視台的訪問記者、美國籍的中國女性陳嘉韻（Melissa Chan）驅逐出境，不准她再訪問，因為她在電視台上對陳光誠案做了許多報導，也報導了許多中國的醜聞，特別是一系列關於薄熙來的報導。

要特別提到一點，這一期《時代》週刊就有關於中國的各種長篇報導，包括陳光誠案、薄熙來案。另外它稱呼中國不用「中國」了，而是稱它為「醜聞人民共和國」（People's Republic of Scandal），所以「醜聞」就代替了「中國」。這對中國共產黨領導的國家體制是最大的諷刺，也是最不能忍受的一種侮辱。這種侮辱是共產黨自找的，而且應該承受，沒有辦法推卸。

所以我覺得共產黨這次事件，尤其是陳光誠案、以全國之力壓迫一個完全殘疾的鄉間律師，這件事暴露到全世界以後，簡直是超乎人的想像。大家對共產黨的輕蔑、對共產黨統治的中國真相，恐怕都已經在中國傳遍了，在中國人心裡也要生根的。這就使得中國的老百姓對於共產黨更鄙視、更看不起，更認為它是一個來日不多的危急政權了。它的政權已經進入了非常危急的階段，所以我想，陳光誠案值得大家仔細想一想。

不但如此，這件案子還沒有完，陳光誠還沒有到美國來，所以我希望在未來幾天，看看陳光誠這件案子最後是怎麼結束。

論王宇等維權律師懺悔的真假

二〇一六年八月十二日刊登

「七〇九維權律師案」最近鬧得很大，原因就是中共忽然招呼香港和大陸的媒體去訪問王宇，她在訪問中就公開向全世界說，她感覺自己以前是錯誤的、懺悔了，因為她被國外敵對勢力利用。這些人利用她與中共作對，說了一些不應該說的話，也做了一些不該做的事，她表示非常慚愧，當然她被捕已經一年了，這一年中間，國外還有一個很重要的人權獎頒給她。

她現在也表示，她並不知道有這個獎，她不接受也不承認。她現在只承認擁護政府、擁護國家。國家讓她做什麼，她就做什麼，她只接受國家領導。而且她對從前的自己感到很慚愧、也很後悔。所以這樣一個公開向全世界宣布的影片傳到全世界來，就受到很多重視。當然，大家懷疑這個懺悔是不是真實的？

因為最近一連串事件，共產黨有一種新手法，就是抓到他們認為敵對的、反對派人物的時候，審判前就讓他們自己懺悔，公開在電視上說話。當然有人肯、有人不肯。像王宇就被迫接受了，她為什麼接受，我們不知道。這樣一個公開宣言，對王宇來講當然非常不利。無論是真是假，這個人的可信度從此以後就好像沒有了。等於把她作為維權律師的人格整個毀掉了。

前不久，另外一個律師趙威也是基於同樣原因被迫懺悔，此外最有名的就是香港銅鑼灣書店五個被抓的人，全部在電視上否定自己、痛罵自己、說自己錯了。所以大家都懷疑這是假造的懺悔，之所以都一模一樣，當然劇本就是共產黨自己寫下來的，所以基本上是一致的。

但回到香港的三個人，有一個叫做林榮基，他不甘心，他也懺悔過，而且還準備帶著材料再回中國大陸幫中共的忙。但他走到一半就回頭，不肯去了，找到律師公開宣布他是如何被迫懺悔、懺悔如何造假，詳細情形他都清清楚楚地說出來了，這個情況也受到全世界重視，所以我們由此可見，王宇的案子也大同小異。當然王宇自己肯這樣毀掉自己，一定有她的苦衷。我們也不能責備她，但發生這樣的事情，我們覺得很惋惜。

這就可以看出中共對於法律的態度，我現在覺得，最重要的還在這裡。中共一向是毛澤東所說的無法無天，從一九四九年掌權以後沒有改變過。毛澤東更明顯，甚至在共產黨還沒完全得勢，由周恩來在重慶跟國民黨談判憲法的時候，毛澤東已經公開表示，一百個憲法也沒有用，如果我不同意，這個憲法就是白費，法律在共產黨手上根本一錢不值。

他後來就直接對外國記者斯諾（Edgar Snow）說，我是無法無天。無法就是完全沒有法律觀念，根本不遵守法律，無天就是根本沒有任何超越宗教的信仰。就是赤裸裸的權力統治。到了一九七九年以後，共產黨不能不改變這個形象，所以一度也恢復了法律、法院，因為整個文革期間根本就沒有法院、沒有審判這種事情，那是一九七九年以後慢慢建立的。但在建立之中，鄧小平也已經說明，不能搞西方的司法、三權分立之類的，中國絕對不能走這條路。所以法律還是要在黨的領導之下。

一黨專政是他們不變的基本中心，毛澤東時代如此，鄧小平時代如此，習近平更是如此。習近平要求每個人都姓黨，黨高於一切；黨高於一切，法律當然就談不上了，但在同時，他們為了欺騙外國人，製造出彷彿文明現代國家的形象，就提出所謂依法治國。它不是講法治，我們講法治是法律在政治之上，在任何人之上，人人都要遵守的。它這個是自己立法，以這個法來治理國家，那就是它要怎麼做就怎麼做。隨時可以立新法改變從前的某些作風，這就叫依法治國。

依法治國本身也還是維持不住。因為法律或許變得太快，來不及制訂就要施行，比如說有幾個人在街頭就是推翻政府、推翻政權，這是很荒唐的東西，法律上說不過去。在這個情況下，他們對法律就有各種不同的運用方式，反對派的人、維權律師、在香港出版反共書籍的出版人，只要被抓到就讓你先懺悔，先說自己壞得不能再壞，現在完全懂了，要悔過向善了，一切聽黨的話。

我相信這個說法雖然現在已經被戳穿了，還是會利用一段時期。這就是中共對法律的基本態度，所以律師被抓這件事情本身並不奇怪，因為常常發生。去年一年有二百多個律師被抓，最近還有一次五十多人被抓，這都已經不稀奇了。法律在中國的地位如果不能改善，就可以想像，中國一時還走不上現代文明國家的社會，這是非常可惜的。尤其習近平上台以後，情形更為嚴重，所以這件事值得注意。

談中國大陸一些重大民眾抗議事件的看法

二〇一一年八月十八日錄音
二〇一一年八月二十五日刊登

《紐約時報》有三條新聞，第一條新聞是大連有一萬二千名群眾，要集體抗議化工廠。這個化工廠已經建設兩年了，花了十五億美元。這場抗議非常和平，但也非常堅定，有一萬二千人甚至更多人上街抗議，因為他們發現，這個化工廠的產品對他們的生活影響非常大，所以他們要「還我大連」、「還我好好生活的地方」。好像黨委書記逼不得已也上了街頭，在車上說，他要把這個十五億美元的工程關掉。這個承諾到底怎樣，當地人也還不放心，所以這件事還沒完。

但這件事引起國外很多評論，都認為這場抗議非常和平，也非常有計畫，這表示中國民眾的抗議水準愈來愈高。原因之一就是從共產黨開放得到一些好處的所謂中產階級，現在也要起來抗議它的許多做法了，就跟溫州火車事件一樣，抗議的人多半不是為了錢，他們自己很有錢，但問題是安全的問題。

第二個是川藏邊境甘孜州的道孚縣，這一縣的藏人相當多，最近要慶祝達賴喇嘛七十六歲生日，遭到地方上鎮壓，引起抗議。有個二十九歲的西藏僧人就自焚了，而且呼喊的口號是「西藏沒有自由！」、「我們西藏要自由！」、「達賴喇嘛萬歲！」等等。

其實這等於已經是第二次了，第一次是三月十六日，也在這個地區，西藏的僧人為了紀念從前西藏的鎮壓，所以他們也自焚抗議。

所以由此可見，這一帶的藏民還是受到很大的壓迫，否則不會引起這樣強烈的行動。因為七月六日他們就開始慶祝達賴喇嘛七十六歲生日，共產黨非常不滿意，引起雙方衝突。

在武漢有個特別的消息，一個朋友剛好在附近旅遊，後來打電話給我，他說他到了成都才能打電話，一路上電話不通；親眼看見三十多輛裝甲車向那個地區進發；更諷刺的是，裝甲車上還寫著「漢藏一家」，事實上是去鎮壓藏民的。所以這件事還沒有完，將來會怎樣，我們且看它的發展。

第三個也令人相當吃驚，就是八月十七日，《紐約時報》登載了中國政府的一份公告，這份宣告是說，新疆喀什噶爾地區前兩個月鬧過事，所以這個地區要變成「嚴打」區，英文叫做 strike hard。嚴打的時候是二十四小時在街上隨時巡邏、隨時搜查、隨時抓人；抓人以後，隨時審判；審判以後，隨時進監牢，或者處死。

這件事其實從七月十九日已經開始，一直是說喀什噶爾某些維吾爾族，中共方面報導他們是恐怖分子，還說他們的領袖是從巴基斯坦受訓回來的，因此中共還向巴基斯坦抗議。無論如何，真相是怎麼樣的？維吾爾人是衝進了警察局，俘虜了人質，也炸死人；另一方面，警察也出動了武器，殺死他們。

這兩個月來，我們本來沒有報導，最近又因為這個宣布，我們可以想像，這兩個月來一直在衝突中，而且衝突可能還愈來愈厲害，所以才有兩個月的嚴打期限。嚴打期限是不是兩個月就收尾，也不知道。

所以從這三篇報導，我感覺到非常危險，原因就是共產黨的群眾抗議、集體抗議並不稀奇，常常發生，但速度太快了。比如說沿邊的少數民族，三月十六日，就是剛才講的四川阿壩自治州的僧人，為了紀念二〇〇八年的鎮壓，他就自焚了。這裡有許多藏人也支持他、積極抗議，雙方引起很大的衝突。

然後五月，內蒙古的呼和浩特，漢人奪取蒙古人牧羊、牧牛的牧地，又開車壓死了一個抗議的蒙古人，引起內蒙古幾千人抗議。蒙古從來不鬧亂、從來不抗議的，這是第一次，包括上千名內蒙古大學的蒙古學生。

然後就到七月十九日，我們看到新疆喀什噶爾，剛剛也講過，維吾爾人跑到警察局，大概被壓迫太久而抗議，而且警方也開槍殺死人。所以雙方衝突愈來愈大，因為沒有什麼報導，我們不知詳情。但中共八月十七日宣布兩個月嚴打期，使我們了解這個地區的問題非常嚴重。

所以前後五個多月，我們看到西藏、蒙古、維吾爾人的新疆，都發生抗議，而且引起暴力鎮壓，這是很值得注意的。這是少數民族方面。

現在講內部，就是中國內地。內地的事情當然多得不得了，我們知道，最近清華大學社會學家的調查結果告訴我們，大規模群眾抗議的數量是如何激增。大約在一九九三年，差不多是一萬起左右；差不多十一年後，到了二〇〇四年，已經增加到每年七萬四千起了；二〇一〇年、也就是去年，甚至增加到十八萬起事件。這個數字是不是完全可靠，不知道，但我相信大體上的數字絕對是驚人的，沒有暴露出來、我們不知道的，還多得很了。

我看到的這些，或者在電視上，或者在日本電視上，或者在《紐約時報》，或者在其他報紙看到的。比如今年三月，雲南因為政府逼迫一部分老百姓遷居，多半是給資本家造工廠，這樣就有二千人抗議；五月在四川樂山縣，就有六百個國際工人抗議政府剋扣他們的福利。不過五、六個月之內，相當引人注目的大規模群體抗議事件，不是愈來愈少，而是愈來愈多。

所以由此可見，共產黨對付群眾抗議絕不妥協。就像我從前說過的，它是「順我者昌，逆我者亡」。只要「逆」它，它就把你消滅，它沒有其他招數，也不跟你談判。從這裡可以看出，共產黨所說的和諧社會完全不通。

我們中國講「和諧」兩個字，都會想到孔子所說的「和而不同」；如果都是相同的，那就「同一」了，不叫「和」了。對共產黨來講，只有跟它完全同一，才讓你存在；如果跟它稍有違反、稍有不同，它馬上要糾正你、甚至消滅你。所以這是對它「和諧社會」之說的一個極大諷刺。

百姓的力量可以戰勝強權

二〇一二年七月十二日錄音
二〇一二年七月二十七日刊登

共產黨是強權，這是沒有問題的，可是老百姓個別看起來好像都軟弱無能，加起來就是不得了的力量，而且證明了可以戰勝強權。我現在要講的，就是最近民眾抗議發生的變化與動態。

照共產黨官方發表的數字，去年二〇一一年整年（今年還沒有發表），就發生了十八萬到二十萬次的民眾集體抗議。官方可不可靠，也都不重要，可見民眾抗議是不斷的。但民眾抗議在最近幾件事情上發生重大效果，值得特別注意，我先講兩件大家都知道的事情。

一件事情就是陝西有一位婦女馮建梅，丈夫姓鄧，這個馮建梅已經懷孕六個月了，但被一胎化政策的執行者強迫她墮胎，因為她拿不出錢來，她如果拿得出錢來，就可以允許有第二個。

結果墮胎以後，她自己流血滿床，加上一個死嬰在旁邊，便成了網路上流傳最廣的一張照片，一直流傳到海外，非常恐怖，而且非常不人道。

這件事因為網路的關係，弄得全國皆知，抗議的人千千萬萬，政府雖想禁止這個抗議，但也來不及禁止，鬧到最後，共產黨就不得不讓步了。

共產黨一直是強硬的，對任何抗議它都表示可以應付，結果全國反應如此，國際上又一再登載，國家名譽受到極大損害。所以現在就決定做三件事：

第一是懲罰原來的幾個負責人，其中有兩個官員被解職了；另外還有五個人被警告、譴責；然後官方有正式道歉信；最後又加上賠償，照《紐約時報》登的數字，相當於一萬一千二百美元。馮建梅跟她先生也沒有辦法不接受，接受以後，事情就暫時告一段落。

這件事也是老百姓，特別是網路抗議的結果，而且現在還沒有結束，因為引起十五位著名學者聯名上書，要求放鬆一胎化政策。因為中國現在的問題是人口老化，一個兒子或一個女兒，沒有辦法負擔四個老人的生活。所以有人提議要延長退休年齡，使子女減少負擔。

另外就是，中國人本來是要幾代同居的，現在子女太少，做事又不在一塊，這件事情也很難實行。所以中共現在面臨這個問題，就只有讓步。

我覺得這是一件事情，第二件事跟環保有關，那就是四川的什邡。

有一家宏達化學公司，要在四川什邡造一個鉬銅廠，這個銅廠已經投資很大的金額，已經揭幕啟用了。然後年輕的學生起來帶頭反對，就被共產黨的地方警察、武警抓起來。抓起來以後，引起老百姓抗議，成千上萬的人上街。第一要求釋放學生，第二要求停止建造，因為工廠汙染非常損害水源，裡面有很多化學成分，把所有水都搞髒了、不能喝了。

因此這個抗議就鬧得愈來愈大，因為什邡這個地方本來是二〇〇八年地震的災區，他們大概想賺錢來補償受到的災害，結果引起更大的問題，就是環保問題。這個問題最後也是學生出來抗議，共產黨已經很吃驚了，再加上那麼多老百姓不斷上街，跟警察又起了很大衝突，所以最後又只有讓步。

這個讓步最初是說暫時停止建造，現在公開承認不只是暫時停止，而是永久停止，以後永遠不在什邡這個地方建造化學加工廠，這又是老百姓一個很大的勝利。

從這兩件事情，我們可以推斷共產黨統治下，老百姓抗議的幾個來源。來源當然很多，我們沒有辦法盡數。據我所知，共產黨有三件事情，引起老百姓的普遍抗議。第一就是環保，環境汙染遍地皆是，第二就是老百姓被迫遷居（特別是城市，鄉下也有），要造工廠或者更大的樓房，這個抗議也是全國到處不斷。

第三就是墮胎、一胎化，一胎化引起的抗議是無形的，因為不是公共事務，是個人的事情。個人事情報紙不報導，電視沒有鏡頭，所以一般人都不知道，但卻經常發生，從陳光誠的案子就可以看出來。但這種案子只要一發生，我們就知道，這是很普遍的。

這三個來源都靠老百姓上街遊行，或通過網路，像一胎化的問題在山東，因為陳光誠的關係，有過上街的事件。但像馮建梅這個事件，在陝西是靠網路把她個人案子暴露出來了，然後就傳遍全國、傳到海外。這是網路的力量，但也是老百姓抗議的力量。

至於房地產，老百姓被迫遷居，得到的賠償根本不夠買一間廁所，在這種情況下，也是抗議不斷。當這種抗議愈來愈多，共產黨也非常受不了，所以共產黨就是賠款，像墮胎的事，賠款、道歉、懲罰有關官員；完全取消化工廠，也是如此。

所以由此可見，老百姓只要肯用他們的力量，網路可以幫助發揮，抗議結果就會很好，是很有希望的。

中國民間的憲政運動和反腐運動

二〇一二年十一月二十二日錄音
二〇一三年二月二十二日刊登

習近平上台以後有兩次不同的談話，都引起注意。

第一個我們先說，是憲政的問題。為什麼憲政運動突然在知識分子中間變得重要了呢？這是因為去年十二月四日，紀念一九八二年《憲法》三十周年。這是鄧小平通過的憲法，那時是胡耀邦和趙紫陽時代。當時是大家認為最重要的一部憲法。這部憲法在一九八九年六四以後，幾乎就擱在一邊，沒有用了，但每年都有紀念。這次三十周年紀念是由習近平出面說話的，比起二十周年紀念，就是十年前胡錦濤關於《憲法》的說法都要強烈得多，胡錦濤的說法是很衰弱無力的。但習近平這次的說法，確實有兩點值得注意，他說「落實憲政才能給

《憲法》以生命與權威」，這點是很重要的。同時，習近平還有一句很重要的話，他說「《憲法》應該是人民保衛自己權利的合法武器」。這兩點就引起知識界的注重，要求回歸憲政。回到憲政運動跟二〇〇八年劉曉波的《零八憲章》不一樣，《零八憲章》幾乎是要求一部新《憲法》的。現在的知識界不唱那樣的高調了，只是要求共產黨回到一九八二年他們自己制訂的《憲法》，以那部憲法為出發點。由此引起許多活動。第一個活動就是中央黨校，中央黨校的校長是習近平。有個週刊上面就發表了一篇社論，主要是呼籲國家在憲政上設立一個憲法委員會，任何違憲的法律都不得通過。因為共產黨一方面可以把《憲法》擺在上面，口頭說尊重《憲法》，但又不斷地通過基本違憲的新法律，所以這是很重要的呼籲。

第二個運動也是從去年十二月開始，有七十幾個知識界的人，特別是很有名的北大法學教授張千帆，起草一份倡議書，要求回到一九八二年的《憲法》。這是大家的共識，只有回到《憲法》，個人權利、人民的權利才不會隨意被剝奪。第三個運動可說與此相攜而行，那就是《南方周末》的社論，我們都知道，它引起了軒然大波，另外還有一份重要刊物也大力提倡憲政，就是《炎黃春秋》。所以從這些可以看到，因為習近平談到《憲法》、談到人民的權利，因此就引起了知識界、學術界提倡回到憲政。這可說是知識精英階層的一種動向，這種動向實際上遍及全國。

第二個動向來自老百姓，也就是網路上，最有代表性的，就是最近突然出現的一位新英雄，名叫朱瑞峰。我在二月六日的《紐約時報》上看見他的大照片，我很奇怪，因為這個名字我都沒聽說過，再一研究，發現他並不是正式登記的記者，而是一個公民記者，就是以公民做記者報導的事情。他最出名的一件事，就是最近在四川響應習近平反腐的號召，在網上發表了四川一個五十幾歲的官員跟一個十幾歲少女的性愛影片，這樣他就一舉成名，那個官員垮台了。然後他又打擊了別的人。但我們從今天的一些報導來看，原來其中有許多情況不是他一個人的功勞，是許多人幫忙的。幫忙的包括警察在內，比如說重慶官員的這些罪惡，早已被公安局查得清清楚楚。向上呈報卻沒人理會，在這種情況下，警察局有人通知了朱瑞峰，讓他發表了，這樣就把事情暴露了，暴露之後就隱藏不了，只好下台。這類事情暴露都是有人幫忙的。首先是棄婦，這些貪官汙吏找的女人被拋棄了以後，心裡有許多怨恨，就把他們的事情暴露。還有許多同事也看不順眼，或者是嫉妒，或者是其他原因，看不慣他們發大財，到處招搖撞騙，也向民間網路上通消息，這樣一來，貪官汙吏的這些行為，可說實際上都是各種各樣的原因而從內部爆發的。朱瑞峰特別值得注意的是，他是底層出身的人，受過中學教育，現在四十三歲左右，所以一夜之間就變成名人。他現在已經變成人人注意的目標了，許多外國通訊社都找他，勢力相當雄厚。北京警察局有一次來找他的麻煩，約談他好幾小時，據他回來報導，也許他的說法有點誇張，他對警察說：「你要抓我，你敢不敢抓我？抓了以後全世界都在支持我。」據說警察局有點慌張，就把他放出來了，他非常得意。也許他有點誇張自己，不過無論如何可以發現，他手上掌握了相當多資料。

我們現在從他那裡得知，最重要的一個貪汙方式就是房地產。房地產貪贓枉法是最厲害的。山西有個女的叫做龔愛愛，這個人很出名，現在叫「房姐」。為什麼叫房姐？她通過一個銀行經理，用許多非法手段到處取得房子。據說她的房子在北京一地就有四十多家，在西安也有，在山西家鄉也有，所以她這個貪汙非常可怕，變成了全國知名的房姐。這也是由朱瑞峰報導出來的，報導以後發現房姐這個現象非常普遍。在東北又出現了「房叔」，有個叔叔好像也是到處買房子。甚至有一百九十多家房子。他們都用非法手段買到房子。本來在一個地方買房是有限制的，一個人不能買太多，超過幾家以後就不准買了，但他有辦法利用假戶口、假名字，或借用親友的戶口名字，收集了許多房子，到處都是。另外深圳也有個「房祖宗」，也是買了很多房子，引起人人側目，所以這種腐敗在民間已經到了忍無可忍的地步。

所以在這種情況下，民間在網上反腐，響應習近平的號召，是相當有力的。習近平是不是真心誠意要做這樣的號召，我們並不知道。不過我相信民間這樣一來，他也很難收拾，我想就算是被迫，習近平也不能不採取相應手法來收拾這個殘局。所以習近平上台，因為大家對他有希望，而引起了兩大運動，一個是上層知識界希望回到《憲法》；一個是民間要暴露所有貪官汙吏的行為，而且要從房地產不公平入手。最近習近平好像又發表了一個意見，也許是通過一般政府機構發表出來，但我相信也是代表他的意思。這是什麼意見呢？這個意見就是要平均貧富，貧富懸殊是中國最大的問題。現在共產黨也覺得，這個問題不解決的話，貪汙腐敗就不可能終止。在這種情況之下，如何能夠把貧富平均起來，是當前必須要解決的一個重大問題，他們因此發表了這種意見。可是意見發表以後，並沒有任何行動隨之而來。所以很多人抱持懷疑態度。到底要怎樣均貧富？如何能夠制止貪官汙吏非法妄作？這些都需要具體計畫、具體方案的，具體方案沒有出現之前，這只能跟一般性的宣言沒兩樣，流於空話，空話沒有什麼作用。所以大家對這件事還在觀望中，看看將來會是怎樣發展？

總而言之，我覺得上層有回到《憲法》運動，下面有反腐網民的全面支持，都是非常有力的，中共中央恐怕無論如何也不敢忽略。

輯七

中國與世界

暴風雨過去以後

一九九九年五月二十日

最近因為北約轟炸了南斯拉夫的中共大使館，中國大陸上掀起了一場轟轟烈烈的反美運動。從新聞上（包括電視和報紙）所見到的鏡頭，我們很容易聯想到「抗美援朝」到「文革」那些驚心動魄的場面，美國朝野也不免顯得驚惶失措。美國國務院一度發出警告，要人民暫時不去中國大陸，因為那是個沒有安全保障的地區。在民間，美國一般人也開始害怕起來。不少美國大學多年來在中國各地舉辦暑期中文學校，美國大學生每年都踴躍報名，但最近有些美國大學，已收到家長表示關切、甚至要求退學的電話，這些美國家長當然是擔心子女可能遭受傷害。

自一九七九年以來，美國人民對中國和中國人民，從未表現過這樣深的疑慮。在美國的輿論界，從電視到報紙，我們看到的也是一片困惑。我曾接觸過一部分新聞從業人員，他們一向對中國人民很有好感，據他們說，他們對於一九四九到一九七六年問的許多仇外遊行並不很重視，因為那是共產黨組織下的表演，不一定代表遊行者的真正想法。從一九八〇年代的「文化熱」到天安門屠殺，中國知識分子似乎都很認同某些人類的價值，如自由、人權、民主等。他們因此覺得中國青年一代知識分子，至少和美國知識分子之問有共同語言。但這次為時五天的狂熱，再加上海外（特別是美國）中國人的民族主義情緒高昂表現，使他們覺得經過極權統治的五十年，中國人的心態已完全改變了，不再是「溫和」、「理性」、「文明」，而很像「基本教義派」的狂熱民族了。他們憂慮的是，經過文革的巨變，「義和團」的意識已在中國人心裡生了根，短期內不能改變了。

以上說的都是美國一般人的觀感，其中當然包括了某些誤會。但這種觀感很可能在美國社會上散布下去，中美關係（主要是民間的，不是政府的）似乎真正面臨第一次的大危機。弄得不好，這是走下坡路的開始。今天風暴剛剛過去，大家都應該對這一事件作出有深度的反思了。

北約炸中共使館，造成三死多傷，這確是不可原諒的荒謬行為。現在世界上有兩個相反的說法：一是美國和歐洲的解釋，認為這是一個「錯誤」。至於何以有此錯誤，則尚待進一步調查。另一說法是中共官方首先咬定的，即北約和美國蓄意殺害使館人員，是一項「陰謀」。至於為什麼會有這一「陰謀」，中共方面也未曾提出可信的證據。但他們似乎已認為這是定案，不需要提供理據。這幾天中共駐美大使（李肇星）頻見於電視訪談，主持人都一再請他說明：為什麼相信這是「陰謀」？但這位大使永遠避而不答，因此訪談沒有一次能繼續下去，都匆匆結束。其實，他作為中國官方代表，有責任說明他所持的「理由」。說明了「理由」，也許可以改變美國輿論界的觀點，這對中共是極有利的，可惜他一再錯過了這種良機。

今天中共對於「群眾」的思想控制，已不能與「文革」時相比，青年學生也不是容易操縱的。但中共對於新聞報導的控制依然十分有效，中國人除了接受官方的說法以外，對西方（美國在內）的種種不同觀點無從知曉。當青年們聽到美國「帝國主義」無故蓄意殺害中國人，他們義憤填膺的情況是不難想像的。從一切跡象來看，這次中國許多大城市的青年學生能大舉包圍英、美使領館，中共官方難免涉嫌暗中策劃和導演，否則學生何以能大批乘車到現場？何以能搗毀使領館的座車而不受阻止？何以地上恰好有那麼多的石頭磚塊，可以用來砸爛使領館的門窗？又何以能說停便停，四、五天之後，一切遊行示威的活動便完全絕跡？所以我們雖然承認，這次學生們的民族情緒有其真實的起源，但情緒的表達及其特殊方式，經過了刻意的操作和運用。這種操作和運用之所以可能，當然是由於中共的政治體制仍然保存了極權的殘餘，整個國家機器還是操於一個專制政府的手中。如果是一個自由開放的社會，對於這次事件的反應雖然也會很強烈，但方式一定不同，至少不會使人聯想到「文革」的場面，如「文革」高潮時北京焚燒英國代辦處的情景。

從表面上說，中共這次運作的技巧很成功：它反守為攻，使「人權」問題變得好像沒有意義了，使西方國家覺得欠了中共一筆帳，必須從其他方面償還。這次反美、反西方的狂潮，也多少化解或緩和了國內人民對現狀的不滿。但在暴風雨過去之後，我們也不能不想到今後中國究竟向何處去的問題，更不能不估計一下眼前的這個「成功」，究竟付了多少代價才取得？民族主義的激情誠然是一股很大的力量，但從歷史上看，這股激情最後總是導引到大破壞、大動盪的結局。這是今天中國人最希望達到的目的嗎？南斯拉夫的悲劇正是民族激情造成的，一再的「民族清洗」便出於民族激情的橫衝直撞。這是自由世界一般人的共同認識，有十分可信的證據支持這一看法，中共終不能一手掩盡中國人的耳目。南斯拉夫當政者的行為，今天仍然不為絕大多數中國人所知，但訊息封鎖總有失靈的一天，難道中國人都已完全喪失了批判思維的能力，再也不懷疑中共的片面宣傳了？

三位中國受難者的不幸，是稍有良心的人都會同情的，中共官方的喪禮也舉行得十分莊重。但中國人如果還有記憶的話，恐怕也不會不聯想到一九八九年天安門廣場前被殺害的那些冤魂吧？難道那些數以百計的青年不是人？不是中國人？「六四」十周年即將到來的時候，中國會不會也有人哀悼這些無辜的死者？至少他們的父母、家人不可能忘得一乾二淨吧！那麼中共官方是否也該為這些死難者致一次哀呢？至於「文革」和更早以前千千萬萬的冤魂，那就不必多說了。

現在反美、反西方的意識已經挑動起來了，中共是不是準備重新關起中國的門戶，把一切「帝國主義」消滅乾淨？這恐怕也是暴風雨過後不能不思考的問題。今天許多美國普通人民對中國產生的深刻疑慮，又應該怎樣處理？任它氾濫下去嗎？還是有化解的必要？如果中國決定走一九四九年以來堅決「反帝」的道路，那當然不必顧忌什麼「洋鬼子」的「疑慮」。但是萬一還想參加世界性的市場體系，還繼續對美金、歐元、日幣等等感到興趣，那麼這一新出現的普遍「疑慮」恐怕也不容輕視。暴風雨過後，我們只有許多問題，卻沒有答案。只有中國自己才能找到答案，而中國今天當家作主的還不是老百姓，而是一個包攬一切政治資源的特殊集團。未來的中國命運，還是掌握在這個集團的手上。

（本篇網路無錄音檔）

文明與野蠻
——中國和伊斯蘭世界共同面對的問題

二〇〇一年十二月二十七日

恐怖分子在美國造成巨大的傷害，已經整整三個月。這三個月以來，我們看到九一一的後果，就是美國動用武力，基本消滅了阿富汗的神學士政權，反恐似乎成功了。但這種成功還很初步，不知道將來會怎樣，死灰復燃的機會還是很多。這些人將來再集合、逐步組織起來，問題還是存在。即使把這一批人全都抓到，問題是不是就解決了，也還很難說，所以這個問題基本上還是相當嚴重。

自從恐怖事件發生以來，全世界都發起了一種討論：不同的文明、不同的宗教，是不是都有衝突？事實上，如果我們讀一些伊斯蘭教的經典，它也講究平衡、慈愛，還特別講求知，也要講耐心。但我們不可能在《古蘭經》或者他們的先賢教訓中，找到「我們可以不顧一切地用暴力」這種說法。《古蘭經》所謂的聖戰，也不是現在這種使用暴力的意思。事實上，還是等於說要發揮自己的宗教信仰，使它可以征服一些很邪惡的事物，在這個意義上，它是很神聖的。

今天的問題究竟在哪裡？這個問題當然複雜得要命，我們也不可能在這短短幾分鐘內談什麼大問題，但可以指出，這不是源於伊斯蘭教本身。進入現代以後有個困境，就是信仰伊斯蘭的民族，要如何改變傳統來適應現代化。這是個很大的問題。它之所以成為問題，和世俗化的政治勢力有關。比如沙烏地阿拉伯的國王、貴族，他們已經基本上世俗化，進入市場了，進入資本主義的圈子，並不真如我們想像的那樣，有深刻的宗教信仰。但他們只要權力、金錢，完全不管教育問題，把教育問題都推給伊期蘭教的宗教人員。教士們所教的都是仇恨西方、反對現代化、拒絕一切改變，他們要回到一千年前的狀態，這就造成它的宗教、教育，與世俗政權和經濟體制完全衝突，或是背道而馳，這是它適應現代化失敗的原因。

當然我們可以把這個歸結到西方的擴張、西方市場的擴張，也就是過去所說的帝國主義。不過帝國主義的興起或市場的擴張，也是西方幾百年來慢慢發展的，不是一個人計畫出來的。趨勢既已如此，我們在經濟上只有走全球化這條路，沒有別的路可走，也退不回去了。工業化到這種地步以後，也不可能說我們再回到農業時代。所以說這是個現實問題，事實上也不是以色列和巴勒斯坦的問題，那只是局部問題，而是伊斯蘭教地區的人民還沒有跟現代化生活接軌的問題。今天，事實上不是哪一個文明衝突的問題，也不是純粹的宗教問題，也不是局部利益衝突的問題，而是我們要怎樣在未來的世紀中消除殘暴、暴力，採取什麼方式的問題。我想，教育當然最重要。「九一一」事件以後，我聽到許多人告訴我，網路上的中國人拍手叫好，人數還非常多，這讓我很吃驚。我們無論對美國有怎樣的看法，對這幾千人無辜喪命，沒有一點同情之心，反而幸災樂禍，以為美國從此就垮了，我們中國就可以變為第一強國了，如果真有這種心理的話，我很為中國的前途擔心。

所以我想，如何消滅我們心中的殘忍和暴力，這是二十一世紀全世界所面臨的問題——不僅是阿拉伯國家、阿拉伯人民所面臨的問題，也是全中國所面臨的問題。

（本篇網路無錄音檔）

尋求自由與安全之間的平衡點

二〇〇二年九月二十四日

「九一一」恐怖事件一周年，在美國是一件很大的事情。政府方面宣布，現在這個時候的危險程度已經很高。他們現在把安全分成幾個層次，這時候距離最危險層次差不多只差一級了，相當高。換句話說，據他們估計，恐怖分子還可能發動某些事件，規模不一定像「九一一」那樣大，但還是可能在美國，或者在美國的海外機構發生。美國在東南亞某些地區，如馬來西亞、印尼的大使館、領事館都關閉了，因為這些地方都可能成為恐怖分子攻擊的目標。所以，安全考慮在美國成了一大問題。

這個問題已經討論一年了，美國也準備成立國土安全部，但國會方面還有不同意見，最主要的原因在於，大家不是不關心公共安全、集體安全，更關心的是不要因為這種危機、恐怖分子的這種威脅，就取消了個人在法律上或憲法上應該享有的自由，個人自由還是非常重要的。因為對一個社會來說，社會是整體，整體當然也有它的集體生命，可是這個集體生命的構成分子，畢竟是一個個的人，所以個人要生活得好，這是優先要考慮的問題，至少在西方的人們是如此看的。就是在東方，儒家的說法也是要每個人都過得非常好。像過去儒家思想家所說，政府要集中很大的權力，也是為了要保證每個人都有很好的生活。比如孟子說，農家至少要有一百畝田，沒有憂慮，才能談到建設公共秩序。用孟子的話就是所謂「義」。從某些大方面來看，東西方的思想相去也並不遠。

但這涉及一個近一兩百年來，東西學者都討論過的問題，就是自由與安全之間如何劃出界限。我記得在很早的時候，大約一九三〇年代前後，有人寫過一本書，講十九世紀歐洲歷史的整個趨勢，書名就叫做《自由與組織》。他用所謂自由與組織這兩件事，來概括歐洲十九世紀的歷史發展，一方面要有很好的組織，這個組織是現代化的、有效的，對每個人的生活都發生作用，都能維持一個整體秩序；另一方面要顧慮到，在這種大秩序中，個人自由如何得到最大保障。所以這歷來是一個永遠不能解決的問題，視每個不同時代、不同情況而定。換句話說，如果世界秩序都很好，也沒有戰爭和恐怖的威脅，每個人都應該是盡量自由的，自由應該是它最起碼的底線。但遇到危機的時候，自由不能不受到限制，這就是美國憲法上所說的，要在很明顯的危險迫在眉睫的時候，個人自由就會打折扣。

這一年來，美國為了安全的關係，個人的自由也不能說沒有受到限制。如果現在坐飛機去旅行，就會發現檢查比從前嚴格得多，特別是美國和加拿大邊境，過去出入非常快，現在你要在任何一個地方過境，從加拿大到美國，或從美國去加拿大，特別是加拿大回到美國，那恐怕就要在邊境上待幾個小時等候檢查，因為安全是大家共同關心的，每個人都受到影響。所以在這種情況下，個人旅行的自由就受到壓縮了，這是很必然的。

談到這裡，我們就想到中國近一兩百年來知識界所關心的問題，也是自由與安全如何取得平衡。過去中國受侵略的時候，當然要講國家的自由、整體的自由，為了救國家，個人要做出某些程度的犧牲，但在一百年前，中國著名的思想家、翻譯家嚴復，翻譯過穆勒（John Stuart Mill）一本書，照原來的書名翻譯，應該是「論自由」，可是嚴復覺得，把這本書翻譯成「論自由」可能會引起誤會。因為自由在中國過去的語言裡（還沒跟西方接觸以前的語言裡）是自由自在、不受限制，因此嚴復就用了創造性的譯法，他把「論自由」譯成《群己權界論》。

我們現在的問題，就是要怎樣在安全和自由中間找到平衡點，這個平衡點不是找到以後就能一次確定的，而且隨時都要因應時代、社會狀態的變化而有所調整。換句話說，現在的社會是恆動的社會。所以物理學家吳健雄從前就說過「科學本身是個動的東西」，我們要了解這點的話，就可以很深刻地了解中國未來的問題，乃至現在的現實問題。這個問題沒有確定的答案，但我想，自由是個人的，個人是根本；可是個人同樣不能離開社會而生活，因為集體也要有一種自由，那時就會侵犯到個人的自由，所以如何找到平衡點，是我們永遠都要思考的問題。

（本篇網路無錄音檔）

今年諾貝爾獎評選特點

二〇〇九年十月十四日錄音
二〇〇九年十一月二日刊登

我現在想回顧一下今年的諾貝爾獎，因為今年的諾貝爾獎相當有特色。

第一個特色就是女性得獎相當多，共有五位。醫學就有兩位、化學有一位、經濟學也有一位。經濟學尤其重要，因為諾貝爾經濟學獎四十一年來，第一次有女性得獎者。文學只有一位，這位是德語寫作的羅馬尼亞作家，也很特殊，在所有獲得諾貝爾獎的女性中，她是第十二位，所以這又是今年的一大特色。

第二個當然就是和平獎，出乎每個人的意料，普通都是要給成就獎的，沒想到歐巴馬上台不過才八、九個月，還談不上真的有成就，居然頒獎給他了。

我之所以注意物理獎，就是我的老朋友高錕先生，他今年大概才七十五歲，最後居然得到了諾貝爾獎，我很高興。他號稱是光纖之父，非常重要的發現，這也是所有海外華裔的人都很高興的事，我想中國大概也會慶祝。

第二個我來講一講經濟獎。經濟獎今年也很特別，得獎的第一位女教授歐玲（Elinor Ostrom）是印地安那大學的政治學教授。另一位是柏克萊加州大學的男教授威廉森（Oliver Williamson）。兩位得獎者其實都不是真正的經濟學家，而是經濟學以外的，像是女教授歐玲是政治系的；威廉森是研究商務、法律，也牽涉到經濟，但不是狹義的經濟學。可見經濟學在改變，改變的原因就是把原來那個孤立學科從社會科學整個抽出來，專門研究經濟現象。

文學獎是五十七歲的荷塔．慕勒（Herta Müller），她是羅馬尼亞人，一九八七年才逃到德國柏林。她幾十年來生活在最殘酷的共產黨領袖——西奧塞古（Nicolae Ceauşescu）領導下的羅馬尼亞。一九八九年東歐變天，西奧塞古被羅馬尼亞人祕密審判以後殺掉了，在他統治下的生活慘不忍睹，現在由這位女作家慕勒把它寫出來。慕勒一生都在他籠罩之下，所以特別反對政府的壓迫、集權政治的壓迫，尤其反對作家（特別是知識分子）跟當局妥協、祕密合作，維持這個統治。她的名氣不大，就算在德國名氣也不大。但她的作品受到賞識，而且今年是歐洲共產主義崩潰的二十周年，所以我想這個獎是有意義的。

最後，我想稍微談一下和平獎，歐巴馬自己也承認「只能說對我是一種鼓勵，希望我將來能帶領世界實現和平」，但他現在還沒有完全成就。不過他已經提出新的方式，要和伊斯蘭教的人對話，同時也想消滅所有原子彈。但這個能不能做到，很成問題。中國共產黨已經表示，他們的原子彈絕不能銷毀，目前不能談這個問題。所以他能不能減少原子彈，降低原子彈對人類生存的威脅，我們就不知道了。

值得注意的是，他雖然得了獎，但這個獎可說是對他的期待，而不是他已有成就，這是很新鮮的，第一次發生。諾貝爾獎基本上代表了一個文化的水準，也是一個文明的水準，所以哪一個國家得獎是很重要的。你要做真正的文明大國，必須要靠諾貝爾獎來證明。日本已經有好多這樣的成就，而中國現在還缺乏。

中國其實產生了高行健，但他們又不肯承認。目前我們也希望中國大陸出現諾貝爾獎得主，但一時恐怕還不容易。在科學方面，到目前為止還沒有。過去的華裔，多半是香港來的或台灣來的，共產黨統治下這六十年內，沒有產生一個人材。在中國受教育、到外國繼續受教育，然後拿諾貝爾獎，這樣的人都沒有，所以這是值得惋惜的。

唯一就是和平獎，好像還有希望。因為共產黨老是製造英雄，胡佳在這次和平獎的最後名單上，可惜被歐巴馬取而代之了。當然他比不上歐巴馬，所以也沒辦法。不過共產黨如果繼續製造壓迫，我認為諾貝爾和平獎遲早有可能產生在中國。

介紹今年諾貝爾獎情況及有關提名的背景

二〇一〇年十月六日錄音
二〇一〇年十月十二日刊登

每年十月都是諾貝爾獎頒發的時候，諾貝爾獎三個重要的科學獎已經頒發了。第一個是醫學，我們知道是頒給著名的試管嬰兒之父，英國人愛德華茲（Robert Edwards），當時引起了很大爭議。有些人認為他違反上帝的意志，用試管來產生嬰兒，但現在已經普遍受到承認了。

第二個是物理獎，這個物理獎今年比較特別，因為得獎的是兩位生於俄國的物理學家（海姆〔Andre Geim〕、諾沃謝洛夫〔Konstantin Novoselov〕），現在在英國曼徹斯特大學教書、做研究。這個獎是獎勵他們對石墨烯的應用，特別是在電晶體上。

第三個是化學獎，也很有意思。化學獎今年有三個人，各做各的。但兩個是日本人（根岸英一、鈴木章），一個是美國人（赫克〔Richard Heck〕）。要講軟實力，以諾貝爾獎來算，日本在東亞的科學研究還是非常重要。因為它得過相當多物理獎、化學獎了，好些都是自己在國內研究出來的；另外日本人也得過好幾次的文學獎，這些都表示，無論文科和理科兩方面，日本都遠遠超過中國的水準。

中國過去當然也得過獎，但都是在美國出生的中國人。無論是從共產黨以前的大陸出生，還是台灣出來的，也還沒產生本土研究而得到科學獎的。

文學獎中國當然有，就是高行健，但中國把他封鎖了，因為不喜歡他的政治觀點。其實他的政治觀點，可以說沒有政治觀點，而是文學觀點。他說，文學應該超乎國籍、也超乎意識形態之上，文學本身有獨立價值，不能變成工具。這是很合理的一種看法，不知道為什麼，中共把他封得死死的。

要講和平獎的話，達賴喇嘛其實也有很大的貢獻。他要求的只是自治、而不是想跟中國鬧獨立。和平獎有一個中國候選人，就是劉曉波，而劉曉波受到很大的關注。

我們知道，和平獎在瑞典進行討論的時候，已經經過很多波折。中國有過好多候選人，比如說魏京生，那年中共非常緊張，就怕他得到，用各種方式想影響委員會；再早還有柴玲等人，都還沒有得到。

只有這一次，劉曉波的呼聲似乎相當高，這是我在報上看到，關於他的候選問題唯一的報導。最近《紐約時報》有篇報導說，中國有三百個學者、律師、工廠工人等等，還有退休官員，聯名寫信給諾貝爾和平獎的委員會，要求他們考慮把這個獎頒給劉曉波。

他們為什麼寫這封信呢？因為八月份，身為諾貝爾和平獎得主的捷克前總統哈維爾，在《紐約時報》國際版發表文章支持劉曉波。哈維爾成為總統以前是異議分子、劇作家、作家，他在一九七七年和另外兩人一塊起草了一份《七七憲章》，要求和平改革。

當時他們在監牢裡，也沒有辦法，但他們起草的這份《憲章》，發生很大作用，把整個共產黨的體系推翻了、改正了，所以才有現在民主自由、施行憲政的捷克。

在哈維爾倡導下，他和《七七憲章》另兩位起草人一起發表文章支持劉曉波，認為今年應該頒給劉曉波。因為他們覺得，劉曉波之所以入獄，是因為他和張祖樺等其他同志，共同起草了一份《零八憲章》。

這份《零八憲章》就是以捷克《七七憲章》為模範的，也要求中國和平改革。二十年來，劉曉波始終不斷要求和平改革。《零八憲章》完全是在中共自己頒布的《憲法》之內措辭的，所有用字、種種要求，都不出乎《憲法》之外。

但因為當時引起了上萬人的簽名回應，中共就很怕了，判了他十一年徒刑。去年冬天入獄的，差不多一年了。在此之前已經關起來不止一年、差不多兩年了。

所以這完全是個冤案，不過這個冤案使得大家更了解劉曉波的重要性。就是要求和平改革，使中國變成合理的社會，變成多黨的社會，變成有容忍、有人權、有自由的社會。

這種要求我認為非常合理，而且也不是採用任何暴力手段，跟暴力完全無緣。所以要求他得和平獎，我認為非常合適。不知為什麼，共產黨要把他送到監牢裡去，這是很難理解的一種情況。

劉曉波雖然在牢裡，卻毫不孤獨。國內、國外支持他的人很多，張祖樺接受《紐約時報》採訪時就說，哈維爾既然寫了信，我們中國人自己也不能不有所表示，所以就結合了海內外的人簽名，寫了這封信。

從中共對劉曉波獲獎的反應引申開來

二〇一〇年十月十三日錄音
二〇一〇年十月二十六日刊登

中國人參與諾貝爾和平獎，我記得至少二十年前就開始了。那時是「六四」屠殺完了，學生領袖像柴玲之類，就有人提名她做和平獎的候選人。後來又有魏京生、又有天安門母親、又有胡佳，以及其他人，都是沒有成功。

這次是因為劉曉波從天安門事件就是參與者，他從美國匆匆趕回去以前，我還跟他見過面，所以我就知道他是熱心要做這件事情。當時他還很莽撞，思想還不夠成熟，有些言論我也不見得贊成。

可是這二十年下來，他一天天在進步，今天已經非常成熟了。所以他得獎，他太太劉霞去看他，她得到的印象是他當時就流淚了，說這個獎「屬於所有天安門的亡魂」，就是過去天安門事件被殺的那些青年，和民主、自由的維護者、衛士們。

這是對的，這不是給他一個人的，確實是給天安門事件以來，或者死亡，或者受迫害的無數人的。劉曉波就變成一個象徵的人物，但他的象徵性有他的特別價值，是二十年的不斷努力所得到的。

同時也是共產黨幫忙的，如果共產黨不在去年判他十一年徒刑，他也不可能得到這個獎。所以共產黨如果要責罵別人讓他獲獎，不如責罵自己，為什麼自己這樣愚蠢，弄到今天不可收拾的狀態。

世界反應當然很大，各國元首、政府，或是總統，或是首相，都發言致賀，同時要求中共儘快釋放劉曉波，不能讓他繼續關在監牢裡。這是很可笑的事情，把一個諾貝爾和平獎得主關在監牢裡，說他顛覆政府，他並沒有使用暴力。

劉曉波早年是個很激烈的人，「六四」以後他就看清中國的局勢，沒有辦法用暴力手段來改變中國，只有從民間一步步做起，這就是他二十年來努力的方向。至少在諾貝爾和平獎委員會看來，今天這個方向是有效的。

所以這是很實至名歸的榮譽，但得到這個榮譽以後，共產黨的反應也不完全令人意外。所謂意外，就是共產黨也許認為它現在財大氣粗，有錢又有勢，對挪威、對西方各國在貿易上都可以左右，所以它只要一阻擾，和平獎委員會就不敢頒給他，因為和平獎委員會最後要經過挪威國會聘任委員。

所以在這個情況下，中共大概有把握，覺得從前像魏京生、天安門母親，他們都阻止住了，胡佳也被阻止了，所以今天也能同樣施之於劉曉波，這就是它的如意算盤。沒想到挪威和平獎委員會的人有這樣的勇氣，不顧一切後果，把這個獎宣布了。委員會的主席在還沒頒獎以前，已經聲明了，就說他們收到警告，但他們不會把這個警告放在評判中。

《紐約時報》在得獎隔天的社論，就叫〈劉曉波〉。文中就講劉曉波得到這個獎，是中國人民和劉曉波本人很大的光榮，另一方面是北京政府的一大恥辱。尤其北京政府在得獎以後的反應，說頒獎給劉曉波是褻瀆了和平獎價值，這尤其是恥上加恥——不是我的話，這是《紐約時報》社論的話。《紐約時報》認為，劉曉波代表和平發展的一種潛力、一種改進，《零八憲章》將來會得到更多更多的人擁護，因為已經有上萬人簽名過。

同時社論最後幾句話也很動人，它說，我們不管中共怎樣反應，但全世界與我們都不會忘記劉曉波，也不會忘記高智晟這樣的人權律師，也不會忘記胡佳，他是為人權奮鬥的人，現在也在監牢裡。社論最後一句話說，要向他們這種爭自由的努力，表示最高敬意。

中國網民得到這個消息以後，知道有這件事情的人都寫信、發帖到網上。但中共當時就下令嚴密地封鎖，網警忙得不可開交。有一個網警最後只好求饒，說我十二個小時都不能睡覺、也不敢離開。因為一離開就有帖上去了，有帖上去就得把它拿下來，現在不能離開，他就向讀者求饒，能不能放他一馬。

但中共對挪威反應還不只如此，因為挪威的漁業部長要來談判，約好兩次談判，共產黨臨時都取消，表示它的憤怒。這是很不像話的，可以說是很幼稚、也很愚蠢的一種動作。

但這種非理性的反應，證明它在整個中國人民中間其實是孤立的。共產黨絕不代表中國人民，共產黨政府也不代表中國人民。所以《紐約時報》把「人民」跟「政府」分開，這是很重要的一點。

就是共產黨內部也同樣有反對的力量，在職官員當然不能公開表示，可是退休的黨的元老，最近像李銳、李普，這些九十歲以上的老人都為了共產黨革命奉獻一生，這些老人動員起來，向中央上書，一共有二十位這樣的元老支援劉曉波，要求從這件事情開始改革，給予言論自由、結社自由，恢復人權。這些元老的抗議，是值得重視的。

中共為何阻止各方人士參加諾貝爾和平獎典禮

二〇一〇年十一月十日錄音
二〇一〇年十一月二十二日刊登

共產黨現在怕的是一個諾貝爾和平獎會顛覆它的政府，共產黨最近舉了兩個例子，說蘇聯就是被和平獎弄垮的。第一個是蘇聯的氫彈之父沙卡洛夫（Andrei Sakharov），後來他批評政權，變成了異議分子，在一九七五年得到和平獎，當然他不能去領獎，但這是很大的榮譽；第二個就是把蘇聯共產黨搞垮的戈巴契夫（Mikhail Gorbachev），戈巴契夫在一九九〇年也得到諾貝爾和平獎。

可見得對共產黨來講，這個獎還是很可怕的，蘇聯就是這樣崩潰的。它認為現在各國興高采烈地慶祝這件事情，顛覆中國，這是從它那一方面看到的，所以它一定要阻止。但還有一方面，就是中國國內它也很怕。因為它對國內的統治其實非常脆弱，反對它、抗議它的老百姓非常多。因為雖然有一億或一億五千萬、甚至二億人生活比較好一點，但另外十幾億以上的人，還是處在非常貧窮的狀態下，貧富不均愈來愈嚴重。

共產黨不公平、壓迫老百姓也是愈來愈可怕。像最近的李剛事件，李剛是河北的一個公安局副局長，兒子開車把女學生撞成一死一傷，最後揚長而去。人家追問他，他就說：「我爸是李剛，你怎麼辦？」這是中國很有名的一個做官的兒子、衙內欺負老百姓，而沒有受到任何重罰，只是判刑三年，但被釋放出來了。

這種官逼民反的事情愈來愈多，因此它就阻止國內任何人去奧斯陸參加諾貝爾和平獎典禮。劉霞已經請了一百四十三位中國大陸的異議人士，各種各樣的人很多，但這一百四十三人，我想大概沒有一個人去得了。劉霞本人最後讓不讓她去，都是很大的問題。

從這方面來看的話，十二月的典禮還有很多好戲在後面呢。現在我就講這兩方面共產黨的作風，第一個就是國際上從來沒有出現過的事情，蘇聯兩次諾貝爾和平獎都沒有任何表態，只是不說話而已。共產黨現在因為覺得自己是個經濟大國，你要得罪我，你就吃不了兜著走，所以奧斯陸的各國大使館就收到中共的一份正式外交文件。這份文件字裡行間就是說，你們不要參加（因為諾貝爾和平獎的典禮照例是要請各國的大使參加的，所以要各國大使不要去參加），也不要對劉曉波表示祝賀；你要參加的話，就等於對中國不友好，這樣一種信函已經很可笑了。

包括北京的外交官在內，許多外交官接受訪問時，都說這件事非常不合理，而且實在不知道是怎麼回事。他們就說共產黨完全不懂國際上應該怎樣辦交涉，這樣的事情是沒有發生過的。但中共不管這一套，它覺得它還是合理的。

另一個進一步的發展，就是外交部長也出面了。外交部副部長崔天凱就警告各國不要參加。他說你可以做選擇，我們也不能阻止你；可是你參加這個典禮就表示對中國司法的挑戰，對中國的友好是一種破壞，後果你就自己承擔吧。

這是一種威脅，就是說你要如何如何，我在經濟上就懲罰你，不跟你做生意，或者不買你的東西。總而言之，就是因為它現在有幾個錢，就拿這個錢到處去買通，要靠這個東西來威脅所有的人，要大家都聽它的話。

在美國它沒有這樣做，它曉得在美國這樣做反而不好。它就認定美國是個陰謀家，美國和其他西方國家故意頒獎給劉曉波，來破壞中國的制度，甚至於推翻中共的政權。這都是些一點沒有根據的胡說八道，但它在國內獨霸媒體，所以一般人也不知道是真是假，大概相信的人也不少，它又有很多「五毛黨」發表各種議論。

在國家部長發言的同時，《人民日報》就發表一篇社論式的評論說西方故意用這個和平獎作為武器，顛覆中國，怕中國崛起，要讓中國抬不起頭等等胡言亂語。這些亂語毫無任何根據，可是我想，它在國內是有市場的。

所以由此可見，共產黨可以說是恐慌到極點了。一位日本的評論家就公開表示，像這樣用經濟來威脅，也許可以收到某些小的效果，可是大體上不可能真正收到效果，西方的國家不可能因此就不敢去參加。

實際上我們現在知道，已經公開發表要參加的有法國、英國、奧地利、瑞典、荷蘭，還有其他國家因為為時尚早，還沒有宣布。我相信多數國家是不會接受這種威脅的。所以共產黨在這方面可說是心勞力竭，一點用也沒有。

另外我再稍微講一下，就是所有的貴賓，被劉霞邀請去參加的一百四十三個人，沒有一個人獲准出國。余杰已經聲明他是不能動的，不會讓他去。十一月十日的《紐約時報》又有長篇報導，就是很有名的人權律師莫少平，他為劉曉波辯護，但不准出境；還有北京大學著名的法學教授賀衛方，也不許出境。因為他們兩人應邀到倫敦參加一個國際法學會議，討論現在公民社會，像中國這樣的情況，怎麼能夠解決它法律上的許多問題。

但共產黨現在不讓他們出境，他們被扣留在中國。阻攔他們的人對他們兩個人說：「這不是我們的意思，我的上司說你們兩個要是出去了，回來以後對中國國家的安全是一個威脅。」因此就不准他們參加了。

另外在香港也有，香港是共產黨阻止不住的，包括司徒華，司徒華自己有病不能去，派別人做代表。還有其他許多民主黨的支持民主人士，也被邀請到奧斯陸，這些人當然會去，但共產黨已經加以警告：「你們去的話，後果自負。」而且香港已經一再示威遊行，反對共產黨對和平獎的態度，所以共產黨對於香港暫時還不能控制。

從這些方面來看，共產黨可以說是非常恐慌。你別看它是一個大國，而且又是經濟巨人的模樣，但事實上它是害怕的，就怕自己政權被這件事弄垮了，它隨時覺得有可能要垮。有這樣的感覺，那它事實上就是沒有任何安全感。所以賀衛方就說，中國政府的這些做法，包括不讓他們出國，實在是給自己的國際形象抹黑；也可說是自毀國際形象。不過共產黨已經顧不得了，它認為它沒有別的辦法。在國內，它就用武力、赤裸裸的暴力，禁止一切反對派；在國外，它一方面用經濟力量，一方面也耀武揚威。比如說最近跟日本海上的爭執，還有跟越南、菲律賓的爭執，都處處表現出它是要用強的。

所以現在共產黨沒有剩下別的東西了，沒有任何正義、道德這些方面的東西，文化一點都沒有了。就是赤裸裸的武力跟赤裸裸的錢，靠這兩個東西維持它的政權，我覺得這是很可悲的現象。

中共對劉曉波獲獎的強硬反應　損害了在世界上的形象

二〇一〇年十二月十六日錄音
二〇一〇年十二月二十九日刊登

美國、澳洲、歐洲，還有亞洲的香港，都對中共最近在國內外的表演、特別是跟劉曉波事件有關的表演，發生了很深的懷疑和評論。

這些評論的人並不都是敵對的或仇視中國的，完全不是。比如說美國的佛里曼，這為有名氣的記者在中國訪問過，也寫過很多，雖然有評論，但基本上對中國有很高期待。他的幾本書《世界是平的》等，都翻成中文了，而且銷路非常好。所以他在《紐約時報》十二月十五日的報導、評論是值得重視的。同時他也提到其他國家報紙的評論。

另外值得注意的，就是香港的一位中共政協委員劉夢熊，現在變成了「劉夢熊現象」，非常受中國和亞洲的重視。他打破了政協委員和人大代表都是花瓶的形象，真的敢說話，至少在某一些問題上敢說話。他也評論到劉曉波事件，跟佛里曼的口徑幾乎完全一致，所以這很值得注意，這不是一個國家的問題。

還有一位就是我剛才提到的澳洲專欄作家羅文凱（Rowan Callick），他也評論中國對劉曉波事件這些做法的不當，影響了大家對古老文明國家的一種嚮往，令人完全失望。

我現在從佛里曼的文章講起。佛里曼在十二月十五日的文章，就是要提醒美國現在應當如何應付世界上各種敵對勢力，要打破國際文明秩序的各種勢力。其中他特別提到的一股勢力就是中國。他以劉曉波事件為例，做出以下評論。

他說，過去好幾個禮拜以來，中國為了劉曉波的事情，在國際上的表演實在驚人。我在幾個禮拜前已經提到，我說這次中共想要打壓劉曉波事件的表演，有一個積極的成就。這個成就便是讓人看清了中共的本來面目、真面目。中共本來的面目，西方人看得並不很清楚，就是中國這一代人也不太看得清楚。因為要看中共的真正本色，必須從它的革命時代就開始，從毛澤東時代就開始，不是從今天開始。

現在佛里曼的評論恰好印證了我的看法。他說，過去中國共產黨政府有聲有色地在國際上表演，可以看出它如何利用它現在崛起的經濟優勢。經濟優勢是沒話說的，大家都看得見、都承認。所以國際秩序完全顛覆過來了，就是沒有任何是非真假可講，完全以實力來製造壓力，讓各國都不能夠去參加，就是希望許多國家都不參加奧斯陸的和平獎。和平獎現在變成一個空椅子，這個空椅子已經傳遍全世界了，很具象徵性。

但佛里曼的評論很有趣，他說這一系列的工作，就是利用它的經濟優勢恐嚇有貿易關係的其他國家，不讓它們派代表到奧斯陸的市政廳參加和平獎典禮，是最拙劣的一種表現。其中當然有十幾個國家被它威脅住了，或者跟它關係好的，但這些國家往往都是大家看不起的，比如說伊朗、委內瑞拉、哥倫比亞、古巴等，這些國家本來就很壞，尤其像蘇丹、越南，都是它的朋友，中國被這一批在國內施行壓迫、非常失敗的國家支持著，而跟有文明、有傳統的國際秩序作對，這是非常可惜、使人痛心的一件事情。

在諾貝爾和平獎一百零九年的歷史上，受獎者不准參加，這是第五次；家人也不能參加領獎，這是第二次。所以這是非常罕見的情況，極不正常。不但劉曉波不能釋放出獄，還要限制他的家人也不能出境，在國內的朋友也不能參加。

所以佛里曼認為這個空椅子，全世界都看到了，頒獎時有一個空椅子擺在挪威國王、王后中間，劉曉波的獎狀就在那張空椅子上面。事實上四、五十個國家在挪威奧斯陸有代表的，都出席了；沒有參加的國家代表人數非常少，都是相當失敗的、專制的，國內也是壓迫人的政權，套用佛里曼的話，這是一群不像樣的國家。

在這樣的情況下，空椅子所代表的就不只是劉曉波一個人，同時也代表著整個中國。因為這個獎是給中國的、是對中國的一種榮譽，你不接受也罷了，你用這種方式抵抗，那是非常可笑的。

佛里曼還給我們介紹了剛才我提到的羅文凱，這個澳洲人說，世界上正在等待中國在國際事務上扮演一個很重要的角色，就是負起它適當的任務、它的責任。因為這樣一個成功的文明國家，經濟上最近又有大的發展，大家都對它有好的期待。他沒有想到中國一轉眼，就變成了一群很壞的國家的領袖，它所支持的都是壓迫人民的、不講人權的、以專制著稱的一些國家，它凡事在背後支持，這是極大的顛倒，極其不合理的狀態。這種情形是不能忍受的。

英國和美國也流行的大報《金融時報》，又追加了新的報導。這篇報導說，因為怕記者採訪，現在共產黨又在劉曉波夫婦住的地方，造了一堵很大的牆，電視不但照不到他個人的住處，整個住區、整個大廈都看不到，是一個大屏障。這是一個大笑話，何以驚慌到這個程度，《金融時報》和《泰晤士報》都覺得這非常可笑。

總而言之，佛里曼得到的結論是，中國的領導人在這樣的經濟發展之下，他們本來應該有自信心的，沒想到他們可憐到這個程度。他本來設想，共產黨當然不可能贊成給劉曉波頒獎，但做為一個大國，它應該有個表現，以下是佛里曼設想中共領袖應該如何反應。

他說，如果中國這樣說：「我們不同意這個獎，我們因此不參加，但有一位我們的公民得到了諾貝爾獎的榮譽，這也是對整個中國的榮譽，所以我們讓他的家人來領獎。」這是佛里曼的假設，共產黨如果有信心的話，就應該這樣說。

共產黨現在沒有這樣做，而是盡一切手段，無所不用其極地阻礙和平獎頒獎典禮，這表示他們不是太強，而是他們太弱，心理非常虛弱。因為它完全沒有安全感，沒有 sense of security，一點都沒有。這就是西方，歐洲、美國、還有澳洲各個地方的反應。

接下來講劉夢熊，就是香港的一位政協委員，以敢言著稱。但他過去始終在體制之內，始終是幫共產黨說話的。任何關於「六四」，比如說鎮壓的問題，他當然不贊成，但他只是說「六四」以後的進步不可否認。這種種表示他還是站在共產黨體制內說話的。可最近因為發生了趙連海事件，趙連海因為兒子受了三聚氰胺奶粉的毒，吵鬧不已。共產黨沒有任何理由，嫌他吵鬧，就把他判了兩年半徒刑，這引起全國譁然。所以劉夢熊從十一月開始，就連續在香港各報登大廣告，提出「無罪之罪，非法之法」，痛斥共產黨的北京大興縣地方法院，又寫信給北京高等法院、最高法院。

（錄音檔到此結束，內容疑似未完）

評中共反對諾貝爾和平獎　急頒「孔子和平獎」成為笑柄

二〇一〇年十二月八日錄音
二〇一〇年十二月十六日刊登

十二月十日，諾貝爾和平委員會頒獎給劉曉波。劉曉波還在監牢裡，他太太也不准出來，他所有受邀參加的大陸朋友，不管是什麼理由，都一概不准出境，這次中共是全面封鎖。而且中共又費了九牛二虎之力，找到十幾個國家支持它，不參加奧斯陸的會議。

我們知道，派駐奧斯陸的外國使館，一共也只有六十五個國家。這十幾個國家都是過去跟中共有關係的，比如古巴之類，還有現在經濟上受它支持的，都是很壞的政權，像伊朗、蘇丹等等。另外，所有歐洲國家、西方國家，包括亞洲的日本、印尼、南韓，都參加了這個典禮。所以支持的國家數目遠遠超過共產黨杯葛的國家之上，這是不成問題的，價值取向很明顯。

現在的問題是一件更有趣的事，就是他們共產黨忽然想到一個辦法，當然也不是「忽然」，一定醞釀了若干時期，至少個把月了吧，忽然成立了一個「孔子和平獎」，跟諾貝爾和平獎對抗。這是大家都看到的，因為它要在十二月九日、也就是劉曉波得獎的前一天，頒發中國自己辦的和平獎。

但這個和平獎很可憐，獎金只有一萬五千美元，相較於諾貝爾和平獎，只有百分之一，是非常廉價的一個和平獎。我不知道它為了什麼，如果它真要想打倒諾貝爾和平獎，它應該至少有同樣數目，或加倍才行。搞個一萬五千美元的和平獎，實在是非常可笑。

這個和平獎有五個提名人選，其中居然包括南非的曼德拉（Nelson Mandela），但南非是參加劉曉波和平獎典禮的國家之一，所以南非絕對不會跟它合作。另一個就是巴勒斯坦的阿巴斯（Mahmoud Abbas），再有一個是（北京指定的）班禪喇嘛，還有共產黨的某個詩人（譙達摩），以及連戰，一共五人。

結果這五個提名人，連戰脫穎而出，獲得第一屆孔子和平獎。這個消息剛剛出來，傳遍了大陸跟香港。大陸還知道少一點，主要是香港人最先知道，台灣人也剛剛才開始知道，還沒來得及反應。

不過，香港的反應已經非常明顯了，所謂明顯，就是香港人都罵共產黨濫用孔子的名字、聖人的名字，跟白痴沒兩樣，用這個名義來頒獎給連戰，連戰根本談不上對和平有任何貢獻。

他只是幾年前以國民黨前主席的身分到過大陸，進行一種表演，到處演講。大陸也特別用他來宣傳，把他叫成「連爺爺」，教小孩說「連爺爺，您回來了」，非常肉麻的一種表演。但現在看上了連戰，因為連戰是一心一意要跟大陸走在一起的。

另外我們也知道，香港有共產黨背景的《鏡報》，常常登載一些大陸內部高層的消息，相當可靠，大約前一個禮拜已經傳出消息了。這個傳出來的也跟連戰有關，就是說連戰要在二〇一二年，習近平上台那年，被推選為大陸的副主席。

從前，毛澤東最早做第一任主席的時候，國民黨孫中山的太太宋慶齡就是副主席，所以採取同樣的模式，這也是對台灣的一種統戰、一種破壞。由此可見，共產黨現在真是到了無所不用其極，而且非常下流的地步了。

但台灣是一個自由社會，又是一個民主社會，自由民主社會是尊重法律的。台灣是法治社會，在這樣一個法治社會中間，人民是有自由的。連戰當然有自由選擇去領獎或不去領獎，都有他的自由；他派別人去領獎也可以是他的自由。

如果台灣是共產黨的話，就可以把連戰送到監牢裡去，再把他的家眷、所有家人，或者親戚朋友，一概軟禁起來、不准出境，完全仿效共產黨對劉曉波的處理方式。如果這樣的話，是不是鬧成更大的笑話？不過如果真是如此，台灣的民主自由價值、普遍人權價值，也就不存在了，所以台灣不會這樣做。

共產黨在國際上要詆毀諾貝爾和平獎，因為前陣子我就看到，大陸有個報紙對諾貝爾和平獎從頭開始攻擊，說諾貝爾本人發明炸藥、如何殺人無數。其實它不知道，中國人一向吹牛的四大發明之一，就是火藥實際上是中國人在宋朝發明的。諾貝爾製造炸藥，不過是用現代的化學方式，更有效而已。

這樣來罵諾貝爾本人，那是非常可笑的。因為它過去一直對諾貝爾和平獎、諾貝爾科學獎都是恭維得不得了。無論如何，這件事情值得大家好好想一想，我們對世界價值、普遍價值，到底應該採取什麼樣的態度？

「孔子和平獎」鬧劇收場

二〇一一年十月十九日錄音
二〇一一年十月二十八日刊登

中共文化部下面有一個組織，叫做「中國鄉土藝術協會傳統文化保護部」。去年劉曉波得到諾貝爾和平獎，激怒了中共，所以中共就讓這些不相干的人組織一個團體，要給人民幣十萬元、也就是一萬五千美元的樣子，這個獎後來頒給了台灣的國民黨前主席連戰。但連戰完全不知道這件事情，也沒有來領獎。後來在頒獎隔天，報上登出來，他們找了個小女孩，領走了這十萬元的獎，也不知道後來下落如何。

反正那時是一場鬧劇，這個笑話當然是諷刺挪威的諾貝爾和平獎委員會，對他們加以抵制，就是你們給、我也給，這就過去了。沒想到傳統文化保護部今年又來了，但今年鬧出雙胞案。保護部在九月十七日，又宣布它要頒發第二屆和平獎了，宣布人劉浩鋒，另一個有關的人叫做王生貴。九月十九日，文化部在網上貼出一個布告，說保護部不合法，要把它解散，也不能再用「中國鄉土藝術協會」名義搞任何活動。換句話說，不讓它再頒第二屆所謂「孔子和平獎」了。

這就引起劉浩鋒和王生貴兩人的強烈反抗，他們又向記者宣布，他們要繼續辦他們的事情，而且不需要文化部同意，他們自己辦。所以這件事情到底是怎樣，它能不能辦？我們還不知道。不過，它宣布今年十二月九日要頒發這個獎，而且已經有了八個候選人。其中我們所知道的有俄國的普丁、德國的女總理梅克爾（Angela Merkel），還有各種名人，包括美國的大富豪比爾．蓋茲（Bill Gates）。

總而言之，這是當時的笑話。十萬人民幣、這些人、而且又是一個不相干組織隨便亂給的，到底有沒有人肯來領取，是很大的問題。但關鍵在於，文化部不但跟它作對，而且支持另一個新團體來頒發孔子和平獎。

這個新團體也有個組織，叫做「中華社會文化發展基金會」，組織了二十個評議員，其中大概還有黨的意識形態主管，像邢賁思之類的人。這個主席團有二十個人評選頒獎，其中有個譚長流，是北師大的、第一屆和平獎的評委，今年好像看到文化部的態度轉變了，就改成參加這一屆的孔子和平獎，這樣就鬧出兩個對立的案子來。

文化部很明顯表態支持的，是新的這批人。這批人到底是繼續第二屆，還是另外開始第一屆？這就不清楚了，現在的報導還沒有完全透露，所以我們不敢下斷語。不過無論如何，這是兩個雙胞案，同時都會給的，將來到底是怎樣的情況？第一屆那個鄉土藝術協會傳統文化保護部的，是不是讓它繼續活動，還是禁止它活動？不知道，中華社會文化發展基金會大概是會舉行的。

從這件事情可以看出中共文化的水準。因為這是文化部下屬的團體，不是簡單的個人。共產黨非常可笑，它不知道世界和平獎這類的東西，都必須要社會上受尊重的人組織，而且得到非常重要的人的支持、受到全世界的承認，這樣才有效。

現在共產黨文化部下屬的一個不相干的組織，不管叫它基金會也罷、叫鄉土藝術協會也罷，都是身分很低很低的組織；由這種組織隨便找幾個人，十個人也罷、二十個人也罷，就頒獎，也不需要提名。因為西方給獎，像挪威的諾貝爾和平獎委員會，要鼓勵千百個人提名，說明理由、一再審查，然後才能頒獎。

現在共產黨把這個事情當作兒戲一樣，就他們十幾、二十個人，隨便提名，提完名後就馬上告訴哪個人當選，也不知道怎麼審查的。現在居然鬧出雙胞案來，到底是怎樣情況？那就更難想像了。

我覺得這件事情本身就值得重視，但值得重視的是，它反映了中國執政黨的文化水準跟學術水準，可以說完全沒有。共產黨好像還是在延安關起門來過日子一樣，好像隨便組織一個什麼東西，就可以跟世界任何東西相抗，可以跟百年以上歷史的諾貝爾獎金並駕齊驅，甚至超過它，何等荒唐的人才會有這樣的想法。何況還鬧出一個雙胞案來，內部又不能好好解決，可見共產黨對內的統一也很成問題。

由這樣一個小小的組織頒發和平獎的鬧劇，鬧出兩個雙胞案而不能解決，同時向外面記者發布新聞，這是很醜的事情。而他們事實上毫無羞恥之心，一點不感覺難為情。在我們外面人看來，簡直可笑之至。

一個中國，號稱崛起的大國，又號稱有五千年的文明，結果到了今天，會在文化部下面兩個不相干的小組織要頒發世界性的和平獎，而且用孔子的名義，這對孔子也非常糟蹋的。所以《紐約時報》刊登這個消息的時候，就說把孔子搞得「不知所措」、混亂了。可見這是一種對孔子本身不尊重的表示。

所以共產黨儘管口口聲聲要擁護傳統文化、擁護儒家，甚至於一度還把孔子的塑像放在新的歷史博物院前面，最後又偷偷摸摸地拿掉，這些都可以看出孔子在他們心裡只是政治工具。政治工具如果不能起作用，或者起的作用是相反的，那就趕快把它取消。

這件事情所反映出來的文化問題非常多，第一就是對於世界是什麼樣子，完全不懂得，完全不知道，好像隨時可以搞一個組織，就跟世界相抗；第二是對孔子本身，可以看出毫無任何真正的敬意，如果真有敬意，絕不會這樣糟蹋孔子，這跟孔子毫無關係的。

孔子是一個中國的聖人，但他的家族又沒出錢；不像諾貝爾是一個人給錢的，所以他的名字在諾貝爾獎上面。孔子和平獎的基金會跟孔家毫無關係。而且在王朝時代、清朝時代，甚至在國民黨時代，還承認孔子為祭司官，那還有點道理。共產黨根本就沒有給孔子任何官方身分，如果沒有任何官方身分，而用他的名義去頒任何獎，不管是和平獎、還是其他什麼獎，都是可笑的。換句話說，共產黨的文化水準在這件事情上暴露得非常清楚。

我想，我們大家都把這個東西當作笑話看，但看完這個笑話以後，我們不能不感到非常痛心。我們一個五千年的文化，又經過五四以後幾十年吸收西方文化，在一九三〇年代、一九四〇年代的時候，無論中國文化、西方文化的研究，都到了相當高的程度；到今天會墮落到如此不堪的地步，這是真的不能想像的。

評普丁獲「孔子和平獎」

二〇一一年十一月十七日錄音
二〇一一年十二月二日刊登

《紐約時報》的報導，譙達摩說，他決定頒和平獎給普丁，普丁有兩次打仗，第一次打車臣，第二次打喬治亞，有助於俄國的統一、俄國的穩定，因此他已成為俄國的民族英雄，所以要頒這個獎給他。

《紐約時報》覺得很可笑，因為這是「孔子和平獎」頒給他的主要理由、正面的理由，是他決定打兩場戰爭，而兩次打仗都是侵犯人權的事情。所以《紐約時報》的報導就是「普丁因為決定打仗而獲得和平獎」，這是一個很大的諷刺。

現在，我們要講它為什麼頒給普丁，而普丁的反應又是如何。我們現在看到普丁一方面也有反應，在俄國也有反應，這個反應是兩方面的。一方面是普丁本人被問到這件事的時候保持沉默；另一個是普丁的軍方人士說這個獎一錢不值；執政黨也是這樣說，臭名昭著、一錢不值。所以，對普丁等於是一種侮辱，而且軍方還說，現在有些無聊的小獎跟發小獎的人，常常死皮賴臉貼在普丁的身上，所以，顯然俄國的反應非常負面。

另外更值得注意的是，俄國的媒體跟人權活動人士，對普丁有嚴厲的批評，因為他違反人權之事太多了。所以，俄國的活動人士說，普丁是侵犯人權有名的罪魁禍首，而中國的人權紀錄也是極壞的。兩者應該是旗鼓相當，把這個獎頒給普丁，當之無愧。這是對普丁進行的嚴厲攻擊，是由這個獎而引起的。可見這個獎在俄國的反應頗為負面，一點正面反應都沒有。這樣一齣鬧劇在俄國上演，嚴格來說，又給中國人丟臉。

但何以發生這樣的事情？這是令我們不解的。共產黨控制的力量很大，如果文化部真的不要這個醜劇繼續上演，它有的是辦法阻止這十六個人，包括譙達摩在內，讓他們不要進行這樣的活動。

同時，照《紐約時報》說，國內完全沒有報導。十一月十五日，在香山開了一個新聞招待會，但很少人報導，報紙上沒有。可見中共官方、中宣部也不要宣傳這件事情。可是，這件事情還是能發生，還是不能阻止它，而且也明明知道這種事情發生以後，俄國的反應、美國的反應、世界輿論的反應，都對中國非常不利，還是讓它發生了，這就不簡單。

這就表示說，這十六個人組織了「孔子和平獎委員會」，這個委員會背後一定在黨內有人支持。共產黨裡面也不是鐵板一塊，有各種各樣的派系，而且各種各樣荒唐的立場都有人支持。這其中是有一部分人支持這個活動，因此它繼續能夠發生。

今年的獎當然跟去年有點改變，去年還有十萬人民幣。這十萬人民幣跟孔子的像以及證書，後來都交給一個完全不相干的小女孩了，下落如何也不知道。今年有趣的事情是，它沒有提到錢的問題，所以普丁只得到了一個空洞的榮譽，並沒有任何獎金在內。頒獎的時間還是十二月九日，也等於是抵制或對抗諾貝爾和平獎的一種方式。但按照我們現在所知，我不相信普丁真的會來接受這個獎，所以今年這個獎也沒有人領取，到底將來它是不是又找另一個小女孩或小男孩來接受這個獎呢？我們就不知道了。

普丁得到這個獎，不但不是榮譽，而且更加深了大家對他殘酷侵犯人權的記憶。我們知道，攻打車臣之戰是俄國軍隊聯合車臣內部親俄的軍方力量，做了許多見不得人的、侵犯人權的惡劣行逕，包括謀殺、強姦、用酷刑整人，當時就受到不單是俄國的、而且是世界各地的人權組織譴責。但當然沒有用處，他們繼續在車臣用殘酷的手段。所以，車臣人有時就以暴力報復，常常在莫斯科發動恐怖攻擊，這都是因為侵犯人權做得太過分了。

這樣一來，就把俄國的人權紀錄又重新翻出來讓人家看一看。所以，這件事情對俄國固然不利，對中國我相信也沒有任何好處。但還能繼續在中國上演，也可以看出，共產黨內有人認為這是有作用的。

什麼作用呢？就是他們現在一種所謂的文化改革，這是代表中共的一種文化或政治文化。頒獎委員會一再強調，普丁這兩次打仗的決定，都是正義的戰爭，它認為他用統一、維穩，安全這些理由打人，正是在國內制止、鎮壓各種反抗人士的一種藉口。

而採用「統一」，就是針對台灣，就是將來它要打台灣，也是一種正義的戰爭。所以，現在要在輿論上、文化上，布下一個閒棋冷子，這個閒棋冷子將來也可以起作用：我們要打台灣的話，我們也是正義的，就是為了國家統一。它在文化上想占優勢、在文化上取得主動權，這是共產黨的基本要求。

所以，我們對共產黨的一舉一動，都應該加以密切觀察，不能輕輕放過。我想，委員會如果明年還要存在的話，也不知道要鬧出其他什麼笑話來。但我們不把它當笑話看，我們把它當嚴肅的問題考慮，就是何以在中共目前的政治情況之下，居然能出現這種好像是黨外不相干的活動、與黨沒有直接關係的活動，事實上這是不可能的。黨在這裡面一定有作用，不過是黨中哪一派，我們就不知道，這是我一個簡單的分析。

當局對茉莉花聚會為什麼那樣緊張？

二〇一一年三月三日錄音
二〇一一年三月四日刊登

大家都知道，茉莉花集會是從茉莉花革命開始的，就是在北非的突尼西亞舉行遊行抗議，忽然就讓專制三十多年的政府崩潰了。然後這個革命又傳到其他國家，最引人注目的當然就是埃及。埃及受到專制政府統治已經三、四十年了，忽然之間也被老百姓推翻了。

茉莉花革命發展到其他中東國家，也可說引起了一種骨牌效應，比如說葉門，目前最成問題的，就是利比亞。

所以中東這一連串革命，可說引起了全世界的震驚和關注，中國尤其如此。中國把這件事情看得跟一九八〇年代末、一九九〇年代初的蘇東波（蘇聯、東歐、波蘭）革命一樣，我現在講一講中共的反應。

中共為什麼緊張？因為中國雖然經濟發展得很好，可是也面臨許多問題，比如說通貨膨脹現在很嚴重。共產黨從政權穩定著眼，現在最關心的就是它的政權會不會因為外界變動而引起震盪、引起百姓集會抗議，像茉莉花革命一樣。

最初有十三個城市，特別是北京跟上海，都接到通知，某一天到什麼地方集會。北京就是王府井麥當勞那個地方，上海就是和平公園。總而言之，這兩個地方在集會的時候，三三五五，沒有人去，也沒有任何行動，又不能抓他。可是警察早已密布了。北京情況尤其嚴重，王府井大街現在已經豎起各種障礙，警察成千成萬。因為他們最怕的就是老百姓集會，萬一形成了，而且一天天增加，人愈來愈多，那就很難控制了。所以現在是要防範於未然，在還沒真正發展成為大威脅的時候，先把它防止住，這是共產黨基本的策略。

在這個情況下，他們就抓了許多有影響力的人權律師，比如說騰彪就被逮捕了、音訊全無；另外四川的著名活動分子冉雲飛，現在已經被抓，恐怕要起訴了，可能判刑會在十年以上，因為他是非常敢說話的人，從前為了地震幫四川人說話。

從各種蛛絲馬跡看來，共產黨這一時期以來控制之緊，據國內學者說，是從未見過的；西方記者也認為是極其少見的嚴密控制。共產黨擔心人民抗議，它從來沒有考慮到像大禹治水那樣疏導，做些改革或緩和人民對政府的不滿。因為現在人民不滿政府的原因很多，比如說農村土地被掠奪而不給適當的代價，民怨非常多，當然都散在各地，不在大城市，記者也看不到。

現在共產黨索性這樣，所有鬧事都不准記者報導，國內記者談都不能談這個問題。現在控制記者報導已經發展到美國記者、英國記者了，像ＢＢＣ，像法國的媒體。尤其在北京，許多記者去照相、去報導，往往被警察拖到巷子裡面痛打一頓，在臉上又踢又打。從前對外國記者總是客氣些，現在真面目完全顯露，兇狠得不得了，像這樣的報導是從沒聽見過的。

中共對茉莉花行動的反應說明其政權的虛弱

二〇一一年三月十日錄音
二〇一一年三月十六日刊登

中國一些地方最近有民眾提出，要回應北非的茉莉花革命，進行和平聚會，引起官方極度緊張。據《紐約時報》報導，好像是二十幾個城，這是外國記者的報導。無論如何，我想這個號召很多，到底有沒有人參加，已經是次要的了。因為只要有這個號召，共產黨就開始緊張。緊張到了這種程度，它的特務人員、公安人員、便衣人員以及武裝人員，布滿了所有地方，像北京王府井大街麥當勞前面，已經成為禁區了。

事實上，中國有多少人響應這個號召，我們還沒有看到報導，但共產黨已經緊張得不得了。我覺得在這種情況下，人們參加不參加那個號召、有沒有機會參加，都是次要的了，它已經變成心理戰術了。

從共產黨一方來講，這個心理戰術，就很像從前的淝水之戰，東晉把北方的胡人在八公山打得落花流水，以少敵多，結果搞得胡人「草木皆兵」。這個「草木皆兵」就是共產黨現在的心理，太可怕了。

這是從中國內部來講。從外部來講，我們還有許多更重要的報導，就是現在也涉及到外國記者了。

我們記得在二〇〇八年，溫家寶親自下過命令，說為了奧運會的關係，要號召所有外國人都來，可以自由採訪，人權也可以改善，也不用先呈報就可以直接採訪，也可以直接報導。

命令並沒有取消，但現在底下的人，像外交部發言人說的話，就完全是另一回事了：就是你們絕對不能來，所有集會抗議可能發生的地方，外國記者都不能去。如果記者和攝影師去的話，那就常常挨打，很多媒體的記者、攝影師都去採訪，比如ＣＮＮ、ＢＢＣ、彭博社、《紐約時報》都被警告，不准採訪。有的採訪記者臉上被踢傷，身上打得一塌糊塗，還有一個記者賴在地上不起來，所以鬧得非常尷尬，完全失掉信用，從前說好的承諾完全取消了。

當然在我們看來並不奇怪，因為共產黨一向都以這個方式起家。它弱勢的時候，臉色非常好看，笑容可掬；等到它得勢占上風，那就完全是另一副面孔，猙獰面目就完全出現了。現在把事情搞到外國人身上來了，外國記者在中國所受到的待遇，恐怕是他們這一生從未見過的。

所以從這兩方面來看，可見中共草木皆兵的心理已經到了不能想像的地步。事實上，想參加號召也沒用，因為共產黨已經布滿了人員，你已經沒處插手了。這當然也因為兩會在開會，使他們特別緊張，但最重要的，我認為是他們對自己沒有任何信心，這是很可怕的現象，我還沒有看到中國歷史上有哪個政權到這種地步的。

芝加哥大學訓練出來的美國思想家法蘭西斯．福山，最近寫了一本書，叫做《西方的政治秩序》，講西方的民主是怎麼開始、怎麼發展的，從遠古一直到現在。這時候，他在訪問中就特別講到中國制度。他說，中國制度應付危機的時候好像很有效，是一個專制制度，可是它最大的問題就是它本身不受任何控制。他說現在的國家有三個因素，第一就是國家的合法性；第二就是法治；第三就是要有一種機制，可以控制統治者不胡作非為。這三樣加起來，就是西方的制度，我們不叫它民主，其實這是任何現代國家都必須要有的，否則就不會穩定。老百姓不服從你，你馬上就失去了合法性。失去合法性，就是現在看到中東、北非的情況。

共產黨想要維穩，有一個最不穩定的因素，這個因素就是它的專制官僚集團從上到下的統治，第一是領導人如果變成壞蛋，那就無法控制，沒有一個機制能控制他、沒有法律能制裁他；第二是整個官僚系統如果腐化起來，根本也沒有辦法改正它，因為沒有任何監督方法，輿論也沒有、立法也沒有、司法也沒有，都聽政治的。

在這種情況下，造成了一個最不穩定的制度。這個不穩定是內在的、是必然的、是無法去除的，除非它改弦更張，所以民主的重要性就在這裡。

孫中山要五權憲法，要把監察制度放在裡面，就是因為傳統上有這樣一個機制。這個制度不一定有效，因為沒有跟民主配合起來，但多少能起一點震懾作用，太大的貪官汙吏常常會被告，無論你權力多大，被御史一告的話，馬上出問題，甚至於傾家蕩產、自己被斬首，都有可能發生。

統治階層需要控制，這是沒話說的、天經地義的，中國也有。不過西方這種三權分立制度，發展得更有效。所以福山認為，如果要他選擇，他絕不選擇中國這個制度，因為中國制度實在靠不住，說不行就不行了，但西方這個制度可以有長期的穩定性。

這就是說，老百姓的意志可以在政治上得到充分表現，這個民主是否百分之百公平、百分之百令我們滿意，那是另一回事，世界上沒有完全令人滿意的制度。

茉莉花在中國是香片不是反抗

二〇一一年四月十四日錄音
二〇一一年四月二十五日刊登

美國作家傑安迪（Andrew Jacobs）是《紐約時報》記者，他有一篇報導很有趣。他說茉莉花在中國是香片茶、而不是反抗，茉莉花到中國就變質了、沒有作用了，不像在中東引起什麼革命、反抗。所以他提出一個問題，這個問題現在受到西方某些研究中共的專家所注目。

這些專家現在並不是贊成，而是抱持悲觀論。他們認為中共對於維權人士、異議人士、民眾的抗爭種種採取這種高壓手段，它就或者關或者殺，反正用最高壓手段維持政權不變。美國人似乎已經看到了這個模式，甚至懷疑這個模式好像非常有效；同時似乎又有彈性，再加上每年百分之十左右的所謂經濟增長，好像也解決了許多問題。

如果一方面經濟成長能幫它解決問題，一方面高壓手段又把一切反抗的人消滅於未然，那麼這個統治就可以永遠持續下去，無所謂民主了。當初尼克森打開中國的門戶，希望跟中國做生意，中國知識界也受美國思想界影響，或者到美國讀書；然後生意人出現了、中產階級出現了，這樣就會對選舉式的民主發生興趣，中國就會走上民主化。

這本來是西方政治理論中所謂的近代化，就是中產階級興起，中產階級帶來了民主，本來他們很期望在中國實現的這套說法，卻始終實現不了。早在國民黨時代，他們就有這種看法，後來共產黨革命以後，當然封閉了很長時間，所以沒辦法談。

但毛澤東示意要跟美國交好的時候，美國這種幻想又回來了。所以過去幾十年來，在這種幻想之下，美國一再給中共所謂最惠國待遇，使它經濟可以發展起來。經濟發展果然有效，市場打開了，中國也出現了所謂企業界了，但它基本上還是用共產黨統治來做生意的。

它這個市場不是普通的自由市場，而是一黨控制的市場。不講思想，思想你們愛講什麼、就講什麼，只要不推翻政府都可以講。所以到今天，共產黨是用一百二、三十個國營企業，企業裡的人都是黨員，來經營中國的經濟。

所以它發財是在黨內，負責的黨員和他的家屬在中間占到很大利益，這就是所謂貪汙腐化的根源。這樣一個貪汙腐化、無所不用其極的政權，能維持到今天的原因就在此，所以中共非依賴這個模式不可。

自從去年劉曉波得獎以後，它的兇狠面貌不光是在中國國內原形畢露，在國際上，大家也第一次看清楚，原來中共是如此兇狠，如此不講禮貌、不講文明。一切都玩最厲害的，金錢加上權力，這兩個加起來，使它現在根本不在乎西方了。

從前西方對它有壓力，現在西方經濟反而衰弱，在這個情況下，它就有恃無恐了。我們看三、四個月以來，中共抓的人數多到不能想像。從異議人士到教會、還有艾未未事件（這引起全球藝術界的抗議）；維權律師、網民被抓的，也不知凡幾。就算聯合國出面，共產黨外交部的發言人還跟他們說：不要侵犯中國的司法主權。

在這種情況下，外國人可說已經對中共束手無策了，所以才想到中共這個政權、這種方式能不能永遠有效。

中共恐怕要把中國人口一分為二，一半是公安局的看管人員、報告人員，另一半是被看管的對象，只有這樣才能維持它的政權。那個政權能不能長期維持下去，我就覺得非常可疑了。如果這樣的政權能夠維持，那麼我覺得，中國今天應該還是秦始皇的時代。

現在共產黨說，他們有三億人是中產階級，這三億人很多都支持共產黨，他們的利益跟共產黨打成一片。有沒有三億，我不知道；大概一、兩億一定有，因為共產黨員本身就有七千萬人。

他們說中國現在不能搞民主的原因，就是中國的農民太愚昧了，江澤民早在十年前就公開說這句話了，現在又有許多人繼續這個論調。事實上人民並不是沒有知識、而是非常有知識；會用電腦傳遞資訊，也講得非常清楚。

所以中國的老百姓並不是我們想像的那樣愚昧，因此就不能搞民主、也不想要自由，只要能賺錢就服從政府到底，我想可能性是非常低的。

談茉莉花行動引起當局的極度恐懼

二〇一一年五月十二日錄音
二〇一一年五月二十三日刊登

中共一直很怕茉莉花革命是老百姓造反，恐懼情有可原；但恐懼到今天這種地步，那是非常少見的。我們中國過去有一種說法「草木皆兵」，就是東晉把北方來的胡人打敗，結果是胡人的兵看到南方八公山上的草木都以為是兵，怕到這種地步。現在中國二十一世紀發生了這樣一回事，就是茉莉花使得中共非常恐懼，而且不是茉莉花革命，而是茉莉花本身，已經不只草木皆兵，可以說花草皆兵了，這是很有趣的事情。

我們知道，茉莉花過去兩年是中國很喜歡的一個花，而且還有一首民歌〈茉莉花〉，唱得很紅。茉莉花的歌上升到胡錦濤那裡，胡錦濤也參加過歌唱，而且出過唱片，都在網上。

現在茉莉花忽然變成禁忌了，茉莉花革命本身沒有大結果，大家都知道的；可是茉莉花本身變成很可怕的花草，確實是令人想不到的。

今年夏天，本來中共要舉行一個茉莉花的國際節慶和國際會議——國際茉莉花文化節，但現在因為怕茉莉花的關係，就把這個節慶取消了。這不是隨便說的，這是廣西茉莉花發展投資公司的經理吳光岩（音譯）說的，這個節慶取消，因為茉莉花現在在中國不能見人。

這就引起許多人很大的興趣。在各大城市裡，現在茉莉花已經禁賣了，我們現在得到的報導是以北京為主。比如說，《紐約時報》記者去訪問北京附近大興縣的花農，他們告訴記者，三月初就已經開始了，花農受到警察和公安人員警告，所以花價一落千丈。其中有個四十七歲的花農，名叫鄭偉中（音譯），他租了一英畝地，種了兩千株茉莉花。過去每一株都要賣個兩、三美元，他說今年如果能賣得掉，頂多就只有七毛五美元。他說就算賣得掉，每賣一株，他就要賠一大筆錢。記者在北京訪問了好多地方，北京有個地方是大的花市，花店老闆都被召集開會；同時也找來相關的大小花販，要他們保證不賣茉莉花。有個女花販就說，警察還要她報告誰來買這種花，要把他的姓名、車牌記下來，向警察局報告。

另外在美國大使館附近一個花店的女主人就說，這裡面有劇毒、可以殺人。有一個花農叫吳傳真（音譯），才五十多歲，他有八間花房，都種茉莉花。他說，這個花傳進來的消息，是法輪功集團用來造反的。這都是些胡亂推測，因為中共並沒有把這個問題說清楚，所以謠言滿天飛。但花場、花市受到極大干擾，花農受到極大損失，這已經是明擺著的事實了。所以記者看到，現在有些花都開始枯萎了。在這個情況下，茉莉花在中國就成了很大的恐懼象徵。《紐約時報》接著就報導，因為對茉莉花革命的恐懼，許多人被抓，最有名的例子當然就是艾未未了。

同時《紐約時報》在五月十日又登出一個消息，也跟茉莉花有關，禁止人出國的。這個人叫廖亦武，是很有名的作家和音樂家。今年受到美國國際筆會邀請，四月要到美國來開筆會，同時朗讀他的詩歌，但共產黨不讓他出來，這是第二次了。五月十日的報導說，澳洲作家的節日邀請了很多人，其中也有廖亦武。他要參加，討論中國問題，也要朗讀自己的詩和吹簫（他吹簫非常有名）。他住在成都，但成都警察就告訴他「你不能走，上面不批准你走。」他的情況特別值得注意，因為他有十四次受邀出國被阻止，現在又加上兩次，十六次了，只有一次成功，就是去年到德國；此外都是被共產黨控制住，不准他離開國門一步，怕他在外面說它的壞話。其實現在消息是封不住的，記者已經電話訪問他，他的話都說得很清楚，而且一再說。他說，成都警察局對他個人還是很客氣的，並沒有毒打他，但至少是表示上面不准他走。也許警察局或公安部的人是同情他的，無論如何，不讓他走是上面的決定。

所以由此可見，中國共產黨現在從中央到地方，都在一種非常恐懼的氣氛下生活。這恐懼不是真的，外面並沒有這種威脅，中國也看不出會有什麼人來真正搞茉莉花革命。可是共產黨本身大概覺得自己造孽很多，老百姓非常不滿，隨時會有問題，所以就恐懼、自己嚇唬自己。愈嚇唬，就愈怕；愈怕，就愈要做一些非常荒謬、愚蠢的事情，我認為共產黨現在已經到了精神崩潰的狀態。

北韓為什麼有恃無恐？

二〇〇九年六月十日錄音
二〇〇九年六月二十四日刊登

我們知道，多少年來，有六個國家都在討論北韓問題。這六個國家，除了北韓以外，就是南韓、日本、中國，然後是俄國，最後是美國。這六個國家開了無數次會，什麼結果也沒有。原因就是北韓有恃無恐，有共產黨在背後。北韓的模式是毛澤東那套政治專制，就是金日成、金正日個人專制。這樣一個落後的、可說是毫無理性的政權，居然得到中共極大的欣賞甚至羨慕。

在這種情況下，我們就看到這個危機沒法解決，隨時有原子彈忽然降到某一個國家，或是攻打南韓的危險。它已經宣布，最近又來一次地下原子彈試爆。這個威力據說比二〇〇六年還要高，已經達到美國一九四五年在廣島、長崎投的兩顆原子彈的威力了。這個威力到現在可說已經很落後，但如果要投放到日本、南韓，殺傷力還是非常可怕。

它就用這種方式來威脅，特別針對日本、南韓跟美國，就是要他們就範。就範的意思就是要承認它是擁有核武器的國家，另外還要他們給錢，讓它可以不用原子武器。這樣一來，它就變成一個大規模恐嚇集團。它不是恐怖，但它威嚇，用威嚇來訛詐世界，以取得它所需要的金錢。

可是這種危機顯然有個不可取的作用，那就是它會繼續用原子彈威脅各國。它馬上就要發射長程飛彈了，這個飛彈可以打到阿拉斯加，它就用這個方法跟美國示威，說美國如果採取任何行動挑釁，它就用最無情的報復來反擊，英文說是 merciless offensive。這樣威嚇之下，遲早要出問題。因為美國是法治國家，不可能接受它的威脅，而它認為可以，這是兩方認知的不同。

中共到底是什麼態度，我們也不知道。但它顯然是利用北韓做它的棋子，跟美國討價還價，滿足它的要求。事實上，它那部分的討價還價是從不兌現的。所以它對北韓絕不施加壓力。

我記得好幾年前，有一個廣州出版的戰略雜誌，就有人寫文章提出，中國為什麼要支持北韓這樣一個不堪的、不可想像的下三濫政權。文章發表以後引起了很大反響，趕快就禁止了這期雜誌，編者跟作者好像都受到處分。

由此可見，中國人並不是沒有判斷能力，可是共產黨當政的人，包括胡錦濤在內，對於北韓還是縱容得多。但北韓也不一定對中共完全臣服，因為它過去就提出要求，前幾年也提出要求，要求中國歸還它所占領的北韓領土，還有中國東北許多處北韓認定屬於自己的地方。其實這不是從今天就開始的，我在二〇〇七年就看到過，有個北韓的留學生，在北京大學研究它的早期地理，就提出這樣的要求，還受到人家警告，但沒有作用。由此可以看出，北韓和中共的關係如果不搞清楚，這個危機永遠存在，這是很可怕的。

伊朗抗議與天安門事件相比

二〇〇九年七月九日刊登

伊朗是當今唯一一個完整的神權的國家，有個教皇般的人物在上面作最高領袖，他說，一切事情由他做最後決定。最高領袖底下還有一個由少數人組成的伊斯蘭議會，就像共產黨政治局一樣。這次選舉為什麼特別值得重視呢？因為從前的選舉沒有什麼爭端，這次有很多人出來，至少有四位候選人。最有力量的一位就叫穆薩維（Mir-Houssein Mousavi），他是伊朗的前總理，處於趙紫陽的位置，所以這個政治爭執鬧得很大。

六月中旬以前，報紙已經宣傳伊朗可能有變化。變化的原因，第一是經濟，伊朗的經濟問題相當嚴重。因為油價忽然下跌了，使得經濟收入減少，通貨膨脹非常高；同時失業的工人也大為增加。因此引起各界不滿，尤其大學生，幾乎都在批判現任總統。

而現任總統內賈德（Mahmoud Ahmadinejad），根本是個保守派的極端代表，他口口聲聲宣布，要用原子彈毀滅以色列。所以大家都認為，如果有個改革性的、開放性的政權，中東的局面會緩和。許多人在選舉以前，就做出種種分析，有各種期待。

選舉開始以後，揭曉的那一天，內賈德就宣稱已經勝利了。反對派的人早知道作假很多，所以認為這是不合法的，這樣就起了爭執。這個爭執從六月十二日那天人群聚集開始抗議，前陣子簡直人山人海，在各個廣場上，全都反對現任總統內賈德。

但保守派的勢力基本上支持內賈德，他們有武力，當然也掌握著政權，革命衛隊和民兵都用武力鎮壓。雖然不敢完全仿照中國「天安門」，但大體上是很像的。鎮壓過程中也死了相當多的人。有的報告是一百五十人以上，確定的、可以數得出來的人，也有近二十人。其中有位女性妮達（Neda Agha-Soltan）被他們殺死的時候，沒有當場死亡，被人拍下了影片。這段影片不但在整個伊朗、中東流傳，也在歐洲、美國不斷放映，和「天安門」的王維林擋坦克車同樣出名了。

英國幾所大學的伊朗問題教授異口同聲地說，伊朗這次的抗議非常像「天安門」，他們認為結局可能也很像。因為政權、軍權，都由保守派勢力掌握，保守派背後是個一言九鼎的人，也就是最高領袖哈米尼（Ali Khamenei）。哈米尼權位從哪兒來呢？這就是神權政治的一種特色。他是安拉的，所以他一句話就是真主的話。這個傳統不是他建立的，而是從他上一輩，就是三十年前，一九七九年伊朗鬧伊斯蘭革命的時候，何梅尼（Ruhollah Khomeini）從巴黎回到伊朗，建立這樣一個絕對獨裁的神權政權。在這個情況下，我們可以看到它跟

「天安門」的極端相似性。

問題的癥結當然是現實問題，就是經濟問題。大家生活不下去，非要改革不可。保守派不肯改革，而且專門在政治上喊各種激烈口號，就像共產黨從前文革一樣，也像鄧小平時代喊著西方精神汙染一樣，專在政治上做文章，而在經濟上，生活完全沒有改善。

抗議就在這種情況下發生了。抗議開始以後，一看情況也完全一樣，候選人穆薩維絕不屈服，一再要求取消這次不合法的選舉，要求重新選舉。所以抗議人群不斷，民情也非常激憤。另一方面，總統內賈德事實上就等於是李鵬，也等於後來的江澤民。而這個最高領袖就恰恰等於鄧小平，鄧小平最後一句話拍板。伊朗的鄧小平、也就是哈米尼，就宣布不能再抗議，再抗議就要把他抓去槍斃。

因此目前是鎮壓。另外，最高會議的意見本來是一致的，現在也分裂了。最要緊的是，前總統拉夫桑賈尼（Akbar Rafsanjani）就等於胡耀邦一樣，他的女兒、還有四個親戚，都被懷疑跟候選人穆薩維（如同趙紫陽）打成一片，認為他們有貪汙嫌疑。

如此一來，伊朗這個神權政權內部已經分裂了。這是個極權國家，到今天為止，我們在海外的人，可說又看到一次「天安門」事件的重演。伊朗事實上已經開始發生變化，這個變化就是說不能不做某種程度的改革，不但經濟要改革，政治也要改革。因為伊朗也有許多要求人權的人，人權呼聲也非常高。最早三十年前革命的時候，就是呼籲人權。但沒想到，請來的一個政權，比沙王（shah）還要殘暴、還要專制，這是他們沒想到的。

在這種情況下，雖然短期內不可能出現西方式的民主，但漸漸地，某種改變恐怕是難以逃脫的。因為伊朗到底還是有私人財產的社會，鎮壓不是那樣容易。伊朗政策跟中共也很像，就是把這一切暴亂都推給外國，認為是外國敵對勢力所製造的，這也跟「天安門」以後中共的宣傳完全一致。

（本篇網路無錄音檔）

介紹翁山蘇姬

二〇一〇年十一月十七日錄音
二〇一〇年十一月二十六日刊登

緬甸的翁山蘇姬獲得自由，引起全世界的注意。這件事情之所以值得大家注意，是因為中國有一個相同情形，就是劉曉波，也是諾貝爾獎得主，還在監牢裡。相形之下，中國好像還不如緬甸這個很殘暴、沒有多少文化的軍政府了。

大家都知道，翁山蘇姬本來是緬甸國父的女兒，她父親很早就被殺掉了。她在英國受教育，在英國嫁了英國籍的丈夫。全世界提到翁山蘇姬，幾乎沒有人不敬佩的。為民主獻身的女性民主領袖，一九八八年回國，至今已經二十一年了。一九八九年，她在仰光的演講有五十萬聽眾。第二年，就是一九九〇年的選舉，她的政黨大勝，應該由她出任總理，可是軍政府不管這一套，否認選舉的效力，不但不承認她做總理，還把她關起來了。

緬甸的軍人專政一直到今天，而且這二十一年來，軍政府愈來愈精明，所以西方人用一句話評論軍政府，它已經是中國話說的「久練成精」了。它就是知道如何能保持政權，政權始終抓在手上，因為它有軍權。

最近軍政府剛剛進行選舉，剛好在選舉結束後一星期，決定釋放翁山蘇姬，我想原因一般來說是它想對外做公關，表示他們現在可以放她自由了。

不過這次軍政府控制的選舉，也有一個重要的意義，就是軍政府本來是直挺挺、赤裸裸的暴力專政、軍人專政，這次總算成立了一個民治的政府（西方稱為 civil government），有國會，地方上也有議會，這就表示它是個文職政府，不再是軍人直接專政了。雖然大權掌握在軍人專政集團的手上，但它是通過民治。

所以在這個情況下，它好像希望讓西方能對它改觀。最重要的是，因為西方在貿易上對它的經濟制裁非常嚴重。它除了和中國（中國是它主要的主人，一直支援和贊成緬甸軍人專政），以及中國附近的泰國，偶爾也和印度來往以外，其他國家、西方國家對它的經濟制裁，整體上非常嚴重，所以緬甸的經濟情況非常不好。

如此一來，它釋放翁山蘇姬，主要是對外做公關。不過嚴格看來，它的控制很嚴密，別人一時也不敢造反。翁山蘇姬本來有個很有力量的政黨——全國民主聯盟，當年得到最高票當選的。翁山蘇姬出獄以後，到底應不應該恢復她的政黨，現在都在考慮中。目前她似乎已經去了仰光，向最高法院申請恢復她政黨的合法性，重新建立她的組織。

按照一般看法，她成功的希望並不很高。不過無論如何，翁山蘇姬前後從軟禁到入獄，最近關了七年之後，外面世界其實變化很大。她出來以後，先要了解情況。翁山蘇姬有個特色，就是過去她已經兩度入獄、兩度獲釋，一九九七年、二〇〇三年都被釋放過，沒多久又抓進去。這一次最久，二〇〇三年出獄不久又抓進去，之後被判軟禁；軟禁以後又因為一個美國人跑到她住的地方，她又被告上法庭，說她違反軟禁條例，這樣又判她入獄，最近才放出來。

這次放出來，它大概跟翁山蘇姬談過，翁山蘇姬表示她一直是用和平方式改善政治。出獄後說的話很低調，她並不要推翻軍政府，不把軍政府看成敵人；也不因為軍政府抓她，她就懷恨在心。她還是希望能用最和平的方式，讓緬甸的政治回到文明正軌上去。

從這點上講，她好像很妥協，事實上不然。西方的觀察家認為，她兩次被關、兩次出獄以後，都是非常直挺挺地對抗的；這次之所以如此，是因為她不了解情況，她能做到什麼地步，她的限制在什麼地方。她要了解自己的限制，然後再採取行動，所以這是她非常謹慎之處。

不過她說了一句話，就是現在西方各國對它的經濟制裁，她本來是贊成的，但如果老百姓覺得她應該說話，她可以改變態度，表示支持緬甸跟外面西方世界有經濟交往，使經濟制裁取消。只要能改變老百姓生活、對老百姓有好處，她就願意這樣做。

這當然是一種妥協，不過我認為，這個妥協無害於整個原則，她的原則還是非常堅持她的理想——民主、自由和憲政。而且她出來以後，無數的人歡迎她，無數的人對她表示傾慕，所以她坐了七年的監牢，連軍政府也發現，很奇怪她的聲望，一點也沒有受影響，甚至受到愈來愈高的尊崇。

所以從這點講，她的政治本錢還是非常大的。軍政府雖然可以隨時再把她關進去，還是不能不小心。我們由此可見，翁山蘇姬確實是一個很有眼光、很有作為的政治家。

由此說來，中國的劉曉波趕不上她。劉曉波沒有這樣大的社會基礎，劉曉波當然沒有參加過政治選舉，也沒有機會組織政黨，他的影響力不及翁山蘇姬。

埃及抗議如八九天安門廣場重現

二〇一一年二月十日錄音
二〇一一年二月二十一日刊登

埃及舉行抗議的解放廣場，就像中國的天安門廣場，它不像天安門那麼大，所以容納的人不夠多。埃及的事件又不能單獨從埃及本身講起，因為埃及的問題是整個阿拉伯的專制體制忽然間發生動搖了。

首先大家最注意的就是突尼西亞。突尼西亞有三十年穩定的專制政府，它的總統（本・阿里〔Zine El Abidine Ben Ali〕）好像一切都很得心應手。但忽然之間，老百姓起來反對，說他貪汙、腐敗、壓迫種種。這個總統就感覺到不對了，還沒有犯法，就逃到沙烏地阿拉伯去了。這樣整個突尼西亞就垮掉了。

垮掉以後，現在正在商量下一步，新的政府還不能成立，馬上要鬧選舉了。所以這是個在一般人看來民主化的運動。這個發展以後就影響到其他國家，包括葉門、約旦。

但最引人注目的還是埃及，埃及是跟西方關係很密切的政權。這個政權從總統穆巴拉克（Hosni Mubarak）以來，統治三十年了。他上台三十年來，控制得非常嚴格，而且一直在使用緊急狀態的法律（跟中國說的戒嚴法一樣），控制任何反對黨或反對的個人。反對的個人隨時都可以抓起來。

所以，埃及這個發展在西方引起興趣，因為自從一九八九年中國天安門廣場運動以來，還沒有見過這樣的局面。從前伊拉克等國也有，但都比不上埃及波瀾壯闊，經常幾十萬人，而且連續不斷地愈來愈多人，要求總統穆巴拉克的政府一定要下台，不下台他們就不解散。

軍隊派出來了，但不敢鎮壓，軍隊沒有開槍。從前打老百姓的都是警察，警察一夜之間就消失了。穆巴拉克也想緩和這個局面，所以出來說話。大家都知道，他本來顯然是要培植兒子接班的。他自己已經八十一歲了，他不能不退。但他想讓兒子接手，所以他說要等到九月才下台，在這以前，他要進行選舉，布置一個轉換的時間。

但老百姓不答應。最後他又來一招，就是他從來沒有副手，這次選了一個副總統蘇萊曼（Omar Suleiman）。這是一個很大的事件，因為這個事件可說真正引起了整個中東阿拉伯國家的抗議勢頭。一方面我們可以看成是民主運動，連中共《人民日報》的英文版都用警惕的口號說，阿拉伯世界的民主似乎在發展中。但中文報紙一概不敢報導，一切報導都是依照新華社的口徑，加以嚴格控制。

換句話說，中共也感覺到，這件事情如果照西方的報導下去，一定使人完全回憶到天安門事件的狀態，有些畫面就是天安門的畫面。而西方電視也一再放映幾十年前天安門的畫面，包括那個年輕人站在坦克車前面，阻擋坦克車前進這一幕，我已經在電視上看到很多次了。

但埃及這些老百姓是相當和平的、相當理性的，有人怕他們走向阿拉伯極端主義的路，看來似乎不太像。因為所謂「穆斯林兄弟會」在埃及支持的人大概不超過百分之十，他們也表示無意走極端路線，所以埃及在我們看來，絕對是一個民主的運動。

總而言之，這是個很值得注意的現象。這個現象至少在我們中國人、海外的華人看來，好像是天安門事件搬到阿拉伯世界再來一次。這也可以看出一種歷史的潮流，就是老百姓無論如何都覺得自己不能完全盲目地服從、完全被統治、沒有任何說話的餘地，他們要發言、要自己做主人。

章家敦評埃及的抗議運動

二〇一一年二月十七日錄音
二〇一一年二月二十四日刊登

章家敦（Gordon Chang）在穆巴拉克逃亡（就是離開中央，回到他的別墅）以後，做了一個分析。他基本上就把這個埃及的運動，放在整個中東的民主人民抗議運動中，加以評估。

他認為，這不像一般人恐懼的那樣是一個宗教運動，不像一九七九年的伊朗那樣，接著就是反西方、反美，甚至走恐怖主義路線、走極端的宗教神權政治，他不認為是這樣。

他認為，他看到的是民主運動在中東全面出現，而且又跳出中東了。南歐的阿爾巴尼亞，加上東南亞的馬來西亞，也出現類似的人民抗議運動（雖然沒有那麼強烈）。可見民主運動又有抬頭的趨勢，而且是全世界性的，從中東發展到其他地區。所以這是值得注意的現象，他要提醒我們的就是這個。

這個問題當然從突尼西亞開始，突尼西亞推翻了統治三十多年的本·阿里，本·阿里逃到國外去了。接著就影響到埃及。

埃及一向是專制的政府，人們認為它從幾千年、史前的法老統治，一直延續到現在，就等於許多人講中國有專制傳統一樣，其實那實在誇張了點。不過無論如何，埃及從納賽爾（Gamal Abdel Nasser）以後，到沙達特（Muhammad Anwar el-Sadat），然後到穆巴拉克，一直都是專制的。

穆巴拉克一個人從一九八一年專制到今天，也整整三十年，好像一切都控制在他手上。美國人非常扶持他，給他很多錢。他號稱可以阻擋宗教狂熱分子、阻擋伊斯蘭基本教義派的活動，使埃及不至於走向恐怖主義的路。

在這個人造的神話、虛構的謊言之下，美國人就一直支持他，等於美國人支持一個專制政府，這是美國很尷尬的一點。所以，在歐巴馬得到消息以後，逐漸就轉變了立場，要同情的是埃及的人民。

埃及人民也表現得非常理性，所以雖然抗議、雖然有組織，幾十萬人、上百萬人在各大城裡遊行，尤其那麼多人在開羅的所謂「解放廣場」，但非常和平。而且在事情結束，或者已經有了頭緒之後，他們的清場也很動人。許多人把地面都打掃乾淨，把磚又鋪好，把某些雕刻重新擦乾淨，種種作為都表現他們是公民品質非常高的人民，這樣的人民是不會走恐怖路線的。

埃及的一個領袖，就是二〇〇五年諾貝爾和平獎得主巴拉迪（Mohamed ElBaradei），他也在《紐約時報》發表了一篇文章。他的意思是說，埃及這次是民主運動，絕對不像某些人猜測的是宗教狂熱，沒有宗教狂熱的問題。

所以章家敦的一句話，可以在許多埃及人身上得到證實，比如說最近記者又去訪問了一部分的開羅老百姓，有個二十一歲的年輕大學生就說，我們爭取的東西其實很簡單，就是要社會的正義、要自由、要吃麵包；這三樣東西最要緊，而不是什麼宗教；宗教不是不重要，但不是我們爭取的主要目標。

這個地區本來是基本教義派很活躍的地方，從這裡看來，埃及雖然有一個很重要的組織，叫做伊斯蘭或穆斯林兄弟會，將來在反對派中也可能相當重要，但不見得會發生伊朗那種情況、走上神權主義的路。而且他們這些人也宣布，我們只有大概百分之十的力量，我們會發展自己，但我們也不走（這條路），我們有耐心，可以慢慢等，就是不走狂熱、激進的路。

所以從各種跡象看來，埃及的運動顯然是民主運動，是一場世俗化的社會運動，與宗教沒有特別的關係。從這方面看，我覺得章家敦的說法非常有道理。

章家敦也把整個中東的情況回顧了一下，從突尼西亞開始，然後發展到其他各地，像黎巴嫩、葉門、阿爾及利亞、約旦、沙烏地阿拉伯，現在還加上巴林，甚至伊朗。伊朗也發生了人民抗議運動，不過還在鎮壓中、還在發展中。

無論如何，從這些發展可以看出，民主運動是非常重要的。而且在記者報導中、在電視上，我們看到所有年輕人喊的都是 freedom、就是「自由」，說自己的運動是民主運動。所謂民主、自由，很顯然已經被中東的老百姓接受，至少在埃及我們看得很清楚，他們已經接受民主自由是普世價值，這沒有半點疑問。

所以，這點就可以駁斥許多文明衝突論的說法。文明衝突論過分強調文化不同，就不能搞民主。埃及就是另外一個例子，讓我們看得很清楚。因為問題很簡單，埃及人說我們關心的是日常生活，生活要有秩序，生活中人與人相處要有公平、正義，這樣才能活得好，這就是我們所追求的。

只要你追求這些，不管它叫什麼名字，都是接受普世價值，就是民主和自由。自由尤其最要緊，每個人都會感受到的。每個人被捆綁起來，總是不會開心的，只有放開了以後，他才能自由地發展。

所以就這點來講，章家敦就認為，中東民主運動的全面興起，就是今後我們的努力目標，自由世界要如何逐一抗議威權統治，使多數人民得到解放，這也包含了中國。

越南政府發布七十二號令　箝制網路自由

二〇一三年八月二十二日刊登

越南政府發布了《七十二號令》，這是針對網路自由而發布的，引起了很大爭議，它的基本理由是私人網路不應該分享時事新聞，更不能發表批評政府的言論，因為這些不屬於個人，不屬於個人就不能在網路上出現。所以現在越共就下了這道命令，這跟他們從前給人一種要走向開放的形象，好像完全相反。

我們知道，越南似乎就在去年表示要起草新的憲法，要在新憲法中給予宗教自由、人權保障或公民自由更大的空間。這個宣告使大家都很期待。國際人權組織都加以稱讚，想說越南可能會毅然走向民主、憲政的開放道路。沒想到越南在最後關頭完全反悔了，走了另外一條路。這條路非常嚴格，而且要求谷歌之類的國際網際網路業者，如果要在越南運作，就必須保留一個伺服器，讓它能夠控制。它能夠控制，就能取消使用權利。如果在網路上討論公共時事問題或批評政府，它就隨時取消網民的使用權。所以這是很嚴格的規定，在這個規定下，就沒有網路自由了。

因此《七十二號令》受到美國駐河內大使館密切注意。美國大使館跟國務院、美國政府、白宮都商量過應該怎麼反應，因為越南過去在《國際公約》和《人權宣言》上都簽署了，如果簽署了，就有義務保證公民的言論自由。現在恰恰相反，那麼對這個問題怎麼交代？中共始終沒有簽署《人權宣言》，它可以根本不理會這一套，但越南簽署過，情況就不同了。所以美國政府認為如果這樣下去，那麼許多外國的投資都會裹足不前，因為既然這樣控制的話，那麼在越南賺錢的機會就很少了。這個發展非常不健康，可說是逆世界潮流而動的一種做法。

最近在越南，只要有反對中共的活動，就是上街遊行之類，就一定會被抓起來送進監牢。換句話說，越南老百姓對中共、甚至對中國都有很大的誤會。認為中國現在用金錢、用它的國家資本主義侵略到越南去了，長遠來講不利於越南的經濟發展。它想控制越南的經濟，但老百姓在這方面沒辦法分辨中共和中國，就認為中國人在歷史上一向就想侵占越南、想同化越南而不成功，但現在還遵循同樣方向、採取同樣行動。

越南內部的情況，為什麼我能這樣講？因為我是有根據的，越南著名的社會學家祥來（Tuong Lai，本名阮福祥）在一九九一年到二〇〇六年的越南開放期間，參加過越南政府，成為好幾任越南總理的顧問。這期間越南走的路比較開放，基本上很像趙紫陽、胡耀邦時代的路。那些總理大概也比較開放，詳細情況我不知道，不過《紐約時報》介紹他是政府顧問。而他現在跳出越共的系統，在外面加以批評，他認為越南政府完全違背了越南人的願望。越南人都反對中共對越南經濟侵略，不只是城市居民，像他這樣的知識階層，也包括農民在內。他說中共和越共狼狽為奸、互相支援，甚至連金邊（柬埔寨）也支持中共，因為中共的經濟力量強大。他們貪圖中共的錢進入越南，錢進來就直接落入越共統治者手中，而不是老百姓，所以老百姓覺得生活愈來愈慘，但政府覺得情況非常良好。

所以這個情況也很像中國，中國好像有一部分人富起來了，然而更多人卻處在非常艱難困苦的狀態下，年收入是很可憐的。所以我們由此可見，極權政權如果不完全改頭換面、不完全解體的話，社會就沒有真正自由開放的一天，也沒有真正穩定的一天。從這點看，我們要特別注意越南本身內部的矛盾，就是政府和人民之間是不一致的。而且這種不一致表現在他們上街遊行比中國更激烈一些，這是值得注意的現象。

李光耀的治國理念

二〇一五年四月八日刊登

李光耀逝世，全世界都非常重視，各國重要領袖都去參加他的葬禮，新加坡也舉行了整整一星期的悼念，四、五十萬人都去瞻仰他的遺體。這樣一位成功的政治家在近世是很少見的，當今恐怕沒有幾人。

李光耀是舉世公認的一位天才型政治家。我還記得多年前看過尼克森的回憶錄，講世界領袖，其中一章就是李光耀，他對李光耀極為佩服。他說李光耀就像小籠子裡的一隻老虎，跑來跑去，一身的勁無處可使，非常可惜，這是因為新加坡當時只是人口二百萬左右的一個小城市，華人占了百分之七十到八十，此外是馬來人、印度人還有其他少數民族，他之所以有這樣的特殊性，主要是因為新加坡最早跟馬來西亞聯合在一起，組成馬來亞聯邦，但在一九六五年，他被馬來亞聯邦趕出去了，當時李光耀還在電視上痛哭，認為自己失去了施展才能的機會，所以此後他的精力只能用在新加坡，而新加坡沒有任何自然資源，連水都要靠馬來西亞供應。他居然能在十幾二十年內，就把它變成第一流國家，按照他在自傳裡的說法，就是把一個三等國家變成一流國家，教育程度都那麼高，行政效率又那麼好，又那麼乾淨，最重要的是，他可以完全避免貪汙這個問題。

一九八〇年初他就有個計畫，要在新加坡建立儒家倫理。他認為需要華人社會支持他的政治，要支持他的政治，就需要建立現代化的儒家文明，而不是依照儒家原來的舊倫理。他為此就找了一些顧問，多數是美國來的，共有六、七人到他那裡訪問，我也是其中之一，後來我和另一個朋友留下來做他的長期顧問。為了這件事，我從一九八二到一九八六年，年年都有兩、三次去新加坡，為他的計畫做講演，規劃各種各樣的儒家倫理。我發現他的頭腦極其靈敏。

可是我跟他也有個很大的分歧，那就是他把儒家倫理當作工程來處理，行之有效就馬上採用，無效就可以隨時取消。換句話說，他講倫理的背後既沒有文化背景，也沒有文化意識。這就等於他對宗教沒有信仰，他不但對宗教沒有信仰，也不看重宗教本身。他看重的主要是兩種力量，一種是政治力量，如何組織社會，把社會控制得井井有條；第二是要發展經濟，讓老百姓生活水準提高，經濟發展可以相當自由，但他要嚴格控制政治。這時候就發生了兩難。一方面要政治控制得井井有條，不許反對派形成多黨制，跟他為難，把他的人民行動黨建立成唯一大黨。但他採取的方式我們必須注意，不是用武力，而是靠組織。

這個組織結果，使他的人民行動黨當初確實得到了二百多萬人支持，在社會各個角落都發生作用。有這樣的黨做基礎，他幾年一次的選舉是照常舉行的。所以我們必須承認，雖然他反對民主，甚至批評民主，事實上他是借用了英國的民主形式建立他的國家。他不是靠武力打天下的。最重要的一點就是，他建國的時候有個特殊情況，當時他要建立組織，讓社會上的人跟隨他。一九六〇年代初，他進行這種活動的時候，新加坡是非常左傾的地方，共產黨遍布各地，中國共產黨也拚命在新加坡發生作用。所以，他用的人最初是跟共產黨合作的，在共產黨合作之下，他才成立了人民行動黨，建立他的政權。

可是在政權建立之際，他忽然發現，他必須處理共產黨。他的處理方式仿效一九二七年國民黨蔣介石的辦法，就是清黨，要把共產黨清除出去，因為共產黨不準備選舉，而是要靠武力奪權，奪權之後就一黨專政，這跟人民行動黨是完全相反的。

人民行動黨雖然也想一黨控制整個社會，但它只能走法治的路，靠法律，跟共產黨始終沒有關係，也不准老百姓去中國大陸訪問，如果你去了就回不來了。這使得他跟共產黨的關係一直很僵持，一直到一九九〇年才跟中共建交。共產黨改革開放以後，鄧小平曾經訪問過新加坡，而且對新加坡表示高度興趣，所以李光耀也接待他，但還是不肯跟中共建立政治關係，只有人民的貿易來往。他一直到一九九〇年才承認中共，中共也以他一黨專政又能發展經濟作為楷模，鄧小平甚至說中國應該仿效他。但李光耀建國過程中就把共產黨全部清除了。他並沒有殺共產黨，只是關起來，關了很多。

新加坡模式之說，一方面是政治控制，一方面是削減人民的個人自由。確實是存在這種現象，但在當時情況下大家可以接受。當時華人多數認為，先要把國家建立起來，把經濟搞好，在這種條件下，他們就跟隨李光耀。

李光耀一步步做，到了一九八〇年代，他已經注意到社會組織、社會文化的問題，但他並不真正懂得尊重文化本身。他有個最重要的原則，就是效率，新加坡政府效率之高，我所看到的政府都不能望其項背，所謂效率就是在社會上有沒有用？要是沒有用或有其他問題，他馬上就放棄。

李光耀在精神層面、文化層面有他的缺點，但在建立這樣一個有法律基礎、以選舉為基本模式的乾淨社會上，他還是保持了優點。人民行動黨確實能控制老百姓，其他反對黨沒有這種能力，同時他也全力以赴地壓制反對黨。他用這種方式消滅反對黨、取消言論自由是世界聞名的，也受到世界責備。

他認為亞洲價值跟西方的民主、自由都不同，但可以用政治統一、政治控制的方式來建立國家。允許經濟自由，不許反對黨自由，因為他的聲望很高，人民行動黨的效率又高，他給所有官員最高薪，讓他們不可能貪汙，所以新加坡的一大特色是一黨專政而不貪汙，這是別人做不到的。

中共想仿效他，但它的一黨專政事實上就把最高階黨員都養成特權階級了，在這種特權下就不可能不貪汙，所以貪汙會成為它的一部分。這就是說，新加坡模式實際上只是空話，因為這個模式只能行之於新加坡一地，也只能行之於李光耀一人領導的時期。

二〇一一年選舉已經發現，支持人民行動黨的選民只有百分之六十，百分之四十走到反對黨那邊去了。雖然反對黨只有六人當選，但對他是極大的震動。這時李光耀已經不能像從前那樣為所欲為，他也就從二〇一一年完全退休了。他死後雖然全國舉哀，但反對意識非常普遍。李光耀建立的所謂新加坡早期模式正在改變中，而且改變可能會很迅速。所以亞洲價值論雖然轟動一時，卻非常經不起分析。

俄羅斯衛國戰爭勝利七十周年慶典

二〇一五年五月二十二日刊登

今天我要講的是俄國舉行衛國戰爭勝利七十周年慶典。七十周年慶典當然是慶祝德國納粹投降，那是一九四五年五月九日。今年剛好是七十周年，習近平親自到莫斯科慶祝。而且習近平把這件事看得非常重大，他也要藉此機會，宣揚他領導的中國在第二次世界大戰期間也有重大貢獻。所以在三月間，他派親信到俄國，跟普丁商量如何慶祝。中共這次參加也是盛大得很，又派了中國軍隊參加遊行，唱翻譯成中文的俄國歌曲。

總而言之，這件事受到了全世界矚目，美國各大報紙都有很詳細的報導，其中有些評論值得注意。我綜合這些報紙的說法，包括《紐約時報》在內，想做個簡單的評論，我的看法是，從這件事情可以看到中俄關係究竟是怎樣。

我們知道，共產黨中國現在幾乎跟美國完全對立了，對整個西方抱著敵視態度。把西方當作外敵，那是毫無問題的。在這個情況下，它就要拉攏俄國，等於回到過去毛澤東時代的中共，和史達林時代蘇聯的關係一樣。實際上當然不可能到那種程度，但無論如何，中俄聯手對付美國的姿態似乎就擺在那裡，當然現在中俄關係又不一樣了。

我要強調的就是，世界各國的新聞報紙評論都指出，習近平最近幾年來特別要推動中國的國際聲望、國際形象，而且事實上，中國認為自己已經是除了美國之外最強的國家了，比俄國還強，不過為了聯合對付西方，它還是願意跟普丁深交。過去習近平訪俄、和普丁對談的時候，他還說他覺得自己個性跟普丁一樣，這樣來拉近親密關係，所以他這次的參加引起了注目。

結果就是習近平藉此機會，強調他代表的中國也是抗日八年獲得勝利，這是他引以為豪的成就，在國際上享有聲望。可是評論家就指出，許多人對這點表示懷疑，覺得習近平代表中國是不完整的。為什麼不完整呢？因為中共在抗日戰爭中，可說毫無實質貢獻可言，而是藉此機會發展自己的武力，最後得以推翻國民黨。而抗戰從一九三七年開始，甚至於更早，從一九三一年日本九一八事件侵略中國滿洲開始。雖然當時國民黨沒有開打，但已經在準備抗戰，一直拖到一九三七年，國民黨認為非打不可了，就站出來抗日，這一抗日就放棄了對共產黨的圍剿。所以共產黨就鬆了一口氣，它可以自由發展了；另一方面，國民黨把它訓練的軍隊拿來對付日本人。

總而言之，這個事實大家都知道，我現在看到的西方報紙評論，就引用了英國的歷史專家米德（Rana Mitter）。米德寫了一部中日戰爭專論，他在這部專論中特別指出，一九三七到一九四五年的抗日戰爭，主要是蔣介石領導下的國民黨打的。儘管國民黨一路失敗，但它以空間換取時間，把日本拖住，使得日本始終不能勝利。後來在一九四一年十二月八日珍珠港事件以後，美國也參戰了，幫助中國共同抗日。但共產黨在這中間的發展，只是它的游擊隊偶爾和日本人有些小接觸，但沒有起過任何正式作用，也沒有在任何第一線戰場對抗過日本人。所以習近平拿抗日來做本錢，在國際上拋頭露面，這些西方評論家認為非常牽強，或者說勉強得不得了，這是一方面。另一方面，俄國和中國是不是像表面上的那麼親密、那麼好，也是個問題。包括中國的專家也說，中共和俄國、和普丁之間還是有很多問題。首先兩人之間的關係，只能說是出於利害關係的一種暫時結合，一種戰略夥伴，還談不上「盟友」兩個字。

中共最近為了經濟的發展，要跟中亞國家搞絲路經濟，這些國家從前都是蘇聯附庸，都是蘇聯的一部分，但今天都跟中共搭上關係了。中共在那裡修鐵路、公路，進行各種各樣建設，使得中國經濟勢力已經侵入中亞許多國家。俄國人對此也非常看不慣，但也沒有別的辦法。雙方雖然有許多貿易協定，但實質上關係並不很好。這個慶典表面看來很熱鬧，實情究竟如何，還是很大的問題。所以我們從這點看來，習近平的莫斯科慶祝行動，恐怕是失敗多於成功。

二十國峰會的反思

二〇一六年九月十五日刊登

反思最近在杭州開的二十國高峰會議，會議上發生的許多事情，可以看出中共的本質和它的心態。

杭州有二百多萬人口。會議期間為了保證安全，中共政府要四分之一的人，差不多六十多萬人出外旅遊，由國家付錢，這個開銷大得不得了。除此之外，附近所有工廠都要停工，所有車輛都不許在杭州附近行駛。我們舉這些例子就可以看出，中共這次為了開杭州的會議，許多準備工作和安全工作，可說做到了任何國家都沒做到過的程度。

二十國的峰會已經開了多少年，許多國家都主辦過了，雖然各國都注意安全，但絕對沒有像中共舉行杭州這次會議的這種辦法，四分之一人口疏導出去旅遊幾天才能回來，都由國家付錢。你想這是個什麼制度？可見所有財產、所有經濟收入都在政府手上，否則不會有這種情況。這樣的緊張、這樣的布置，那是非常可笑的！

為什麼要這樣布置？我們當然很難推測，可是有一點很明顯。共產黨現在想利用二十國峰會來證明，它已經取代了美國，成為全世界第一經濟強國，將來領導世界往前走的就是中共，所以它要在這次會議特別表現出與眾不同。

在這種情況下，他們就故意對美國採取一種輕蔑態度。這種輕蔑的態度，特別表現在美國總統專機到達杭州。中共接待其他國家元首都用紅地毯，但歐巴馬的專機到杭州，卻不能走普通的出口，只能走一個很窄的出口，走出來以後也沒有紅地毯。大家一致認為，這是精心計算過的刻意怠慢。表示我中國對你這個所謂超級強國的美國根本不放在眼裡，我們根本不在乎你！這是一般人得到的結論。

我們知道，共產黨前倨後恭或是前恭後倨，都是有道理的，它有求於你的時候卑躬屈膝、好話說盡，我們還記得很清楚，當初美國向中共開放的時候、卡特承認中共的時候、尼克森訪華的時候，中共那時對尼克森、卡特都特別客氣。鄧小平到美國來，卡特招待他，鄧表現得非常恭敬。但幾年前卡特沒有勢力了，到中國去提倡地方選舉，就受到中共歧視，他的講演最後也被取消，甚至他在中國都不受歡迎，過去對他那種卑躬屈膝的討好都不見了。

就連歐巴馬也一樣，二〇一四年歐巴馬到北京，跟習近平就環境變化達成一項協定，這兩人還表現得非常熱烈。習近平和歐巴馬共同見記者，讓記者提問，兩人共同解答，最後還讓中國電視完整直播這兩人的活動，讓全國都能看到，那時對歐巴馬還是非常客氣，因為歐巴馬還在位，另一方面，習近平的專制也還沒到今天這個地步。如今情況一變，歐巴馬就變成一個即將下台、毫無作用，中共根本不放在眼裡的政治人物了。

中共的本質由此可見，這個本質就是一切以勢力為主，它得勢的時候，你就別想有好日子過了，唯一的辦法就是跟從它，隨它的棒子起舞。所以我覺得這次杭州二十國峰會很重要，這是新階段的開始，但中共到底能否一帆風順，從此如意下去，我們就要看現實的發展了。

輯八

學術與文化

「王道」在今天的世界

一九九九年七月十二日

「王道」理想確是儒家政治思想中一個非常吸引人的觀念。在現代世界，我們究竟應該怎樣看待這個理想？它應用在今天國內和國際政治上，又具有什麼實質意義？它和西方政治思想能不能互相溝通和互相詮釋？這是我最感興趣的幾個相關的問題。我覺得只有抉破古今中外的樊籬，使它的現代性和普遍性充分顯露出來，「王道」才有可能從一個陳舊的名詞轉化為活的意識。

先從中國的歷史事實說起。漢宣帝早就宣布過：「漢家自有制度，本以霸、王道雜之，奈何純任德教，用周政乎？」漢代是大家公認「獨尊儒術」的時代。現在漢宣帝說破了歷史真相，原來是王道和霸道混雜的政治制度。而且按之實際，漢代政治的「霸道」成分還遠大於「王道」。所以我曾指出，儒家的政治觀念在漢代，已經歷了「法家化」的階段。法家重視「力」和「勢」，可以歸於「霸道」範疇內。因此漢宣帝才說「霸、王道雜之」，「霸」字還放在「王」字前面。這就難怪朱熹要說：「千五百年間……堯、舜、三王、周公、孔子所傳之道，未嘗一日得行於天地之間」了，朱子的「一千五百年」正是從漢代算起的。但朱子當時似乎仍然相信，至少表面上要強調，「堯、舜、三代」是施行過「王道」的。以我們今天的歷史知識來說，古代是不是有過一個「純任德教」的「王道」時代，恐怕也很難下斷語。

歷史是一回事，理想則是另一回事。中國過去歷史上沒有「王道」的事實，並不能減少「王道」作為理想的重大價值。柏拉圖的「共和國」也是一個從未實現的理想，但西方知識界今天仍然不斷在探索它的深奧涵義，很多政治思想家也想在《共和國》這部經典中，尋找種種可能的現代啟示。對於中國的「王道」，我們正應該作如是觀。

二十世紀中國政治家之中，我們只能承認孫中山先生一人對於「王道」的現代意義有最真切的理解。他在答覆一位俄國革命家的問題時，曾說：「中國有一個正統的道德思想，自堯、舜、禹、湯、文、武、周公，至孔子而絕。我的思想就是繼承這一個正統的道德思想，來發揚光大。」孫先生沒有用「王道」兩字，但他所說的「正統的道德思想」，自然只能指「王道」理想而言。孫先生受了經學今文派的影響，十分看重《禮記》中的〈禮運〉篇，特別是「大同」理想。這一理想也就是「王道」的延伸和發展。但孫中山自己的政治思想結晶，是《三民主義》這部講演錄。在《三民主義》中，他也隨時隨地試圖把中國的文化傳統，和西方現代的政治、經濟、社會思潮互相印證。但他的基本概念（民族、民權、民生）是現代的，民族和民權更是西方的，只有「民生」才保存著中國的味道，但內容仍以討論資本主義、共產主義為主。這個取徑正合乎他所說的「發揚光大」。所以我認為，《三民主義》是中國「王道」理想的現代版。

說到這裡，我必須先對「王道」一詞在本文中的用法作一澄清。語言隨時代而變遷，今天我們所說的「王道」，已與孔子時代的意義有別。春秋時代出現了「霸」的觀念，從此一提起「王」字，我們便會聯想到「霸」。「王道」的涵義也只有和「霸道」對照，才能充分顯露出來。但孔子時代的「王」與「霸」並不是一對完全相反的概念，不像「善」與「惡」那樣的兩極化。「霸」即「伯」，原意是家族親戚中年長或輩分高者的稱謂。當時是封建社會，周王室東遷後實力太弱，已不能行「天子」統一天下的職務，所以由本家或親戚中的「長者」（「伯」）共同出面，維持一種統合的政治、道德秩序。這些本家和親戚都是由周王分封的「諸侯」，因此具有合法身分。他們必須開會來決定大原則，即所謂「盟會」，會後所有參加的諸侯都立誓遵守。但開會時不能不推出一位最有勢力、最受尊敬的人作「盟主」，今天可稱之為「主席」。這個盟主便叫做「伯」，也就是「霸」。可見從歷史起源說，「霸」字全無貶義。否則後來項羽怎麼肯自稱「西楚霸王」呢？漢宣帝又怎麼肯說「漢家……以霸、王道雜之」呢？

在政治思想史上，把「王」和「霸」發展為兩個對照性的（但還不是完全相反的）概念的人是孟子。他的主要論點是說：「王」以「德」服人，「霸」則以「力」服人。這個說法在中國政治理論上很有貢獻，但同時也不免是「王」與「霸」兩極化的開端。到了宋代理學家手上，兩極化終於完成了。「王」與「霸」的分別便和「理」與「欲」，「公」與「私」，或「善」與「惡」的黑白分明沒有什麼不同了。雖然其間也有少數思想家持異見，但已挽回不了語言的自然趨勢了。《水滸傳》寫「小霸王周通」，這個「霸」字便帶著不好的涵義，是指用橫暴力量欺壓善良人民的意思。所以「小霸王周通」和「西楚霸王」決不能混為一談。宋代以後民間語言中的「霸」字，大體上都包涵「強橫」、「不講理」的意味。

「王道」的現代涵義是和「霸道」分不開的，它是「霸道」的對立面。我們很難正面釋說「王道」，但我們不妨從反面著手，即它處處和「霸道」相反。「王道」是儒家思想中一份珍貴的遺產，這是不成問題的。但問題在於：為什麼中國現代學人卻避免用這個名詞呢？我想最重要的原因是我們今天進入民主時代，不願意見到「王」字。「王」似乎表示有一個高高在上的絕對權威，主宰著我們下面的老百姓。但語言是可以變化的，「王道」可以與「帝王」無關，正如「君子」今天已另有涵義，不再是「國君的兒子」了。英文 nobility 一字本來是指古代的「貴族」，今天已抽象化，變成「高貴品質」的意思了。現在我們用「王道」兩字，其涵義等於是儒家的「仁道」；以現代語言表示，便是「人道」（humanity）。自孟子以來，儒家的「王道」便和「仁政」分不開了。什麼叫做「仁政」？依孟子的想法，政府必須以人民的要求為制定政策的根據，永遠做人民喜歡的事。更重要的，是把每一個人都當作「人」來尊重。人民是「目的」，不是執政者操縱的「手段」。

「霸道」是赤裸裸的暴力，像二十世紀兩大極權勢力——史達林式的共產黨體制和希特勒式的納粹政權，便是現代「霸道」最可怕的表現。一九四九年毛澤東在〈論人民民主專政〉中所作的「開國宣言」，則可以看成繼承史達林體制的「霸道」。因此他公然地說：「我們不行仁政」。這是中國文化的最大墮落。毛的「霸道」害死了無數的中國人，千千萬萬的家破人亡，都是「我們不行仁政」的結果。這個「霸道」的殘壘今天仍然存在，但呈搖搖欲墜之勢。

前文說過，孫中山曾用「民族」、「民權」、「民生」的觀念，使中國「王道」現代化了。但今天又過了七、八十年，「王道」必須再進一步現代化。「王道」既是「仁道」，那麼它的涵義便必須完全符合聯合國的《人權宣言》。「人權」的具體規定，因國家、民族的傳統不同而有枝節的差異。即使在西方，英、美、法、德等國的人權也不完全一致；但基本人權則相同，包括個人的生命、財產、基本自由的法律保障、言論、結社、組黨、信仰、出版等都屬於「基本人權」。「人權」並無「東方」、「西方」之別，它是一個普遍的概念。

「王道」的另一涵義是孔子所說的「勝殘去暴」。它以「德」服人，不是以「力」，尤其不能有「暴力」。現代西方的新自由主義者也說：我們不能容忍殘酷（cruelty）。中國歷史上過去沒有能真正實行「王道」，所以人民的意志無法和平地表現出來，每次政權更迭都經過暴力殘殺，其關鍵便在於合法的反對黨不能出現。中國共產黨的創始人陳獨秀晚年覺悟了，他在一九四一年一再說，民主政治是現代文明的共同基礎，沒有什麼「資產階級民主」和「無產階級民主」之分；後者也不過是前者的擴大。他又說：要認真實行民主，首先人民必須有權利和自由，最重要的是「反對黨的自由」，他真不愧為中國現代一位有思想的政治家。所以「王道」的現代化，也就是民主政治的建立。人權、自由、民主都不是專制皇帝或極權政黨所賞賜的。只有人民自己奮鬥爭取，才可能獲得。中國人如果仍然珍惜「王道」或「仁道」，如果認同「人權」、「自由」、「民主」的普世價值（univeral values），那只好自己去努力，這是把中國文化傳統和現代世界潮流結合起來的唯一正路。

（本篇網路無錄音檔）

新年話「心」

二〇〇五年二月八日

心對中國人來說最重要，因此要修心。心要修得乾淨，有乾乾淨淨的心，才有可能出現純潔的社會，如果心都髒了、壞了，那麼社會也會壞。這不是唯心論，這是講心的重要性，人的精神對物質條件也有很大的作用，並不是完全被物質條件或社會身分決定。人要想大家都活得好，中國人講「己所不欲，勿施於人」，孔子講這種話，《詩經》講「他人有心，予忖度之」，這些話都是要將心比心。我想他人的心是如何，要將心比心，就有些事情不會做，所以中國人講心是非常重要的。

中國為什麼會特別講心呢？因為在中國人看來，心等於是一種神，變化莫測、包羅一切，所以包括陸象山、王陽明，有些哲學家都說到，吾心就是宇宙，宇宙就是吾心，這不是唯心論。而是說，你要建立仁的社會，在這個社會大家都活得很好，要把心擴大，不要只有自私自利的心。私心要有限度，這個限度就是不能妨害公心。

春秋時代的子產已經說了「人心不同，各有其面」。所以中國人也肯定個人的心，但也有一個大群體的心同時運作，這樣既不會流於所謂絕對的集體主義，也不會流於絕對的個人主義，在個人和集體之間找到平衡點。找這個平衡點的功能要來自心。十一世紀的宋朝的張載有一篇文章，叫《大心篇》，把心放大。像戰國時代的莊子說，天地萬物與我都是一個。中國人也常講「天人合一」，這都是講，心要擴大。

一方面不放棄個人獨有的心，另一方面又要把心擴大，想到別人，這樣我們才能活得好一些、有秩序一些。因為中國人不大相信死後有天堂，特別是受儒家影響的人認為，這個世界就是真實的世界了。我們就這個世界，要好好珍惜它。如果要珍惜它，我們的天堂、我們的地獄都在這個世界上。這是中國人的一種看法。

孟子有《淨心篇》，我們都知道，知性就知天。莊子說，心要虛，虛了以後道才能進來。像孟子講的，「惻隱之心，人皆有之」，像「仁義禮智」的「仁」，就是人最要緊的心，這個「仁」就是愛人，不但愛自己，也愛別人。所以孟子講心，總要講推，推自己的心，愈推愈大、愈推愈遠，這樣會包括整個社會，甚至要像惠施、莊周這些人，推得更大，要推到天地萬物都愛的。

所以這就是中國人的心之所以重要的原因。這個心變成每個人都有的了，這是中國思想一個很特殊的傳統。在中國傳統下，中國沒有有組織的宗教，沒有像西方中央化的教會傳統，沒有發生過中古歐洲羅馬教皇號令天下的情況。中國人是每個人都是一個心，每個人的心都可以通天。但要培養它，如果不培養它，心就會愈來愈小，愈來愈自私自利，那麼社會就會大亂。

所以我想，我們談精神的價值問題，在中國必須追究到心，跟西方的上帝觀念意義幾乎同樣重要，是不能去掉的。去掉了心，人就跟禽獸沒有什麼區別了，所以中國一向講要把心搞乾淨。我想，這一百年來的中國，心實在成了一個很大的問題，因為我們已經不大相信古代的說法了，把中國的傳統丟掉了，又不能信仰西方的上帝，因此，心就沒有著落了，每個人的心幾乎都被物質利益所誘惑了。

我們看看整個二十世紀，中國人最活躍的分子，最關心的大概是權力問題。我有權力，我就可以號令別人，我就活得好，不管別人死活。二十世紀末到今天，中國大陸市場化以後，人心就被錢所動了，所以錢和權成了追求的目標。原因是大家都慢慢忽略了心，道的心，高尚的心、高貴的心。又因為沒有宗教，再加上共產黨提倡唯物論，人都是物，具有階級性，沒有人性。在這樣一個思潮下，中國的心就愈來愈失落了，心的失落是一百年來中國文化危機最大的關鍵之一。

我向大家提出心的問題，請大家好好想一想，這就是我新年想說的話。

（本篇網路無錄音檔）

構建「和諧社會」與儒家價值

二〇〇五年七月二十日

孔家店重新開張，中國官方在背後沒有出面，要在世界各地（包括歐美在內，歐洲已經開始了）建立「孔子學院」，宣傳儒家思想，代表中國文化傳統。去年年初（中國二〇〇四年舊曆新年左右）發表的《甲申文化宣言》，意思也是這樣，中國有自己的文化傳統，與西方不一樣，我們不必都跟著西方走。這個宣言有許多名人連署，包括許多海外學者在內。當然，宣言也好像現在的文件一樣，發表後沒有什麼反響，沉寂下來。不過意向也很明顯，官方有意要支持。同時，中國最近在北京不斷召開各種各樣的國際會議，包括國際儒學聯盟會議，請各國學者來講儒家。

孔家店是指許多人借了孔子的名義，去實行另一些不可告人的目的。不過無論如何，儒家是主張和諧的、主張和為貴的，不是主張階級鬥爭，或其他任何鬥爭方式的，不是鬥爭和暴力——暴亂、動亂都不是儒家的價值，儒家的價值是要造就一個和諧的社會。

談到「和諧」兩字，我們就聯想到最近胡錦濤提出的一個口號「構建和諧社會」。和諧社會是怎麼一回事，當然官方沒有說清楚，不過其中有些話是與現代很有關係的，比如要講民主法治、要講公平正義、要講誠信友愛，還有充滿活力、安定有序、人與自然和諧相處。這是官方為和諧社會下的一個定義。不過提法很籠統，民主法治當然不是中國傳統，公平正義當然是任何民族都有的。如果真正實行民主法治的和諧社會，當然是沒有人不贊成的。但如果只是一個口號，接下來有許多空洞的名詞，這對構建和諧社會恐怕未必真有幫助。不過很明顯，提出和諧社會和儒家背景有很密切的關係，這點大家都看得出來。

所以要到全世界宣揚孔子的學說，要把孔子再度變成聖人，要人人都看到他的價值。這當然是一個新發展，如果僅僅是為了真正宣揚孔子的學說，深刻地了解他，然後把他的價值轉化為現代價值，現代人同樣可以引用的價值，這是人人都會贊成的，至少絕大多數人都會贊成，我個人也會贊成。

我們知道，從歷史上看，儒家最有活力的時候，都是它在民間作為民間學者自動提出來的一種非官方價值觀念；它在這時確實是有活力的，是大家都很尊敬的，也慢慢地進入人心，改變人的行為，起了很好的作用。

中國幾千年來能維持一個比較安定的社會，儒家貢獻不能說不大。但儒家的貢獻中間也有很大的代價，這個代價就是政治權力不會放過它，孔子一生到處奔走，政治上是一個大大的失敗者，但他在文化上的成功，給中國人建立了一套比較合理的價值觀念，這點是人人都看得到的。

歷史上，儒家在民間具有活力，受到官方應用就變成「死亡之吻」，這是我對中共提倡儒家的擔心。

（本篇網路無錄音檔）

談孔子對中國人精神上的貢獻

二〇一〇年一月二十日錄音
二〇一〇年二月一日刊登

中國大陸最近製作了一部電影，這部電影就是《孔子》。為了要宣揚孔子，通過電影向全國人民放映孔子的生平，希望影響全國人民的心理與思想狀態，這是大陸很明顯的一個走向。

換句話說，共產黨現在走到了過去各種王朝開始時的模樣，就是要把孔子標舉為聖人，教訓全國人民，要全國人民以孔子為榜樣。孔子確實是中國的聖人，這一點也不錯，尊重他那是絕對應該的。

到底尊重什麼樣的孔子？倒是很大的問題。這就碰到了「孔子」跟「孔家店」的問題。

大家都知道，孔家店的問題是「五四」時代提出來的，罵孔家店的人包括魯迅、四川的吳虞，還包括胡適，都批評過孔家店。

孔家店與孔子不同，孔家店是利用孔子權威、利用孔子的聲望、利用孔子崇高的道德和知識成就，來為某個政權、某種秩序說話。因為孔子是春秋戰國以來最受尊重的大師，教人怎麼做事、怎麼求知識，還教人怎麼做一個堂堂正正的人，所以他的教訓全國流行，大家都尊敬，而且都出於自然。

他提出做人要做堂堂正正的人，做一個仁者。如何求仁，是非常重要的。也要人求知識，不能無知，而且教人要老老實實。比如說「知之為知之，不知為不知」，這是中國人到今天還是人人會說的話。我知道就是知道，我不知道就是不知道，不假裝知道。這種態度就是孔子留下來的。

當然孔子的這些教訓也是慢慢學來的，他說他自己早年家庭狀況很不好、貧賤，是「賤」，所以能夠學到很多。他學習的精神非常了不得，教人的精神也是了不得，所以他是中國第一個老師、第一個先生。他的知識是從哪兒來的？他看古代歷史，看夏、商、周各種文化的發展，曉得文化最重要，政治秩序很重要，但最重要的還是要有文化秩序。

文化秩序就是他講的「禮」，這個「禮」是禮貌的「禮」，而且「禮」不是形式。因為在他的時代，這個禮，貴族的禮都崩壞了，都不被人遵守了。不被人遵守的禮就是沒有用的，或者，誇張了的禮也不會起作用。

所以孔子的主要教訓就是兩個：一個是人內心要有「仁」，「仁愛」的「仁」、「仁義理智」的「仁」。這「仁」是人的仁愛之心、是愛別人、尊重別人的。這個愛不僅是普通所謂的愛，而是敬愛。對人要有敬愛之心，就表示人是很有價值、有尊嚴的，這就是西方人講人權的根源，人權的根源就是人的尊嚴。仁是什麼？那就是人的尊嚴，人的尊嚴必須受到尊重。

孔子一方面講「仁」，一方面講「禮」，這兩面都做到了，這是孔子偉大的地方。孔子是中國最早的老師，他沒有神話，只是漢朝以後有人把他神化了，事實上知識界的人都不相信他是神，他就是一個人。但他這個人就是知道要怎樣做個堂堂正正的人、做個有知識、有教養的人，用他的話說，就是怎樣做個君子人，不要做小人。

在《論語》裡，你會發現孔子的一個說法，要做「君子儒」。我們今天叫做「儒家」，「儒家」好像都是孔子的淨土一樣，其實「儒家」的「儒」這個字，在孔子之前就存在了。所以《論語》才說，你要做「君子儒」，不要做「小人儒」。不光是「儒」，「儒」大概是有知識的，對歷史、對過去的禮、甚至對樂，各種事物都有知識，但光是「儒」還不行，要做「君子儒」。

所以君子和小人的分別，在孔子手上建立起來了。這是精神價值上的分別，不是地位高下的分別。君子和小人在從前是講貴族的，君子就是貴族，君就是王、王之子就是君子。孔子就是把君子從社會地位、政治地位，改成人的道德、精神上的高下。

沒有精神造詣的人就是小人，所以君子、小人今天還在中國普遍流行，大家都接受。某人是君子，某人是小人，這不是說他的社會地位，你做到黨委書記、總書記，都可以是小人。但你若是有道德的人，哪怕是一個勞動階層，都可以是君子，所以這是孔子在精神上對中國人的一大貢獻。

共產黨真的尊敬孔子嗎？

二〇一〇年二月十二日刊登

我們現在從報上讀到，從網路和雜誌上也都看到，中國大陸最紅的電影是美國的科幻電影《阿凡達》（Avatar）。這不但在3D戲院演，也在2D戲院演。不過共產黨剛好因為要推動《孔子》，就想把《阿凡達》在條件不夠好，只能演2D的戲院場次都取消，然後放映《孔子》。可是《孔子》上映之後，很抱歉，非常不成功，幾乎沒什麼人看。

我有個廣州的朋友打電話跟我說，有的朋友去看還以為戲院滿座，進去以後，只有一、二個人。這種情況下，電影院就不肯了，經濟損失太大。所以許多天都不上映《孔子》了。重新上映《阿凡達》就更熱鬧。從電影這個角度來看，《孔子》被《阿凡達》打敗了，而且敗得很慘。這不是孔子的毛病了，這是中共官方一定要推動孔子而發生的問題。

照大陸跟新加坡的某些專家分析，共產黨的電影有一種就是跟著市場走的，就像《阿凡達》或自己拍攝的一些國產片，娛樂性很高，一般來說市場比較好；另一種就屬於宣傳性的，提倡民族主義、民族情緒、民族尊嚴種種，實際上是在精神上維護共產黨政權的。這些就是宣傳片，宣傳片一般來說都是沒人看的，因為現在一般年輕人想法也都不太一樣了，跟文革時代不可同日而語了。文革時就是政治，其他什麼都不做，就是擁護毛主席、擁護共產黨，而且還不是一般的共產黨，特別是毛主席晚年要推翻黨內走資派而另起爐灶，專門講造反有理的那種共產黨。今天沒有這個條件了，今天的年輕人大多到電影院去看娛樂片。而孔子是不適於演電影的。他不像耶穌，耶穌有很多好電影，因為耶穌是一個宗教家，拍攝宗教家的電影，中間可以有精神層面，有許多伸縮的餘地。孔子就沒有這個長處，所以《孔子》失敗了。

共產黨雖然失敗了，但可以看出，它還是在推行孔子，以及孔子的一種教訓和倫理，尤其是仁義道德。從這裡面來看，到底共產黨是真的推崇孔子呢？還是再開一個孔家店？我的感覺是，電影這件事又是開孔家店的辦法。我雖然沒看過這部電影，電影也不一定壞，但無論如何是想宣傳，想用孔子的道德來約束年輕人、下一代，要他們規規矩矩做人，不要犯上作亂之類的。但共產黨是真心尊敬孔子，抑或只是利用孔子，這是不同的兩回事。如果是真心尊敬，自己首先就要遵守孔子所指出的一些大教訓。孔子第一就是講仁。孔子有兩件事情最要緊，內在精神要有仁，仁就是愛人，能夠愛一切的人；另一個就是外在要有禮貌，那就是文明。仁與禮內外都具備了，那就是一個最理想的文明人，這是孔子的理想。

另外，孔子當然還有許多德目，就是信譽，「自古皆有死，民無信不立」，自古信譽最重要了，沒有信用你就談不上了。還有知恥，如果無恥也不行，不是嗎？所以，恥、仁、禮、信用這些德目都很重要，少一個都不行。仁就是愛人，所以孟子後來這麼形容孔子：我要殺掉一個無辜的人、無罪的人，或者做一件沒有正義的事情，即使得到天下，我也不做。這叫「行一不義，殺一不辜而得天下，皆不為也」，這是孟子發揮孔子的仁的觀念。

共產黨又是怎樣呢？我們知道，毛澤東在一九四九年就有一篇很有名的〈論人民民主專政〉。他是要說明：「我們對於反動派和反動階級的反動行為，決不施仁政」，這是共產黨到今天為止都還執行的。它以仇恨為主，從來沒提倡過愛人的事情，就是提倡「和諧」也罷、「三個代表」也罷，都沒愛字。

所以，共產黨跟愛是無緣的，絕不會愛人。就跟毛澤東對「你們不仁」這句話的回答一樣：「可愛的先生們，我們正是這樣。」這是共產黨對人的態度。我們再看看信用，比如說你答應一件事情就要做到，這就是信用。我們最近剛好又看到令人非常不安的一個消息，就是人權律師高智晟，今年被抓差不多剛滿一年了。在這一年中間，他完全沒有消息。現在他的太太和孩子，已經由基督教徒協助逃出來，從東南亞跑到美國尋求政治庇護，躲避迫害。

高智晟被抓以後，一點消息都沒有。共產黨外交部發言人被人問到的時候，說得尤其令人寒心。第一句話說：「他該在哪兒，就在哪兒。」又過了一些時候，他說了第二句話：「中國十三億人，我哪知道他在什麼地方？」輕描淡寫、輕薄至極，表示他一點愛心、一點關懷都沒有。就算是為官方發言，你說不知道也就罷了，說這種輕薄話還頗為得意，可見他根本不把人權放在心上。但共產黨已經參加了聯合國，也承認聯合國的《人權宣言》。鄧小平時代好像是說，人權的事情我們要軟，其他東西我們要硬，所以一手軟，一手硬。現在是兩手都硬了，因為它好像覺得自己不靠世界，世界反而要靠它了。所以，它參加世界組織事務的承諾和保證，沒有一句話是真心打算要實行的，就是謊言無信。最沒有信用的團體，就是這個團體。

所以人家跟它打交道，每打一次就輸一次，因為你跟它訂定任何條約，到頭來只要對它有利，它馬上撕毀。所以國民黨兩次跟它合作，兩次都倒大楣。如果第三次還要和它合作，那大概就全完了。無論如何，信用是一大問題。沒有信譽的話，我們什麼都不可能相信。同時在跟美國的交往中，我們也可以看出它的無信，不但無信，而且無恥。它最早跟美國說支持人權，二〇〇一年之前還沒進世界貿易組織，每年都要由美國國會通過，說它人權情況有改善，然後才給它最惠國待遇。那時它對美國完全是另一副面孔。美國要是提出要求，它偶爾也得敷衍，也得放人。這邊放人，再抓別的人進去，做下次談判的資本，無論如何，它好像還對外在壓力表現出一種尊重。別人信以為真，以為共產黨真要這個面子。

但二〇〇一年以後，它完全就沒有信用了，什麼都不理會，而且態度非常傲慢。最近幾年更厲害，因為它發財了。它在經濟上不但可以這樣那樣，還可以支配世界。所以它就完全沒有信用了，而且公然為之，比如這次對高智晟，大家認為它已經把他殺掉了，他弟弟也認為他被殺掉了，或者打得已經不能見人了。總而言之，高智晟恐怕已經不在了。就算是在共產黨自己制訂的法律範圍之內，這也是非常驚人的事情，從前還沒發生過的。抓一個人至少經過多少時間，應該審批、應該公開下落。現在抓了一個人，一年以後也沒有任何罪名，忽然就消失了。而國家的發言人還能從容、無恥到這種程度，還講得出：「我們不知道。」或者說：「他該在哪兒，就在哪兒。」這個沒有信用、也沒有羞恥感的發言人，實在令人嘆為觀止。共產黨想利用孔子，恐怕還得先考慮一下，自己能不能實行孔子所揭示的，最低限度的道德標準。

談「禮」與「仁」

二〇一一年二月十一日錄音
二〇一一年二月十九日刊登

「仁」與「禮」是孔子兩個大綱，兩者彼此相關，「仁」是指人的內在修養、內在愛人精神的培養。至於「禮」，就是外在的表現，你光說我愛人，但沒表現，見到人就打罵，那就不是真正的愛，就沒有「仁」了，所以「仁」必須表現為「禮」。

從前在孔子時代「禮」崩壞了，當時叫「禮壞樂崩」。「禮」和「樂」這兩樣都是精神文明，這個精神文明的外在表現，在孔子時代破壞了。大家不遵照禮，或者逾越禮，或者根本把禮丟在一邊不管了，或者糟蹋了。

所以孔子想進行改革，孔教的成立，就是因為他改革從前的一種文明，「禮」就是文明。孔子說，殷商是根據夏的「禮」來的，夏的文明就是「禮」，而周代又是根據商的文明發展下來的。所以夏、商、周三代都是文明的進步，一代比一代進步，進步的結果就是中國這個文明出現了。

所以「禮」我們可以理解為就是文明，文明就是一種表現，這是人的精神的表現。沒有精神的表現、外在化，就沒有所謂的文明了。我們在動物身上，獅子、老虎那裡，都找不到任何文明的表現。

文明就是「禮」，但是「禮」不能離開「仁」，如果內外不相調和，那就分歧了、分裂了。分裂就是假的了，假的就造成很多惡劣的現象，所以孔子要進行一種精神上的改革。他就提倡「仁」與「禮」要配合，他說「仁」不只是穿什麼衣服、拿什麼物品；「樂」也不只是敲鑼打鼓，而是要表現一種內在的精神。所以內、外相和，就是「仁」、「禮」相和，那麼一個文明社會就成立了，又有內、又有外。

孔子講「仁」這方面，後來就由孟子繼承。孟子擴充到了仁義。孟子講仁政，就是用愛人的方式處理國家事務、對待人，這是孔子講「仁」一方面的發展。

但孔子到了後世還有另外一支，是講「禮」的，這就是荀子。儒家有兩大派，這是漢朝已經公認的了。孟子偏重在「仁」的方面，而荀子偏重在「禮」的方面。「禮」在孔子的《論語》裡，出現得非常多，至少有七十多次；據後人統計，「仁」更多。「仁」差不多出現一百次，「禮」是七十多次，次數相當多了。

孔子一開始講「孝」，就叫人家生的時候，要以禮對待父母，死跟葬也要以禮來對待，祭祀他也要以禮相待（「生，事之以禮。死，葬之以禮，祭之以禮」），所以無論如何，這個「禮」是非常重要的。

孔子又說「禮之用，和為貴」，禮的用處在哪裡呢？就是什麼事情都恰到好處，我們做一件事情剛好到一個調和點。用現代的話說、共產黨也用過的名詞，就是「和諧」。最極端的和諧那一點上，就是「禮」才能發生作用，所以沒有「禮」，也談不上和諧，「禮」的重要性在孔子的《論語》裡多得不得了。

我還要講一個觀念，就是「仁」，他說「仁」一定要受教育，從哪裡開始？也是「禮」。他說「不學禮，無以立」，不能立足、站不穩的。所以「禮」是最重要的，從個人到社會都無可比擬。這個重要的東西，就是要培養出文明的人，也培養出文明的社會，這是中國的一種理想，這個理想我認為還是不錯的。

我們清朝以後慢慢接受西方的事物，也就是因為西方在某些「禮」的方面，甚至超越了中國。這就是孫中山也提過的，在某些禮儀的實行上，西方比我們好，我們說得很多，卻沒有做到。所以從這方面說，接受西方文明的好處，不是接受它帝國主義或侵略性那一面，如果是講西方的文明面，也就跟中國原來講禮、講仁是配合的，雙方可以接軌，所以從這點來說，「禮」的重要性就可想而知了。

我們現在再進一步來講「禮」在現代是怎麼表現。我認為共產黨是最無禮、最不看重禮的一個政治集團、黨派，也可以說是非常野蠻的。所以，上次我引了毛澤東的話「『你們不仁』，正是這樣。」他不但不仁，他也沒有禮貌、沒有義氣，絕對無禮的一個社會，所以藐視一切，破壞一切道德。

從國際上講，最有名的一件事，就是共產黨參加了聯合國，照說應該遵守國際禮儀吧，可是第一個出席聯合國的，就是那時的外交部長喬冠華。喬冠華在聯合國最有名的表演，就是別人講話的時候，他毫無忌憚地大笑、仰天大笑，震驚全場，這個照片我還看到過很多次。這就是對別人的不尊重，完全無禮，這基本上表現了共產黨對「禮」的態度。

至於對國內來講，對於反對它或批評它的人，它更是無禮到了極點、殘忍到了極點，那是絕對沒有「禮」可言的。所以無論對內、對外，共產黨是完全把「禮」置之度外的。這使我們覺得，要了解共產黨推崇儒家或孔子，我們必須用孔子的標準來檢查它，它到底能做到多少。我想中國要有前途，還是要從「禮」的這方面下手，「禮」這方面，我覺得現在差得太多了。

共產黨與孔孟之道背道而馳

二〇一〇年四月十四日錄音
二〇一〇年四月二十七日刊登

在二〇一〇年四月十三日的《紐約時報》讀到一篇社論，寫的是高智晟、胡佳、劉曉波。這三個人都是由於為老百姓說話、為弱勢團體說話，或是為中國憲政民主說話而判刑的。

高智晟也判了刑，不過沒有透露多少年；胡佳被判了三年半；劉曉波十一年。我們知道，劉曉波在二月被判了十一年徒刑，因為他主張實行憲政、實行民主，就因著名的《零八憲章》變成了叛國罪犯。

高智晟更是引人注目，最近《紐約時報》從三月底到四月八日前後，有兩篇關於高智晟的報導。因為高智晟忽然又出現了，高智晟失蹤了一年多，外交部發言人說話也含糊其詞，所以大家以為他可能不在了，被共產黨整死了。因為共產黨在監牢裡一直對他施以酷刑，包括電擊他的生殖器，像這樣殘忍的酷刑，讓他無法承受。

但最近他忽然出現了。第一次訪問的時候，他跟記者說他不便多說話；第二次就表示抱歉，他已經沒有辦法再支持下去，無法再努力維護人權了。因為他一向是為弱勢族群說話的，特別是當法輪功人員被捕後，他都為他們辯護。同時他也主張推動憲政，因此引起官方對他極大的不滿。

他說，他現在沒有力量再做這樣的事情了，為什麼？因為他的太太、女兒都唯恐受到迫害，偷偷逃到美國來了。他只希望他跟太太、女兒可以重逢。他認為他跟太太、女兒都成了斷線的風箏一樣，沒有辦法聯繫了。《紐約時報》特別安慰他，覺得他的所作所為已經受到普遍尊敬，可說已經不朽了；以後還有機會，希望他不要洩氣。

再一個是關於胡佳，我們知道胡佳是為了愛滋病人、為了環境汙染而吶喊，他的活動非常廣泛，受到外國注目，歐洲議會特別頒給他沙卡洛夫獎（Sakharov Prize），這是著名的人權獎。所以他在歐洲、在美國的名聲都非常大。

他今年三十六歲，最近發現肝臟有嚴重問題，照說應該保外就醫的，但監獄當局絕對不許。我們知道，共產黨的貪官判無期徒刑的、甚至判死緩的，只要有病、甚至沒病裝病，也可以保出來，在監牢住不到一、兩年，就可以保外就醫，但對於為人權說話、為弱勢團體說話的人，就遭到這樣的待遇，這是非常殘忍的。

由此可見共產黨心狠手辣，他要作進一步檢查肝臟，所以要他母親去簽字。他母親已經六、七十歲的人了，兒子是戴著手銬腳鐐來看母親的，母親看了傷心萬分，淚流滿面，對兒子說：「我養你三十六年，是不容易的。你要好好照顧自己。」他還保持冷靜，安慰他的母親。

可是他的保外就醫，照共產黨監牢裡的負責人說法，是不可能考慮的，除非肝癌到了已經確定非死不可的時候，才可能讓他出來，所以他目前沒有機會出來。

所以從這幾個案子可見，共產黨對於為老百姓說真話，只是發表了批評言論的人（這些人也不是要推翻共產黨的政權，只是說這些社會亂象，共產黨要負責任改進），就給了他們這樣的下場。共產黨現在還在提倡中國文化、提倡儒家、提倡孔子，但這跟中國儒家傳統、孔子，完全背道而馳。孔子對言論自由是什麼態度，很清楚的，《論語》說「天下有道，則庶人不議」，我們知道，孔子的努力就是要使無道變成有道。

但世界顯然是不合理的，所以孔子的意思就是說，我們要繼續批評政府，老百姓應該有批評政府的權利。他雖然沒有用過「權利」這個字，但意思是一樣，「應當做的」。就是政府應當要被議論，然後才能有改善。

中國古書如《左傳》、《國語》都有這樣的記載。《左傳》上就記載周代有一個制度，這個制度就是老百姓可以說話，可以罵政府；而今天叫做「知識分子」的「士」，他們也有一個責任，這個責任就是要把老百姓的不滿意傳播到全國，讓人人都知道，這就是中國古代對言論自由的看法。

孔子寫《春秋》就是要批評政府、批評最高當局的。所以漢朝的董仲舒就說，孔子為什麼寫《春秋》？寫《春秋》就是要「貶天子、退諸侯、討大夫」，這個傳統一直在中國流傳下來，這就是儒家對言論自由的態度。

從這幾點看來，我們相信共產黨現在的所作所為，不但違背了孔子、違背了古代中國傳統，也違背了中國幾千年文化一個最精要的地方。

談中國在世界各地建立的孔子學院

二〇一〇年一月十三日錄音
二〇一〇年一月二十五日刊登

現在我先講一講孔子學院。國內的人可能還不太知道孔子學院活動的狀態，而且我還收到馬里蘭大學（University of Maryland）的孔子學院想找我去開講，我因為身體不好，那時沒有去。

我覺得孔子學院如果真是有目的而建立，那也不錯。之前據我所知，他們表面上說是要教中文，但我在中國儒聯的通訊網上，也就是他們出版的一些刊物上，發現他們同時也想傳播中國文化，把中國的思想傳播到全世界。

最早美國大概只有八家這樣的孔子學院，這幾年就開始增加得愈來愈快了。到二〇〇九年十月底，中共已經在八十七個國家和地區，建立了二百八十個孔子學院了。而且他們也派出很多人來，據說訓練的教師有二千五百人以上，派出到一百零九個國家。

這個孔子學院的性質又不是那麼簡單，有的可能是落腳很好，在美國來講，它多半是在州立大學興辦。因為比較好的私立大學（如所謂常春藤大學），它們都有很好的中國研究中心，不需要孔子學院，它們語言教學也非常好，孔子學院就不會在這樣的地方成立了，成立的通常是比較偏僻一點兒的州立大學。

州立大學還有一個好處，就是人數多，所以這樣可能影響力也更大。共產黨辦孔子學院，一方面是用漢語來吸引學生，另一方面又想傳播中國的影響。而中國影響現在當然不能談過去的馬列主義，也不能談毛澤東思想，現在只有一個號召的力量，就是孔子了。

因為中國沒有西方式的宗教，孔子是中國的通天教主，所以孔子是人人都知道的。但這裡有一個大問題，就是它的孔子學院有時辦得很好，是教育與講學；有些地方甚至於有時是政治活動。兩年以前我就看到廣州《南方週末》一篇報導，報導中訪問了加拿大一個漢學家，他的抱怨是加拿大有一個孔子學院，根本是搞情報工作的。如果孔子學院還有這樣的目的，那就更麻煩了。

但我們知道，中國共產黨辦事，總有隱藏在後面的某一種計畫，外國人叫做 hidden agenda，一種不可告人、表面上看不出來的議事日程。影響在什麼地方呢？也就是希望影響全世界在政治上對中國發生好感，也可以說，它要展示所謂的軟實力、就是文化的力量。

因為共產黨自己還沒有創造出什麼精神上的價值，可供全世界老百姓欣賞，所以能夠拿出來的還是孔子。它這個孔子學院一方面是教語言，另一方面是傳播中國的思想。可是它這個文化力量主要是政權的，是要給予政權合法性，讓政權像是代表中國、代表中國文化。

可是這裡面還有一個矛盾，到現在為止，它還是一個共產主義國家，還是以馬克思主義、列寧主義作為最高意識形態，這點完全沒有改變。所以你可以看到，胡錦濤或是黨中央任何人提到意識形態時，絕對沒有說孔子，也沒有談到儒家，這種儒家都是以私人身分私下說的，這就是我們要注意的地方。

中國國家博物館前豎起孔子像

二〇一一年一月十九日錄音
二〇一一年一月三十一日刊登

天安門廣場旁邊的國家博物館大門外，豎立起一個很高的孔子像，九點五米高，差不多有兩層樓那樣高，是一個青銅雕像。這個雕像豎立在國家的博物院前，表示這是國家認同的，而且在天安門，尤其不尋常。

通常在一個正常社會，像是美國、英國、法國，你在博物院前做的一些新舉動，比如說貝聿銘在法國的羅浮宮前面設計了一些新花樣，也引起注意，但沒有人在政治上給它做文章，因為沒有政治化。

但孔子這件事情在中國馬上就引起政治化的問題，因此，網民已經開始懷疑為什麼這樣做。因為這樣做的結果，跟幾十年前的批林批孔對比之下，是太強烈了。

事實上共產黨執政以後，孔子並沒有什麼好日子過。開始幾年，還有些人對孔子表示敬意，比如說陳毅就表示中國的孔子也很好，有這類的話，所以還沒有很激烈地反孔。

不過毛澤東對孔子一向是很否定的，他繼承了魯迅以來、五四以來的否定主義的思潮，對一切事物採取否定，對孔子是相當否定的。所以在一九五〇年代末、一九六〇年代初，曲阜有尊孔的會議，後來就由毛澤東指使左派大肆加以批判。因為劉少奇似乎也參加了尊孔，所以在文革的時候，就變成劉少奇的一個罪名。

一九七一年以後，因為林彪叛變，大家就把林彪跟孔子連在一起了，就批林批孔，要鬥出「孔老二」。一九七三到一九七五年我在香港，親眼看到這一幕。我在新亞做校長的那一年，我到今天還記得，有位一年級學生，在別人提到孔子的時候，她滿臉通紅很憤怒地說，孔老二如何如何地瞧不起婦女，唯女子與小人難養也之類的。

這種憤怒一直延續到毛澤東死後，毛澤東死後，才慢慢有人對孔子有好一點的正式評價。李澤厚先生最早對孔子的評價就比較持平，他也因為這件事在後來被人攻擊。總而言之，一九七八年以後，謾罵的語言逐漸沒有了，但孔子本身的地位還是很低，國家方面對他沒有更好的印象。

但他們逐漸發覺到，共產黨不能再走那種極端激進主義，因為極端激進主義讓人懷疑權威，共產黨的權威因此就被懷疑了。它從前是打天下，搶國民黨的天下、要推翻一切秩序，可以無限制地罵孔子，作為一種推翻現代秩序的手段。但今天它慢慢感受到它要建立權威，馬克思主義現在又不足以成為權威，所以最後就轉到孔子了。

大約從一九八〇年代開始，首先就有國際儒聯的成立，這也是共產黨退職的高官（像副總理之類的）做會長。但他是以私人身分，在香港、台灣、海外從事統戰工作。

最近幾年來，孔子愈來愈厲害，全世界已經設立有三百多個孔子學院了，美國大概就有一、兩百個了。這都是以孔子的名義，在全世界進行統戰，認為中國有自己的文明、自己的聖人。這件事情本身並沒有什麼可以挑剔之處，但他們的動機很顯然與我們一般對孔子的尊敬不同，我可以提出兩點來：

第一點就是共產黨的尊孔，主要看重的是從孔子講的原話中抽離出來的一個意見，就是不要犯上作亂，犯上作亂是很壞的事情，這是共產黨現在一直提倡的。像于丹講《論語》主要都是強調這些，要一個和諧社會。怎樣的和諧？就是要服從權威，要服從黨和中央。

第二點，就是孔子象徵著中國的國家、中國的民族，他就是民族主義、國家主義最大的象徵，對抗西方的價值。所有西方的自由、民主、人權種種，只要以孔子的名義、以中國的名義、不合國情的名義，都可以拒之門外，完全拋棄了五四以來追求現代化、提倡民主跟科學這兩方面的成績。

他們也在追求科學，但只是技術上的科技。科學的精神、求知的精神，為真理要講真理的精神，這些就不在他們追求之內了。

當然不止這兩方面。一個是不要犯上作亂，走向和諧，聽黨的話；一個是國家主義、民族主義，以中國國情為主，用孔子提倡的東西來對抗西方幾百年來發展的一些普世價值（本來是西方的，但其他國家也有，沒有西方發展得那麼完整，所以才叫普世價值）。

事實上，民主、自由、人權這些觀念，都是晚清到民國初年的中國儒家提倡的，尤其晚清，都是提倡這些西方價值的，像郭嵩燾、嚴復、薛福成，都是儒家出身，他們都認為民主、人權，乃至英國尊重人權的種種作為，法庭上不用刑逼供，這都是現代文明，但在中國也是有根的。

這些東西現在都被共產黨否定了，而走上一條狹窄的民族主義、國家主義、國家至上、黨領導一切的方向，所以這是天安門廣場的孔子像對我們最大的啟示。

中國人文研究的困境

二〇〇三年九月九日

人文研究是一種不同於自然科學研究的研究，是關於人的研究，裡面可以包括所有人文社會科學，包括哲學、歷史、文學、社會學、經濟學、政治學這些方面。這些方面和自然科學最大的不同在哪裡呢？那就是這些研究都涉及到人。而人文不同跟文化有關，每個大的文化傳統，總有關於政治、經濟、哲學、宗教方面的各種不同想法。這些想法不是一致的，不像自然現象是普遍的。自然現象的普遍性，比如說光在哪裡都是光，月在哪裡都是月，如果科學家研究這些現象，那是不變的，它是真正具有普遍性的。

本來人文研究在十九世紀以來，都追隨了自然科學做模範，因為自然科學取得那麼大的成就，理由是它把一切事物都當作客觀對象來研究。那麼，人文研究如果想取得同樣的成績，我們一定也要照自然科學的同樣辦法。可是慢慢地大家就發現，完全照自然科學的辦法，沒法講人的問題，至少講不清楚。

實際上沒有什麼「放諸四海而皆準，以俟百世而不惑」這樣一種普遍真理，可以用在人類的發展上面。中國人和西方人到底有文化差異。我們這一百年來過分地借用西方的科學，然後又借用西方關於人文學各種各樣的說法。這一百年來西方思想變化很大，二十世紀初年的一種實證主義，就像以科學為模式的研究方式，到今天變成後現代，一切都做不得準了。這其實相差很遠，而中國人始終在追隨西方的模式，即使我們中國人也想自己獨立，但不是自己想出一套關於自己文化發展的理論、實踐，而是照抄西方。比如說西方人反對西方，於是產生了馬克思主義這種批判，可是這種批判都是批判西方社會的，拿來在中國社會是不是完全有效、同樣有效？那就很成問題。但我們現在想提倡中國，卻不知道中國有什麼、中國的認同在哪裡、中國的同一性在哪裡，什麼是中國的identity？所以這需要研究。

在西方，從希臘、羅馬到今天美國的社會變化，都有連續不斷的傳統，這個傳統也在更新。這都是根據西方人文的經驗得出的結論、進步，而中國恐怕不能照抄這種形式。可是我們現在最大的問題就在這裡，我們不能光關起門來自說自話，研究自己的問題，也還是要進一步參考西方的經驗。但重要的是，參考西方經驗是一回事，又不能把西方人文研究方面得出的結論，無論是社會學的、經濟學的、政治學的或是文化哲學的，拿來當成絕對的真理照抄，把中國情況填到西方的公式裡面，這是我們最需要避免的。我們一百多年來都沒有擺脫這樣一個困境，自己還沒有獨立，只是跟隨西方。所以說，我們必須要了解中國的特殊性，這個特殊性是從經驗材料裡得來的，不是靠西方的理論所提供的。

（本篇網路無錄音檔）

圍繞「三代工程」的爭論

二〇〇二年八月二日

今天我想討論的題目是所謂「三代工程」。這是大陸耗資差不多一千萬到上億人民幣的一項研究計畫，目的是為中國古代的夏、商、周三代歷史訂下一個年表。兩百多位學者參加了這個計畫，領導計畫的是現在大陸很有名的考古學家、歷史學家李學勤先生。李先生我也認識，是個很有學問的人。但他主持這個政府的計畫，當然不能不依照政府的意旨進行。

這個計畫從一九九六年開始，據說是一位高階領導遊覽世界文明遺跡以後，發現遺跡歷史那麼長久，因此覺得中國也應該有一個可靠的歷史年表。在這個觀念下，就發動了所謂三代工程，即夏、商、周斷代工程。如何斷代？夏從什麼時候開始？究竟有沒有夏？商是怎麼樣的？周代又是怎麼樣的？要搞清楚的問題很多。所以說這個工程非常浩大，投入的人力也非常多，設計的題目包括各方面，從天文到曆法，什麼都有。這個工程到二〇〇〇年基本完成了，現在只有一份簡單的報告。詳細研究成果一直還沒公布，但簡單的報告已經把他們的結論都傳出來了。

今年四月初，美國亞洲學協會開年會，其中就有一場會議專門討論夏、商、周三代工程。李學勤先生代表大陸，包括考古學家張長壽先生在內，其他人也參加了討論，在大會上陳述他們的結果。美國的一些專門教授，如芝加哥大學的學者夏含夷（Edward Shaughnessy），史丹佛大學的專家倪德衛（David Nivison）也參加了這個討論，另外還有張立東先生。張先生回國以後發表了一篇文章，報告夏、商、周三代工程在美國的討論情況，題目叫做〈面對面的對話〉，詳細報導了雙方爭論的經過。這是很正常的事情，因為古代歷史的年代，到現在我們還不能完全確定。如何能夠得到共同接受的結論，現在還很難說，這個爭論不但發生在美國學者和中國學者之間，而且有許多沒參加三代工程的中國學者，包括北京大學的鄒衡、宿白等著名考古學家，也都有不同意見，不過在國內情況下，他們不太敢挑戰官方動用一千萬元的大計畫所得到的結果。雙方有不同的意見，本來也是很正常的。

可是張立東五月份在《文物報》上發表一篇文章以後，馬上引起一場政治風波，就是政府好像要求《文物報》總編輯檢討，還要把所有意見不同的文章退稿。網路上有許多報導，我相信基本上與事實相差不遠。我覺得這樣一個發展是很不幸的，從中國共產黨政府的立場來說，也是不明智的。把李學勤先生這樣一位優秀學者捲入其中，讓他承擔責任，幾乎變成代表官方的領袖，也是很不幸的。這對李先生的學術聲望會有不好的影響，所以我覺得很惋惜。

我並不是商代專家，但我也一直注重中國考古的發展，特別像是到底有沒有夏代這樣的問題，許多專家之間不同意見還是很多。年代上就更難判斷了，連我們現有的年代，大家都是根據《史記》推算來的。《史記》是漢朝寫成的，我們承認《史記》裡一定有古代的根據，但到底不敢做出最終定論。現在中國共產黨好像有一種想法，要重新反對任何對古代的懷疑，我想這是因為他們要從馬列主義意識型態轉為民族主義意識型態，要把中國歷史推得愈長愈好、愈早愈好，不希望別人再繼續疑古，因為疑古就等於疑今，等於間接懷疑現代權威。正是在這種思想氣氛下，中共進行了所謂「三代工程」這樣一個浩大的計畫。

（本篇網路無錄音檔）

重修清史：沒必要且荒謬

二〇〇四年十月十二日

按照國內報導，共產黨已經準備好六億人民幣重修清朝的歷史，計畫是用十年時間，以三千萬字篇幅來把清史重寫一遍。為什麼要這樣做？他們的理由是：我們現在雖然有一部《清史稿》，這個《清史稿》當然不能令人滿意，它只是一種資料的彙集。

今天共產黨忽然提出「盛世修史」這個觀念，所謂盛世，就是自以為最近經濟上發展很好，就已經進入盛世了。到底是不是盛世，國內學者也懷疑，說這是你自己跟自己比的盛世。所謂自己比的盛世，是比大躍進、文革時代要好一些，但中國究竟是否已經進入盛世很成問題。而且，為什麼要花六億人民幣用十年時間修三千萬字的史書，這是很不容易理解的。這樣就引起了很大的爭執，這個爭執的原因，我覺得，完全像我從前談過古代的「三代工程」，三代工程也是共產黨一種盛世修史的觀念，它想繼承中國最早的文明，所以要把中國文明推得愈早愈好。因此就要夏、商、周三代如何重新排列，得到一種定論。事實上，三代工程很難得到定論，因為有很多資料不足，只是推測之詞。

回到清史，三代工程可說是盛世修史最先、最早的一部分，清史也可說是最後的一部分。這最後的一部分如何能夠得到定論，是不可能的。根據中國共產黨領導清史的人，這個修史計畫負責人戴逸的說法，以前的清史就是清朝遺老修的清史，代表的觀點是反動的、封建的、落後的，完全不能表現真實，因此必須在馬列主義、毛澤東思想、鄧小平理論和三個代表指導之下，重修清史。這是更荒謬的一種說法。如果用這樣一個已經破產的歷史觀點來重修清史，就根本不可能修出一部史書來，還原歷史的本來面目。歷史的本來面目可不可以還原，本來就是很大的爭議，我們不想節外生枝談得那麼遠。我現在只想說，修清史是根本沒有必要的。

我們研究歷史根本不需要有一部定本，如果你有一部定本，現在有三千萬字，照他們國內人估計，每個清史專門研究生每天讀三萬字，也要好幾年才能讀完。這種情況下，就不可能拿這個為定本，如果已經有定本了，那又何必研究清史呢？所以無論如何，就現在的觀點說，根本不可能需要有一部正統的清史作為大家的標準。沒有這種標準。現有的《清史稿》也是一種資料，何況這部書一定是急就章，甚至於最後一定是招標，換句話說，把這錢拿出去，誰願意用最低價錢接受這個任務，就可以寫其中一部分。這樣寫出來的史書合不合乎標準，撰寫者有沒有真正的現代史學訓練，都很成問題。以我現在了解的中國史學工作者來講，合乎標準的人實在非常、非常少，因為訓練不夠。如果想找最好的清史學者，中國能找到十個、二十個已經不得了了。所以用招標的方式，著作水準根本不能保證。無論從任何方面看，都是很荒謬的事情，與三代工程同樣荒謬。花掉六億人民幣，用十年時間寫三千萬字，我可以斷言，就是廢紙，不會有人真正去看的。

共產黨為什麼會這樣做呢？共產黨就是在馬列主義實際上破產之後，沒有東西可以繼承，所以想繼承中國的老傳統了，三代工程是其中之一，修清史也是其中之一。這就表示它已經是新的朝代，而且是站穩了的朝代，所以敢於修前代歷史了，至於情況是不是如此，這是政治領域的問題，我就不談了。但我想，它改頭換面，想把自己變成一代王朝的繼承者，這觀念本身就很荒謬，也可以說是非馬克思主義的。

（本篇網路無錄音檔）

談談季羨林、任繼愈等「大師」

二〇〇九年八月四日刊登

季羨林教授的成就是研究梵文非常深入，他還研究巴利文和一些中亞文字，是一位古語言學家。但最近十幾二十年來，他身上發生了不少風波。

第一是很好的一面，因為他在「六四」學生被鎮壓的時候，站在學生這邊，支持學生。但慢慢就變了，被共產黨用攻心之法攻下來，變成歌功頌德的人了，專門提倡中國民族主義。所以他晚年這十幾年來，不但被共產黨捧為「國學大師」，還成了「國寶」。溫家寶、胡錦濤等人對他敬禮有加，他也在二〇〇五年寫《泰山頌》，歌頌泰山，其實歌頌的主要就是共產黨。說共產黨來了以後，現在天地都變了，人和政通（「星換斗移，河清海晏。人和政通，上下相安」），引起民間許多冷嘲熱諷。

同時，他研究的是古印度文字，以及東南亞文字、中亞文字，與中國毫無關係，怎麼可以變成「國學大師」？所以又在網上引起很多批評。

他也聽到這些不大好聽的話，有一次就公開宣布：他不是「大師」，尤其不是「國學大師」。以為這樣就能平息閒話，但其實沒用。共產黨官方已經把他封為「大師」了，因為他們需要有這樣一個看似德高望重的人來支持。

所以他的晚年完全變了，從最初抗議天安門屠殺，到後來歌功頌德。他早就停止著述了，我唯一看到他具有學術價值的著作，是一九五七年的選集《中印文化關係史論叢》，收集了他從一九四〇年代到一九五〇年代初寫的一些文章，那比較算是學術研究，後來就沒有了。他後來也跟其他人一樣遭遇反右、文革種種，也不能怪他。總而言之，這個人也是一個有相當成績的讀書人，但因為政治上的反覆，變成這樣一個「大師」，卻很叫人啼笑皆非。

另一位任繼愈先生，我個人也很熟，他也是熊十力的學生。熊十力跟我的老師錢穆先生很熟，所以任繼愈和我也算是同門。一九七八年我到北京的時候，他那時是社科院的世界宗教研究所所長，他還特別到旅館來看我。後來他到美國來，還在我家住過一陣子，我們有些私交。他當然也算是「大師」級的，年齡不比季羨林小多少，這兩位都是讀書人，原本都應該不錯的。可是任繼愈也很早就陷入權力、勢力範圍之內，很早就變成毛很喜歡的一名私人顧問，常常讓他去講佛教。他早期也做了一些學問，寫過佛教史的論集，也和季羨林一樣，都是早期的作品，後來就沒見到有什麼新的著作了，這是環境使然。

這兩位先生現在都已變成「大師」，也可以這樣說。可是我們要看看古代的「大師」，遠的不說，像清朝的戴震、錢大昕，更早一點的顧炎武，那才是真正的「大師」。到清朝末年、民國初年，有孫詒讓、周予同等；再下來，康有為、還有章太炎（章炳麟），這些「大師」才是真正的「大師」，是大家所公認的。這些人跟政府的關係，可以說都不是完全一面倒，有時支持政府，有時反對政府，都能獨立發言的，在社會上非常有份量。

再後一代，像是胡適，也變成「大師」了，也是負國家重望，說出的每一句話都受到重視。他批評政府也很嚴格，從大陸到台灣都是如此。蔣介石一方面非常討厭他，一方面又非常尊重他，不敢對他動手。

所以過去的「大師」至少可以發揮中國學術界對政府的一種監督力量，或者說是一種批判力量，正因為這種監督和批判力量，才能長久地獲得學術界尊敬，而學術界也因為有這樣的「大師」，慢慢地得到一種應有的地位。

這個地位本來有它的尊嚴，學術界不是給政府歌功頌德的「歌德派」，一變成「歌德派」，學術界的人馬上就看不起你。所以「歌德派」的人在過去絕不會成為「大師」。而在共產黨之下，只有「歌德派」才有可能成為「大師」。換句話說，學術界沒有獨立的力量，這是中國最近六十年來，最不幸的一件事情。

這樣的不幸，當然跟它的政治制度有著很密切的關係。因為在共產黨底下，跟黨的基本教義或基本意識形態相牴觸的，就不會讓你存在。現在雖然不堅持馬列主義這一套，但還有一點是一定堅持的，就是一定要恭維現在的政府，說現在的執政黨是偉大的、中國前途完全靠它這個黨、只有這樣中國才有前途等等。所有這些人都是如此，包括楊振寧這樣的科學界大師也是如此。

在這種情況下，我們可以看到，這些所謂的「大師」有的真、有的假，但有一點是跟過去絕對不同的。因為以前的「大師」是監督或批判政府的，這種力量是獨立的，政治領袖沒辦法在過去的時代製造出「大師」來，就是從前清朝的皇帝也造不出「大師」來。「大師」是從底下社會上，從讀書人心中慢慢形成的，而且是長期形成的，不是短期、不是任何人捧得出來的。任何人捧、任何人吹、特別是政府一吹一捧，那就更糟糕。

所以這是中國未來要擔心的地方，如果社會不能產生出獨立的學術界、沒有一個獨立的是非標準，使得學術界、精神界出現人民或一般人所共同承認的「大師」、精神領袖的話，最後就只剩下歌功頌德的人，就像寫《泰山頌》的季羨林先生那樣的「大師」了，季羨林先生也不是什麼壞人，但就是沒有一種硬骨頭，能與政府相爭，然後又受到民族主義情緒的激蕩，就一切不顧了，說起話來毫無根據。我想這是中國學術界面臨的重大危機。

（本篇網路無錄音檔）

六十年來大陸人文學界一片荒涼

二〇〇九年九月十六日錄音
二〇〇九年九月二十八日刊登

中共這次慶祝六十周年被認為是最重要的事，一切都要保持國內的安靜、平穩，或者穩定、和諧的狀態，所以對新疆維吾爾人特別壓制，就怕他們造反、弄出事情來，使他們不能好好慶祝六十周年，可見他們緊張到什麼程度。

此外，網路上的一切也要保持安靜，不能對黨提出任何異議。我上次報導過，萬里已經指出，這六十年中間並不都是輝煌的，有很多很多不光輝，像文革、大躍進等等。他提的還都是政治方面、經濟方面。我現在只講我所熟悉的學術界，特別是人文學界，比如說歷史研究這個大領域，這是共產黨從前非常嚴密控制的一個地方，不准任何人亂說一句的。而這六十年來，你看看中國大陸在歷史研究方面，有沒有任何原創性貢獻可供後人參考的。

我第一個要講的就是知識分子，或者我叫他們知識人。中國的知識人自從共產黨來了以後，就變成被壓制、控制的對象，不給他們任何自由，首先就要改造他們。我想，共產黨對知識分子動手，關鍵並不在於大家現在以為、人人也都知道的一九五七年反右。反右是全國性的，因為有超過百萬高等院校、知識界的著名人物被打入右派分子陣營、被關起來，成了右派分子以後，你就不齒於人了。

大家都說共產黨從一九五七年開始壓制知識人，事實上，我最近研究顧頡剛、吳宓、鄧之誠的日記，這些老先生當時一天天記下來的事情，我所看到的全國知識人第一次遭受系統性的打擊，就是一九五一、一九五二年的所謂思想改造。

這個思想改造，一般人不知道，現在當然有人研究了，大陸的謝泳先生好像也寫過這類文章，我沒看到，不過別人告訴過我。思想改造的意義就是開始第一波對知識分子下手。這個思想改造運動，我們看到許多紀錄，像吳宓記載四川的情況、鄧之誠記載北京的情況、顧頡剛記載上海的情況。而顧頡剛日記比較詳細，他在思想改造運動中，提出許多可怕的情況，許多很有名的知識分子、很有名的學者，就因為過不了思想改造這一關，或者自殺，或者被下放到某種地方去學習。他提的人名很多，這裡我就不必重複了。至於他自己，還是因為共產黨想利用他，那時毛澤東大概想把他調到北京去，所以要保他過關，他是上海學術界唯一被保護過關的人，即使是這樣，他也吃了無數苦頭。每天要被逼著寫檢討、寫報告。

所謂的思想改造，首先就是要把自己過去一切對共產黨不利的（所謂「對人民不利」—

的）所作所為，坦白說出來，說出來以後再改進。寫這個東西是極為痛苦的。因為顧頡剛在國民黨時代做了很多事情，都跟國民黨有關，所以更難寫這個交代。總而言之，這是一個很大的關卡。我們要講共產黨對人文學術的摧殘，我想一九五一、一九五二年思想改造是第一波，第二波才輪到反右。

反右更是不得了。那是有系統的，特別是在人文學界、歷史學界。反右以後，我們看到的是一片萬馬齊喑的局面，沒有任何人再敢說話了。所以我們看這些情況，就可以想到共產黨六十年來的所作所為是多麼可怕。而最近二、三十年，我們不能細講了。它是用金錢跟權力結合，要腐蝕知識界，所以中國儘管有許多很好的學者，但都不能出頭，真出頭的人都是跟黨關係密切的。所以在這種情況下，這六十年來的人文學界是一片荒涼，到現在還沒有任何起色。

中國在意識形態控制下　缺乏對歷史的研究

二〇〇九年十二月九日錄音
二〇〇九年十二月二十八日刊登

六十年來，中國的歷史研究被共產黨的意識形態束縛住了，只能講馬列主義，只能講階級鬥爭，只能講農民革命，把歷史都曲解了，一般的通俗歷史更沒人敢寫。

在這種情況下，歷史知識是完全沒有的，只有教科書上的，教科書基本上都以共產黨的光榮、偉大為主。除此以外，沒有歷史知識，而且許多都是曲解、亂寫的。

我們本來是最有歷史、史學傳統最豐富的一個民族，卻變成了最無歷史知識的一個國家。這很可怕。在大陸思想意識形態沒有正式取消以前，即使短篇的文章可以隨便寫，但真要用完全不受約束的自由觀點寫一本教科書，是沒有人敢試的；你就是寫了，也沒人敢出版。

除了唐德剛先生以外，我還想提到我從前的一個老學生黃仁宇，黃仁宇先生也是密西根大學的歷史博士。我在密西根大學的時候，剛好還指導他的論文，他晚年寫了很多中國大歷史，從蔣介石的日記看歷史、看蔣介石的一生，也寫了《萬曆十五年》提倡改革，《萬曆十五年》在中國也發生很大作用。

「六四」的時候，《人民日報》在屠殺過後的報導，指出毒害中國的作品，其中之一就是黃仁宇的《萬曆十五年》，把他的《萬曆十五年》跟蘇曉康的《河殤》並列，認為這是給中國帶來災害的兩部作品，一個是電視，一個是歷史著作。

黃仁宇的自傳後來在大陸也很暢銷，凡此種種都可以看出歷史的重要性。中國沒有歷史知識，但民間有一種渴望、有一種饑渴，需要歷史。我覺得我們現在應該提供這個東西。

我們來看看，外國歷史知識發達的國家都是文明程度高、政治民主化、社會思想都自由的。比如美國，美國歷史教學，對於美國史、西方文化史、亞洲通史都很重視。尤其美國史是每個美國人都要有的基本教養。

另外在英國，我們可以看到邱吉爾（Winston Churchill）是個大史學家，寫的多卷本《英語民族史》，後來還得到諾貝爾文學獎，這些都可以看出邱吉爾歷史知識的重要。諾曼地登陸之前開軍事會議，只有邱吉爾能夠指出法國北海岸的哪些地方可以登陸、哪個小村子是什麼模樣，他都一目了然。這樣的歷史知識使得當時的將軍、包括艾森豪（Dwight Eisenhower）等在內，都非常震驚，由此可見歷史的重要性。

我可以這樣說，歷史學在人文和社會科學中的地位，相當於數學、物理學、化學在自然科學界的地位。人文社會科學如果丟掉歷史，那是非常空泛的。美國社會科學家有一度好像不重視歷史，結果時間久了以後，才發現這些課非補不可。

中國的費孝通本來是研究功能學派的社會學、不注重歷史。等到他研究中國社會，就發現非補上歷史這一課不可。這當然是費孝通在一九四九年以前的態度，以後他受到共產黨的壓制，就沒有什麼精彩成果可言了。

但歷史的重要性還不光是灌輸死的知識，最重要的是要有不同觀點。從頭到尾看中國的歷史如何發展、我們是怎麼來的，讓我們對自己有一個比較可靠的記憶。但這個記憶可能是多面的。所以一個人講歷史永遠講不完的，由唐德剛先生、黃仁宇先生講的方面也不同、朝代也不同，但就算相同也不夠，一個人的觀點不能代替所有人的觀點，所以歷史是歡迎各種不同觀點的、是多元的。

在這個基礎上，我希望中國專業的史學家同時也花些功夫想一想，我們要如何把這樣的專門研究、在檔案裡做的一個個研究，變成通俗的知識傳給大眾。這樣大眾才會有歷史知識，一般老百姓才有歷史知識，才會有判斷力。

如果有這種判斷力，就不會像一九五〇年代共產黨毛澤東一個人在那兒橫行霸道，他一個人有點兒錯誤的歷史知識，多半是通俗演義看來的，包括《三國演義》。而他部下的共產黨人沒幾個懂得歷史知識，一個都沒有，包括周恩來在內，任由他一個人胡說八道。

我們今天看到大陸出版了很多毛澤東讀史的紀錄，可見他都是以一種很特別的、很狹隘的、可說是完全錯誤的政治性觀點來看歷史。如果稍微有點歷史知識，不可能荒唐到要搞大躍進、全民煉鋼之類的。土法煉鋼、畝產萬斤，都是不可能的事。

可見歷史知識缺乏，一旦在極權政治之下被誤用以後，那禍害是不得了的，所以我希望今後能在這方面，對我們的讀者、聽眾有點幫助。

給農民提供健康的文化娛樂

二〇〇六年十一月二十八日

不久前我看到一篇報導，是由法新社發出的。它使我感到很困擾。這篇報導說，在河南農村一個鎮上，有一種節日慶祝娛樂，墮落為一種色情表演，據說參加的農民很多，這是個很大的問題。

照這篇報導說，中國農村有八億以上人口，這些人有很強烈的文化需求，因為他們也要娛樂。過去他們有很多傳統活動可以娛樂；今天，因為農村文化破產了，農民精神上沒有出路，不知道該在哪裡找到自己精神上的興趣發展，所以就發展成了那樣一個現象。

《人民日報》也因此寫了一篇社論，說中國農民在休閒時心靈空虛，一定要有東西來填補。用什麼來填補，就是個很大的問題。

我們看看從前中國這方面是怎麼樣的？從前中國的民間文化和高層文化——就是讀書人、士大夫的文化——是溝通的、雙軌並行的。這從《詩經》中就可以看出。《詩經》就是各國的國風、老百姓的歌賦、喜怒哀樂，由中央派官員去考察，把民間的歌賦等等都記錄下來。這些歌賦有的是罵政府的，有的是批評國家的，有的則是批評社會現象的。這些被記錄下來，就成了一部《詩經》。所以采風在中國傳統的政府裡一直很重要。老百姓有什麼想法？有什麼精神要求？這些民間文化蒐集起來到了上層，由文人學士編輯，重新潤色之後，就上升成了很好的文學作品。但它的來源是老百姓的生活。同時，中國士大夫和老百姓之間也不是那麼隔閡，所以有一種中間文化，在西方中古史稱為第三種文化。這種文化是上層人跟下層人都欣賞的，中國叫做「雅俗共賞」，雅人、士大夫和老百姓都欣賞。比如說戲曲，像我們知道在中國舞台上活躍了幾百年的京劇等，都源於地方戲曲，都是老百姓歌唱，然後士大夫寫劇本，使其文辭優雅，但也並不過於優雅，而是老百姓也能懂的。所以上層、下層、士大夫、老百姓，不分雅俗都可以欣賞。文化在其中就成了人們心靈的一種滋潤，平時就能有消遣，生活就很豐富了，同時喜怒哀樂都有地方發洩，得到心靈的平靜，就可以回去工作了。

然而這些文化從一九四九年以後，就被慢慢消滅了。民間文化剛開始還可以存在，後來慢慢就沒有了，到了文化大革命「破四舊」，把所有宗教也去掉了，民間的祭祀、祭祖等等都沒有了，都認為是「舊」的。這樣一來，人的精神就沒有出路，就只是聽黨的話，講的只是階級鬥爭，天天講、人人講。

但文化是從人性、人情、生活裡面來的，裡面有許多悲歡離合，跟政治沒有關係，跟階級也沒有關係。如果中國共產黨還想搞和諧社會的話，我想應該在如何豐富文化內容方面、尤其給老百姓提供一種文化發展的餘地。由老百姓自己來發展，而不是政府來發展，但政府要給他們一個發展的機會。一方面保留一些中國傳統的事物，然後吸收一些西方事物。這是可以做到的。比如佛教傳入中國的時候就是外國的東西，但很快就在民間生根了，慢慢地就變成中國文化很重要的一部分。今天我們吸收西方的文化，也應該以吸收佛教的方式，由老百姓自己決定。像日本人常常就能做到這一點。他們把西方的東西接收進來，和他們自己原來的神道、佛教甚至儒教都合而為一。

所以從這方面說，我想這是當前一個很大的任務。這個任務反而得以受益於商業發展。中國十六、十七世紀商業發展了，戲曲小說也非常流行，兩者是有關係的。經濟發展了，文化也會發展，並不會有妨礙。

但一定要走完全庸俗化的路子，那就困難了。現在中國的商業文化是非常庸俗化的，所以帶到鄉村的也是不健康的內容。這是很大的問題，我希望中國的學者、文學家、藝術家都應該好好地想一想。

（本篇網路無錄音檔）

北京藝術家集體抗議強制拆遷事件

二〇一〇年三月十七日錄音
二〇一〇年三月三十日刊登

二月二十二日淩晨，近兩百名蒙面人、黑衣暴徒跑來突襲，連人帶東西打得稀爛，而且在這以前，他們又不斷派人來偷藝術家的東西，讓藝術家最後一無所有。藝術家也奮起反抗，派人前後把守。

但到後來，來了幾車暴徒，二月二十二日，這個藝術家就抵抗不住了。很多人就在抵抗之中被打傷。日本藝術家岩間賢被打破頭，滿面流血，最後因為日本大使館派人出面，把他送到中日友誼醫院，縫了好多針，這是其中之一，這樣公然襲擊是很令人意外的。

這並不是沒有發生過，在別的地方、別的城市，甚至在北京郊區都發生過。但發生在北京城內，而且發生在一群藝術家身上，是很不尋常的。

為了這個緣故，藝術家也奮起展開種種抵抗。比如說，他們在拆遷地點的外面圍成人牆，舉著一片大布條，這個布條英文寫的是中國，China，把這個 China 拆字拆成「拆—哪」，把房子拆掉，把中國就代表「拆」。這就是藝術家用藝術方式來進行的一種反抗。

這些藝術家有一位領袖，就是大家都知道的艾未未。他路見不平、什麼不平他都要出來的，包括到四川去，為了地震罹難的小孩子，他也出頭被打，而且被法院傳訊。他這次又出頭了，領導了幾十個藝術家，二月二十二日當天下午就組織大遊行，「天安門」以後，可以說沒有人敢在北京地區遊行的。

他們舉著布條，參加的人有幾十人、上百人，觀眾尤其多，都在路上打著「公民權利」這個招牌，要一路向天安門前進。

當然，沒走過多少條街就被公安人員擋住，走不動了。但觀眾拍照的拍照、鼓掌的鼓掌，給他們很多鼓勵。因為北京市民被迫遷居、被地產商和政府聯合壓迫的事情太多了。而且這件事政府也脫不了責任，因為當天暴徒來的時候就打電話報警，當地警察局根本不派人來。警察來了以後，在底下坐了差不多近一小時，不採取任何行動。等這一、兩百個蒙面打手走了以後，警察才跑來敷衍敷衍。

這件事情之所以可怕，就是它能在北京城中心發生，而且不是發生在一般老百姓，而是近千名藝術家身上，不過這個工作室特別倒楣，被打成這個樣子。

在這種情況下，我們可以想像，政府、黨跟它的地產商（地產商也都是他們自己的人）

或高幹子弟之類，這些人圖謀私利、假公濟私，藉發展之名，個個都發了財。

發財的人都跟黨、跟政府有關，政府也在背後支持他們，甚至用流氓手段、出動黑社會一、兩百人來打，這是不可能的事情。別人絕對不可能在北京組織一、兩百人橫行霸道，用武力來對付老百姓，沒有政府的支援，這是不可能存在的。

由此表現的問題，我認為相當嚴重。其中一位藝術家，就是畫家黃瑞說的很好：我們阻擋不住的，因為這是城市普遍現象，到處都在拆遷，到處都有賠償問題。政府利用農村土地法律轉換的辦法來向城市居民施壓，個別老百姓、就連有組織的成群藝術家也抵抗不住，所以他認為最後是不行的。

《紐約時報》的報導說，政府好像賠償了他們五百萬，幫他們找另一個地方安頓。這只是一處，因為壓力大了，可能就慷慨一點，我想問題並沒有解決。這是個象徵，象徵中國現在是地產商、發展商跟黨的勢力者聯合在一起，得到政府許可，才能橫行霸道。

這件事使我想起中國傳統來，共產黨提倡儒家、提倡孔子，孔子最戒的一件事就是「貪」字，對這個「貪」字深惡痛絕。孔子有一句話，叫「欲而不貪」。「欲」是欲望、正當的欲望，但不能「貪」、不能過頭。貪過頭就是把別人的欲望都消滅了，只唯我獨尊。

「欲而不貪」在孔子認為是五種美德之一，所以孔子要尊五美，「欲而不貪」是其中之一。從此以後，「貪」字在中國歷史上，大家心裡有數，覺得不能犯，而且政府對老百姓不能爭利，這也是孔子起碼的教訓。

像漢朝《鹽鐵論》就說不能與民爭利，但這個時候，共產黨完全不管這套，可以說是貪汙橫行，貪吏跟貪商聯合起來，搞得中國社會現在完全沒有秩序。將來怎麼收拾，值得大家好好想想。

用流氓手段統治的大國怎能崛起

二〇一〇年七月二十一日錄音
二〇一〇年七月二十二日刊登

北京的藝術家吳玉仁，在二〇一〇年五月三十一日，幫一個朋友到警察局報案，因為他的朋友借了他的一個發電機，被北京的業主偷走了，所以他就一塊到警察局報案。

這本來是跟吳玉仁本人沒有關係的事情，但到了警察局以後，警察就把兩個人分別審問，對吳玉仁非常粗暴，五個警察把他的頭蒙起來痛打，肩膀、頭部都受傷。他要去照X光，當然也不行，照了也不會給他看，這就變成一個很大的案子。

這個案子照說可大可小，這樣的衝突我想在中國到處都會發生。尤其現在警察氣焰非常高，打人、罵人，老百姓根本只有挨著、聽著的份，但何以變成這樣大的案子呢？其中有很多原因。

第一個原因，這位藝術家本身的背景很不簡單。二〇一〇年二月，北京一群藝術家、包括日本的藝術家在內，他們的工作室剛好是某個發展商要開發的地方，就強迫他們拆遷，他們就抗議。發展商找了一、兩百個流氓，把整個藝術家的工作室打光了，而且還打傷了人，那個日本人也被打傷了。這是很大的案子，當時國際上到處都有報導。

當時參加者之一就是艾未未，吳玉仁先生也在裡面。他們有幾十個藝術家為了抗議，一直跑到中長安街，鬧出很大的事情來。因為中長安街很接近天安門廣場了，他們居然敢去示威，所以引起注意。這是因為艾未未的國內和國際聲望保護了他，警察不敢亂動，雖然艾未未在四川也挨打。

這是一個原因。我想這個原因種下了禍根。這個禍根就是北京的警察非常恨吳玉仁，因為吳玉仁當時是組織抗議中非常活躍的一分子。不但如此，他跟艾未未、還有其他的藝術家也連署過劉曉波的《零八憲章》，這當然更是禍上加禍，這些事情加起來，就造成今天這個案子。

這個案子之所以能受到國內外到處注意，比如說《紐約時報》（我是在《紐約時報》看到很多報導的），還有加拿大多倫多的《星報》，還有美聯社，再加上英國的《每日電訊報》，都是不得了的報紙。這些報導都集中在一點，就是中國的法律根本無從了解，你一旦掉到法律陷阱中、官方要用法律來治你，任何公民都沒有任何自保的可能。

之所以如此，就是因為吳玉仁的太太是加拿大人，她的名字叫彭凱琳（Karen

Patterson），她寫了一封信到國際上求援，可是事實上，要挽救是很困難的。

事情可以說非常小，但又可以變得非常大。五月三十一日他們進去以後，照說事主是那位楊立才先生，他是為了幫楊立才才進警察局的。結果他們倆被分別審問，楊立才十天之內就被放走了，而專門對付吳玉仁，可以說這是非常奇怪的一件事。

但吳玉仁為什麼會遭到這樣的待遇呢？警方有它一套邏輯。說他用暴力妨害公務，就是打了警察。他是一個比較文弱的人、一般人都說他性格很溫和，當然在警察局受到種種非常無理的待遇後，他可能有些反抗，而且得罪了人，但構不成暴力。我不能想像，一個藝術家在派出所裡面，還能用暴力來傷害員警，他又不是上海的楊佳，怎麼可能做得到？

總而言之，這是一種報復、一種誣栽，這就是非常可悲的一件事情。因為一個大國，照說警察應該是很文明的，是維持秩序的、是幫老百姓抓罪犯的。罪犯就是搶劫犯、偷竊犯、各種真正犯法的人，而不是對付一般公民，一般公民應該受它保護的。

比如說，他的朋友楊立才東西被偷，警察局應該去問這個事主。他們不去問這個七八九號的業主，反而是姓楊的有罪、特別是吳有罪，更是很荒唐的。可見警察局其實永遠幫著有錢人，站在有錢人那邊。上次發展商受到警察保護，他們雖然報了警，但兩百多個流氓來打，警察就坐在外面、根本不干涉，就是默許的。

這次藉機報復，把吳玉仁關起來，而且五個警察把他蒙頭痛打一頓，還要說他用暴力妨害公務，這可說是非常荒唐的一種指控，沒有一個人會相信。

所以英國的《每日電訊報》、加拿大的多倫多《星報》，加上《紐約時報》，都有共同的意見，就是中國的法律完全不可測，這個法律是絕對不公平的。對老百姓只有欺壓，而沒有保護作用。

我想，這個事情對中共來說影響非常壞，我不懂為什麼要採取這樣一個手段對付一個藝術家，這明明是黨方面的報復，是殺雞儆猴。就是要讓大家看清楚，你只要想反抗黨、想對黨抗議，那就「逆我者亡」；否則你就乖乖聽話，那就「順我者昌」，這很明顯是黨的一個訊息。

這個訊息是給所有的知識人，包括藝術家在內，甚至一般老百姓，只要任何人在今天這個情況之下，違背了黨的意志，那麼你就沒有什麼好日子可過，而且警察局把你抓去，總可以找些罪名，像這個「暴力妨害公務罪」、「襲警罪」，最高可以判處三年徒刑，當然不能再高了。他們也沒有照相，也沒有任何東西可以幫他說話，吳玉仁完全是被誣栽的。

所以，我覺得一個大國首都的警察局，採用的竟然是黑社會的流氓手段，這是非常可怕的事。如果中國能讓這樣的流氓手段繼續統治下去，我不知道他們所想像的「大國崛起」國際形象怎麼能夠維持。

談談艾未未事件

二〇一一年四月二十日錄音
二〇一一年五月三日刊登

中共現在正式向兩個世界同時展開猛烈進攻，那就是藝術的世界和宗教的世界。共產黨現在有恃無恐，覺得自己經濟實力夠了，軍事力量也夠了，不在乎任何外界批評，可以為所欲為了。

第一個世界就是所謂藝術世界，當然以大家都知道的艾未未事件為代表。艾未未從今年四月初就被逮捕，讓他不能出國。他本來要到香港、台灣去做展覽，臨上飛機把他逮下來了；然後就不知關在什麼地方，而且派大批公安人員到他家裡收集所有的電腦種種。現在外交部公開發表的消息，也登在香港的共產黨《文匯報》上，就是說他有經濟犯罪。

所謂經濟犯罪，就是說他逃稅。這當然很可笑。如果是為了逃稅這件事情來抓他，就算是真的，也是小題大作。因為共產黨那麼多貪官，它都不去抓，要抓一個逃稅的人，何況藝術家的逃稅根本就是很難成立的說法，外面沒有人相信這點，這是一個政治案件。

這個案件就是因為他心直口快，說了許多對共產黨及其統治有害的話，而且還有很大的號召力。他在網上粉絲大概就有七、八萬之多，只要他出來一號召，那就很厲害的。

重要的是，他是詩人艾青的兒子，很早就學藝術，在美國也待了很久。天安門事件的時候，他還在美國，但他在美國學藝術，沒有正式捲入政治。後來因為父親病了，他就回國了，回國以後，他就在藝術方面有許多發展，他在紐約學了許多西方藝術，當時西方人並不重視他。但他回國以後自己發展，得到世界的承認，所以他在世界藝術圈中，可說是最受尊重的一位中國人了。

他前年在倫敦展覽《一百萬個葵花子》（就是向日葵的瓜子，用瓷器做成，每個都不一樣），震驚了全世界。最近他又做了十二生肖，馬上五月初就要在紐約的中央公園大展覽，美國整個藝術界都轟動、都等待。所以他被捕的消息引起全世界（包括德國、美國、英國的）藝術界、博物館界人士共同抗議。英國、美國、德國也紛紛致電中共，要求釋放艾未未。

我們當然知道，共產黨是非常狠的，現在絕不會輕易放鬆，也不會放他。不過我們要知道，這件事情將來的震動之大，不是共產黨所能想像的。今天中國政府已成為世界言論自由最大的威脅，因此我們特別需要艾未未、廖亦武和劉曉波。如果你們有興趣去查全世界對艾未未事件的反應，共產黨的進攻引起全世界藝術界（包括文學界在內）的憤怒，這是要注意的一點。

第二個我講宗教，這件事大家也知道，守望教會是一個兩、三千人的教會，在北京郊外，現在被查封了。他們用的手段非常卑鄙，花錢買的房子，政府卻說是不合法的。但守望教會一定要發展它的教會，所以這種精神的、宗教的力量，我相信更不是政治暴力可以輕易摧毀的。這一點我有百分之百的信心，而中國歷史、外國歷史都證明了這點。用暴力來阻止宗教發展不但不可能，而且火上澆油，幫助它成長得愈來愈快，這是毫無問題的。

所以我想，這兩個世界雖然都被共產黨的暴力直接攻擊，但它們的前途還是相當輝煌的。不過短期內，有許多人要受苦受難，要進到監牢、要挨電棍打，甚至要判刑、坐牢。但這些人既然投入了藝術世界或宗教世界，他們都有最基本的信仰，這種信仰不是人力可以毀得掉的，我絕對相信這點。

談《甲申文化宣言》

二〇〇四年十一月九日

我覺得他們的用心當然很好。就是希望表示一下中國人對文化的態度。這個宣言的一般性原則，可以說是大家早已接受的常識，用不著在宣言上聲明了。比如說，宣言中說每個國家、民族都有權利和義務選擇、保存，和發展自己的傳統文化，這是人人都接受的。

另一個原則，比如說，自主選擇接受、不完全接受，或在某些具體領域完全不接受外來文化的因素。這作為一個原則來講，本來也沒有什麼，可是我們知道這是代表中國官方的聲音，官方現在想接受的西方文化，大概是資本主義跨國公司到中國來，讓中國賺很多錢，我想他們大概是要接受的。

可是西方講的那種民主制度、選舉制度、多黨制度，就是他們不要接受的，完全不接受的。還有些主張個人主義、自由主義，在中國為數很多的人，這些人就不包括在他們的宣言裡了。所以這是代表官方的一種表態，就表示中國人還是要走自己的路。自己的路就是由一個黨控制國家、政府、全國人民，作最後的決定。這是弦外之音，當然在提出共同原則的時候，不便提這些具體的東西。

所以我們從這個文化宣言的基本原則，就可以看出宣言的主要用意何在。

這個宣言使我想到，一九三五年國民黨也找了十位教授，發表了一篇《中國本位的文化建設宣言》，說對西方文化也不排斥。這跟《甲申文化宣言》是一樣的。但另一方面，也是「取其所當取」，什麼是我們要的，我們自己決定；「剔其所當剔」，就是我們不喜歡的西方文化，我們也可以不要。我們知道，一九三五年當時的國民黨，正想以國民黨和蔣介石為中心，也想在文化上達到這樣一個統一的目標，因此就有十位教授寫出這篇宣言。

而這篇宣言作為文化宣言，跟七十年後《甲申文化宣言》幾乎可說前後呼應。如果我們把這兩個文件好好研究一下，就會發現，一個是國民黨主導的，第二個是在新時期下以共產黨為領導的，他們為了如何維護政權，在文化上表示的態度是極端相似的。所以我們必須把今天的宣言跟七十年前，就是一九三五年的宣言做個對比。對比以後你就會發現，其中的政治文化幾乎沒有什麼變化，還是延續了幾十年前的東西。

再往前追溯到清朝末年，張之洞曾提出過「中學為體，西學為用」，其實意思也是一樣，就是中國的道德、政治體制要維持原狀；西方的科技要接受，那是用。這也是一種態度，並不是隨便就可以罵倒。可是「中學為體，西學為用」還多多少少為上層士大夫所共同接受；但也有反對的，比如研究西方文化最有成就的嚴復，就對體用觀念提出嚴厲批評。他認為，一體就有一用，體和用是分不開的，你不可能保持中國的體，又接受外國的用。

事實上，我們現在看到，從清末的「中學為體，西學為用」到一九三五年的《本位文化宣言》，然後再到今年的《甲申文化宣言》，這裡面的精神是一脈相通的，但背後都有一個很重要的東西，就是專制或極權的政治體制不能動。體制不動的前提下，我們可以接受任何西方文化，這是一個很明顯的目標。所以我想，這值得大家再好好反省。

（本篇網路無錄音檔）

上海新編高中世界史教科書的反響

二〇〇六年九月二十八日

上海近日新編一部高中世界史教科書。這部教科書從今年秋天起，就要在上海地區首先採用，各個高中教世界史的時候，就要採用這個教材。這個教材編出來以後，引起了社會很大的反響，從國內到國際，國內好像是網上有很多討論，國際上也很重視這件事。我記得九月初的《紐約時報》第一版，就有新聞講「毛澤東在什麼地方？毛澤東在教科書上幾乎已經不見」，引起很大重視。

中國的歷史教科書我也偶爾翻過，從一九五〇年以後都是偽造的歷史，只是歌頌共產黨的偉大、共產黨的革命、毛澤東的偉大，中國人民都靠他、是大救星之類的。總而言之全是宣傳，抹殺、偽造、曲解過去的歷史，而且充滿了政治宣傳。今天這部教科書引起注意，就是它把歷史上的朝代興旺、帝王將相、外族入侵、蒙古人入侵、滿洲人侵略之類，以及現代共產黨的革命種種，都一概隻字不談了，強調的是經濟發展、技術進步、社會風俗、對外貿易、中國如何追求政治穩定、尊重不同文化、社會和諧等。這部教科書裡談的人和事很少，強調的都是長期性、結構性的事物，像社會風俗，一旦形成就是百年、千年以上，技術經濟的發展也是不斷累積。

所以在這部教科書五十二章之中，談社會主義的也就短短一章。而且沒有強調社會主義如何如何，只是說社會主義還有光明的前途，僅此而已。也沒有提到毛澤東，只是在談禮節的時候，在中央領袖死亡，國家降半旗的這種情況下舉例：一九七六年毛澤東去世，中國降半旗，就這件事。此外，毛澤東就不見了，這引起了很大的反響。也就是說，共產黨為什麼要做這樣的改變？而且改變從上海開始？

現在網上的討論有正面的、也有反面的。有正面肯定的說法：就是說把過去共產黨那些偽造的歷史全部一筆勾銷、談朝代興旺一定講農民革命、怎樣幫助革命、階級鬥爭……這些論調全部沒有了，這可說是一種進步；但另一方面，這部所謂世界史教科書，對秦始皇統一中國這樣的重大歷史事件也都不提了，這就未免有點過頭了。

因為秦始皇統一中國，造成政治社會幾乎一統的天下，延續了兩千年直到今天。這不只是西元前三世紀某一年（西元前二二一年）的一件事了，也不是一年的事，而是影響了幾千年，所以有許多事件是影響了長期歷史發展的，還是應該提，完全不提歷史事實和人物活動是有點過分了，這樣的話，你所得到的知識已經不是歷史知識了。這個問題我們現在先不深談。我們現在只談為什麼這樣做？這樣做當然有另外一種批評，就是說抹殺了歷史，把歷史上包括共產黨犯的很多大錯，像大躍進、文革傷害幾千萬人的事也都避而不提了，也就是說隱藏了歷史真相，這是反面的批評。

作者之一是一位歷史學教授周春生，他的解釋是，他借鑑法國年鑑學派（Annales School）的偉大史學家布勞岱爾（Fernand Braudel）。年鑑學派強調的是長期性的結構，我們又稱之為結構主義史學。照周春生這位共同作者的說法，他們是依照布勞岱爾的歷史觀：就是看長期性的主題，像布勞岱爾寫中古歐洲地中海的長期性發展，寫了很長時期，至於誰起誰滅的人和事就不大重視，這是法國年鑑學派的看法。但我要強調一點：不只在美國，現在在西方史學界，年鑑學派已經慢慢顯現出缺陷，並不是人人都遵從的。所以根據一家之言編寫教科書也有它的限制；還有一點，新的教科書所強調的主題，很顯然是針對現實選擇教材的，所以講貿易、技術進步、對外關係、不同文化，甚至於講社會和諧、一般的政治社會穩定，這些都反映了目前中國共產黨在新時期的想法。比如說講江澤民的「三個代表」。站在「三個代表」之上，也就擴大了共產黨原來階級的說法，把有錢人也變成共產黨了，代表的是新的科技文化進步之類。

另一方面，我們知道，胡錦濤最近又提倡「和諧社會」，其前提就是穩定。所以穩定也是這部教科書的中心。從這方面來說，這部新的教科書不能說沒有反映現在共產黨的政治，完全脫離政治的歷史教科書是不太可能的，事實上也沒辦法做到。不但在中國如此，全世界的歷史學也都不能完全抽離於現實政治、現實的社會發展、人際關係，歷史不能那樣寫法。

但從整體來看，這還是很重要的進步，進步之處就是能把共產黨的那套宣傳改變過來。照新時期共產黨的要求作一些改變的話，這對中國的一般年輕學生是有好處的。歷史事實少了，但觀念上會進步很多，所以我還是對它採取一種正面看法，看看將來怎麼發展。

現在這部教科書僅限於上海一帶，將來是不是傳到全中國，照這個方式來編教科書？我們就不知道了。不過無論如何，包括國內的自由派學者，也贊成教科書把意識形態減到最小限度，或者換一種意識形態也是值得稱讚的。所以這個教科書問題我暫時保留意見，因為我現在還沒看到教科書，但我願意就這個問題提出一個看法，讓大家參考。

（本篇網路無錄音檔）

中共文化改革的目的是加緊控制

二〇一一年十一月九日錄音
二〇一一年十一月二十一日刊登

《紐約時報》對於文化改革，提出了許多報導，報導內容主要就是說，共產黨為什麼在這個時候要搞文化改革。其中一篇報導是關於文化、關於藝術展覽的；另一篇報導是關於文學創作的。我現在主要講的是，這改革想達到什麼目的，這就必須要看十月十八日決議通過以後，胡錦濤指出的一段話。

胡錦濤說，必須要承認並接受嚴峻、沉痛的現實。什麼現實？就是相當長的時間內，意識不到文化建設的重要性。也就是共產黨把這個問題忽略了，導致思想混亂、道德淪喪、信仰失落、文化落後。所以這四句話、這四個名詞「思想混亂」、「道德淪喪」、「信仰失落」、「文化落後」，可說是他真正的目的。

就是他發現，要是沒有文化，國內的秩序就維持不住了，因為他們是要「維穩」的。他現在發現，穩定不光是經濟穩定的問題，也不光是政治穩定的問題，而這兩方面都已經很不穩定了。但他們現在看到最大的問題根源，好像是在文化方面。他們認為文化把思想搞亂了，信仰也失去了，所以文化落後必須要重新追趕。換句話說，他這個改革是要改變過去沒有注意文化的錯誤，而他的文化是什麼，我們下面再說。

我覺得應該這樣理解他所提倡的文化改革，我們知道，最近溫家寶常在外面提倡政治改革，並且明擺著說，沒有政治改革，經濟改革會發生很大問題，也會引起混亂。所以他的政治改革基本上是一種權力多元化（不說「三權分立」，因為他們反對這個名詞），同時也要講某種程度的開放、某種程度的民主和自由，這是溫家寶在外面製造的形象。他到底是為了這個，還是為了其他原因？但無論如何，包括海外異議分子在內，似乎很多人都相信，溫家寶可能代表著黨內要求改革，不同於現在這種高壓手段的一種聲音。

這點我還不能斷定，不過我覺得，這次文化改革的提出與此有關。換句話說，胡錦濤現在想給自己正統地位，他要進行文化改革。未來一、兩年內，要從文化上改革中國，表示他不是不改革。這句話就是說，他抵制政治改革這個問題，他要把政治改革的重點轉移到文化改革上。這樣大家就不談政治改革了，也就減去政治改革的壓力了。因為嚴格說來，政治改革的壓力非常大。現在只是一種金蟬脫殼之計，或者說避重就輕，用文化改革抵擋政治改革是一種辦法。

但第二點，我想更值得注意，就是說共產黨發現，它現在受到的威脅來自民間文化。什麼叫做民間文化？這就主要是網路。所以在十七屆六中全會對這項改革的討論中，我們現在得到的報導，很長一段是討論如何控制網路。網路現在給它很大的威脅，比如說網民常常追一個貪官，看他戴什麼手錶，前後追一個月以後，可以找出他戴十個、八個不同的高價位手錶。那麼錢從哪兒來？網民的這類抗議活動，對共產黨產生很大的威脅，而且由於推特的關係（在中國就是微博），他們現在想加緊微博的控制，但目前又不敢公開做這種事，所以它現在必須要改變這個文化。改變文化就是不要受網民威脅，所以討論中有個重點，就是不要怕網民監視你、監督你，要如何擺脫網民控制。

這就是文化改革的另一個內容，這個內容也就與保護政權有直接關係。我們知道，現在共產黨最大的口號是維穩，所以它現在要用文化來維穩。中國人民自己找到一種言論自由的表達方式，這個方式就出現在微博上（外國我們叫推特），這是它很難控制的。不過它現在已經在商量下一步要怎麼控制，目前還沒有推出來，但控制一定會發生。

所以由此可見，共產黨所謂文化改革，絕不是要給予文化自由、開放，而是只有控制愈來愈嚴。就在它發表文化改革以後，還發生如此嚴重的文化控制事件，沒有文化、沒有自由，不可能有文化發展，他們現在想的是文化控制。所以這個文化改革，我們必須理解為文化控制。當然，這個文化控制能不能有用，是我們將來再討論的問題。

北京國家博物館及其展覽安排

二〇一一年四月七日錄音
二〇一一年四月十八日刊登

北京天安門附近，後門對著天安門、有孔子大雕像的國家博物館，面積之大，大概是世界第一，有二百萬平方尺，建築極為富麗堂皇。

建造博物館的也還不是中國的公司，向世界各國公司徵件，最後由德國的一個大公司搶下這個生意。實際上中共並沒有接受他們的設計，中共自己另有打算，最後還是由最高的中央政治局九名常務委員做出決定，李長春是對此事發號施令的人。

為什麼要建造這樣一個大博物館呢？原因很簡單，就是在二〇〇一年中國爭取到奧運主辦權的會議以後，英國的一些專家到北京來訪問，認為中國北京實際上只是個三流城市，頂多跟華沙和曼谷相同，沒有像樣的博物館，使共產黨受到刺激，認為一定要造。

所以在二〇〇三年，就這樣決定建造一個大博物館；然後有種種設計、種種困難，最後從二〇〇五年開始動工，由德國公司負責建造，本來要在二〇〇九年中華人民共和國成立六十周年時開張，但是趕不及，需要延遲到兩年後，也就是現在這個時候。

這個博物館並不是全新的，其中包括了歷史博物館，還有中國革命博物館。在這兩個博物館之上要建造一個更大的，所以它是重新建造的。中國的博物館就是中共的博物館，只是為黨宣傳，一切聽黨命令。而黨基本上不是要宣揚文化、歷史，而是要宣揚黨的光榮、正確、偉大，在這個起源之上，所有專家意見都不被接受。

將來準備開始展覽以後，會有兩個部分，一部分就是中國五千年文明；第二個就是鴉片戰爭以後一百五十年來的中國歷史，這是他們的重頭戲。在這個重頭戲上，他們當然要以黨為中心。

第一是中國五千年的歷史要怎樣來展覽，這當然需要專家討論，所以他們有一個專門的諮詢委員會，都由學者、專家組成。其中有一位北京大學的考古學家詳細說明內部情況，他們有多少合理建議、各種不同看法，最後都被否決。負責召開會議的主要是共產黨的中宣部，說實話，中宣部就是完全主宰了會議，所以這位考古學家根本不承認這是歷史展覽，他說，這是純粹的政治宣傳。

在政治宣傳的基礎上，他們就只強調一件事，就是要找最寶貴的文物展示出來給人家看。寶貴文物大概差不多展覽了幾千件，但真正的歷史文化內容完全是另一回事。這次他們跟毛澤東的歷史觀不一樣，要講中國歷史都是如何和諧統一、民族之間如何相親相愛，造成這樣一個國家，完全是理想化的歌功頌德，包括元朝征服中國，也成了很好的事情，是民族團結的一大進展。所以這裡面只講民族統一、和諧，而把少數民族受壓迫，或民族間、階級間的某些衝突、壓迫一概抹消了。

第二部分就是共產黨的自我宣傳，鴉片戰爭以後，它也承認有些愛國人士起來，似乎在與帝國主義奮鬥，抵抗帝國主義侮辱中國、侵略中國；但他們的認識都是錯誤的，只有在一九二一年共產黨成立以後，中國對抗帝國主義才走上正途；然後就是一路光榮、偉大，直到一九四九年建立政權，建立所謂中華人民共和國。所以中國歷史實際上是從毛澤東在天安門上宣稱「中華人民共和國成立了」開始的，或者喊出「中國人民站起來了」這種口號開始的。

不過在第二次歷史展覽中，有人就建議像大躍進、文化大革命，也都要設法展示，至少把困難提出來，這點最後也被否決。所以你看到的博物館，中國歷史從五千年前到今天，都是一片光明；這一片光明主要都是共產黨的功勞，這就是這個博物館的基本目標。像這樣公開製造謊言、臉不紅耳也不赤，那是非常少見的情況。

我覺得中國有句老話，「人無廉恥，王法難治」；毛澤東說「人不害羞，事情就難辦了」，那就什麼事都幹得出來了。他那時還說了一句比喻：比如說「毛澤東比梅蘭芳先生更會唱戲」，那不是不知羞恥到了極點嗎？可見現在共產黨所走的，正是毛澤東當時所譏笑的那條路，這是非常可笑的。

當然現在這個博物館，我們也承認它有一些新的改進，比如說它將來不只展覽中國，也展覽其他民族。比如說印加文明在它那兒也有一個展覽；從四月份開始，好像還有一個重要展覽要進行一年，這就是歐洲啟蒙運動的展覽。

這個啟蒙運動展長達一年之久，很多精妙的藝術品正在從歐洲運來，歐洲人有些擔心，某些博物院願意出借藝術品，在這個博物館裡面展覽；但這樣長的時間，到底合不合適，他們也很懷疑。為什麼要展一年，我們也不清楚，但最妙的是，我們都知道，啟蒙運動最重要的是人的個性出現、受到尊重，特別是普遍人權，還有法國大革命的自由、平等、博愛，這些政治觀念可說是精華之精華，藝術當然是與之配合的。

但藝術的表現方式當然不像政治思想那樣明確，也不那樣直接，可是共產黨對這些是有辦法的，它只要展覽繪畫或其他藝術品，但不涉及任何政治相關，不許任何人發生懷疑，而希望仿效歐洲的啟蒙運動。因為過去我們講，五四運動就是中國啟蒙運動，講求科學和民主就是啟蒙運動的結果，事實上也的確依照了啟蒙運動計畫而來。

所以共產黨這次運作國家博物館的目的和方式，應該報告出來，讓大家好好想一想。

談故宮失竊案引發的問題

二〇一一年五月十九日錄音
二〇一一年五月二十六日刊登

二〇一一年五月八號，故宮發生失竊案。故宮從香港私人收藏裡面借來一批寶貴的歐洲製西式化妝盒，上面鑲了許多珍貴的寶石、本身又是金銀製造的，還有晚裝包，這些都是歐洲在二十世紀初年製造的，非常值錢，總價值在數千萬美元上下。

這一批東西有很多件，根據報告是在展覽以後，有人在牆上打個洞，然後好多人一塊作案，搶走了大概有九件，在故宮內部落下一件，圍牆外面也落下一件，都有損壞，所以換句話說，這個失竊案令人非常難堪。

中共一向以保衛能力見長，而故宮特別受到稱讚，說他們的保衛本領在北京占第一位。

但這樣的事情居然能夠發生，故宮保衛處聲譽大損，可見中共連維持最高、最重要機構的安全都發生問題了。

但這樣一個竊案照說應該有內線，現在說警察局抓到一個人，其他人大概也有了姓名，正在追捕中。這是次要的，沒有提到的是，這件案子如果內部沒人通風報信，是不可能成功的。

故宮有一千六百件反竊警報器，同時各處又有三千七百個監視攝影機。如果這樣的案子能夠發生，內部沒人合作是不太能想像的。所以現在是否真的破了案，還是很大的問題。

由這個案子引起的問題非常多，首先就是他們自恃安全無虞，所以保險就只保了幾萬人民幣，事實上這是值數千萬美元的藏品，現在只保幾萬人民幣，要如何賠償、如何對香港的私人收藏家交待，都還沒提到呢，所以這個問題嚴重之至。

因此故宮決定獎勵北京的警察，為北京警察局局長舉行一個頒獎典禮，在典禮上頒給他們兩面錦旗。我沒有看到中文原文，我看的是《紐約時報》的英文翻譯，主要關鍵是說其中一面錦旗的「捍」字誤寫成了「撼」；「撼」動和「捍」衛發音相同，另一個字就是「撼動」，提手旁、一個「感」字，意思是動搖。這面錦旗本該是說「捍祖國強盛，衛京都泰安」，變成「撼動」祖國的強大與繁榮了，意思相反，引起網上一片爭論。

許多人都痛罵故宮如此不通，甚至有人懷疑是故意說反話。字寫錯了還在其次，因為故宮已經出面道歉，並加以說明。說這是故宮有名的保衛處自己做的，未經故宮行政當局同意或許可就發表了，因此致歉。

但另一方面，保衛處本身完全不認帳，認為它這個「撼」字是經過專家鑑定的，因此沒有錯。這就引起更多人咒罵，說文化水準這麼低的事件，會發生在最高文化機構，簡直可說是無法想像。而且在典禮上正式頒獎的故宮保衛處，還寫信給當地的報紙狡辯，說他們是對的。

從這種種可見，故宮的內部行政也非常不統一，由此也可以看出，故宮的腐敗無能到了何等程度，同時也間接反映了中國共產黨維持秩序的能力可說是愈來愈差。

同時還引出另一件事：故宮重新修好了溥儀時代被燒毀的建福宮，建福宮是一個很重要的宮殿。據大陸北京的報紙報導，這裡面是有敲詐香港富商的可能性。他們在重修這個宮殿的時候，自己沒有出錢，而到香港去徵求五百個富人參加一個特有的俱樂部，支持建福宮的重建，當然可以從中得到許多其他的榮譽跟獎狀。

在這個情況下，每人就出了十五萬美元。這跟共產黨的原則是完全違背的，怎麼可以在故宮裡面產生一個五百富人的俱樂部？這是說不過去的。這件事經過北京中央廣播電台傳播以後，又引起普遍的批評。

故宮現在維持它的行政秩序，是很成問題的。我想，可見得共產黨這些年來各自為政，每個人在自己的單位裡，都想辦法給自己找錢。這些人是當政的，廉潔自守的人就算有很好的人脈，也不能有什麼表現、不能出來說話，影響他們貪官的幸福。

所以我覺得，這個案子本身顯示，共產黨內部的許多危機，確實已經暴露得非常明顯了。平時我們看一件事，不能看大的、表面的東西，要看實際發生的事情。所以這一連串發生的事情，使我們對共產黨維持秩序的本領，不能不產生嚴重的懷疑。

談中國大學發展

二〇〇三年八月二十九日

今天想講的題目是「中國的大學向世界級大學看齊」的問題。為什麼要談這個題目呢？因為我發現，最近中國的學術界和教育界，都普遍發出這樣的聲音。有兩件事值得注意，一是他們覺得北大、清華與世界第一流的大學（如哈佛大學、麻省理工學院）有二十年到三十年的距離。第二就是大陸的學者做了許多調查工作，調查大學排名的問題，其中當然有主觀性。從排名的情況來看，他們在亞洲範圍內也沒有把中國的大學放在前面。所以這使我想起，我們應該談談，如果中國希望在二十一世紀變成世界大國，大學應該是怎樣的情況。

說句很坦白的話，他們估計清華、北大和美國的哈佛、麻省理工學院，英國的牛津、劍橋只差二、三十年，我想說，這個估計還是太樂觀了。嚴格說來，恐怕至少是五十年，甚至更長。這是大家心裡很明白的。不過無論如何，要趕超世界一流大學是一個很重要的目標，國內學人提出要把中國大學辦好，趕上世界水準，我覺得是很有意義的舉動，也是很有見解的。

可是我們怎樣才能把大學辦好？這本身是個很大的問題。要講大學的傳統，世界上沒有比中國更悠久的了。中國最早的大學就是中央辦的，那是漢武帝在西元前一二四年辦的太學，世界上沒有比這更早的，而且規模很大。漢武帝辦的時候，只有五個教授（博士），然後每個博士帶博士生（弟子員），一共五十人，漢武帝創立太學以後，發展非常快，到了一百多年後的王莽時代，已經有上萬人了，歷史上都有記載，到西元二世紀漢朝末年的時候，太學已經是一股很重要的力量了。所以要從大學的歷史來講，中國是光榮的。可惜的是，中國的這個太學傳統斷斷續續，因為南北朝時代的太學比較衰弱，唐朝又復興了，宋朝時更興旺。宋朝的太學可說是漢以後最好的時代，王安石改革以後，把太學變成非常重要的一個機構，所以這是中國歷史的一個傳統。

那麼我們能不能說，中國現代的大學是兩千多年大學歷史的延續呢？恐怕不能，因為這個傳統中斷了以後就沒法繼續。所以北京大學可說是中國第一個現代大學，當時的主持人，如嚴復校長，是照西方傳統的大學來建造的。

歐洲有八、九百年乃至一千年以上的大學。這就是西方近兩、三百年來領導世界的重要原因，也就是靠他們的知識力量。知識是現代社會的中心，離開知識以後，你就不可能變成一個先進的社會。所以今天提倡大學，建立一個最現代化的大學，是我們中國非常需要的。

大陸如果能真正做到這一點，當然很好。但我看到現在為止，只是個別學者的建議，還沒有得到政府方面任何回應，所以我們不敢說這件事有什麼發展。

但我想，有一個原則要提出來，那就是大學教育不是技術教育。現在中國大學基本上是以商業、法律、醫學或工程為主，這都是技術方面的。基本科學、自然科學方面來說，比如說數學、物理，這些最基本的研究是更重要的，比應用科學重要得多。就人文方面來講，中國尤其應該急起直追。我們的人文研究在過去五十年來，把中國的傳統學術一起砸爛了，而且根本就不重視。所以我想，如果大家真想把中國變成一個世界先進國家，第一就要注意大學的發展。而大學的發展，怎樣能在人文方面把中國的研究提升上來，這也是當今最重要的研究課題之一。

（本篇網路無錄音檔）

「海龜（歸）」引出的問題

二〇一〇年一月八日錄音
二〇一〇年一月十五日刊登

「海龜（歸）」科學家是指美國著名的中國科學家，現在被中國共產黨用很高的待遇，把他們請回去。《紐約時報》在二〇一〇年一月七日，有一篇很長的報導，就是說中國把科學家引誘回中國了。

這件事為什麼重要？因為其中牽涉到幾個很有名的科學家，但因為我在這裡是講事情，所以我不提科學家的名字，我只提機構和他的工作情況。

第一位特別引起大家注意的，是一位分子生物學家，他被請回清華大學去。他為什麼這樣受到注意呢？他本來是美國一個很有名的大學、常春藤盟校的年輕教授。他的實驗室每年要有二百萬美元開銷，最近在二〇〇八年，剛好申請到一個很有名的基金會一千萬美元，等到送來以後，他已經被中共請回去了，所以把一切都拋下了。

他在十九、二十年前，也是參加過天安門的一個年輕人。現在他到美國待了幾十年以後，心態大概改變了。他認為民主只適於美國、不適於中國。他是美國公民，而且參加過美國民主黨的選舉。他在美國是推動民主的，這是他個人看法，我們不必去跟他爭辯。不過無論如何，他認為他虧欠中國，他得回去報國，這是他提出來的正面理由。

另外他也提出，他在美國大概已經到頂點了，再也不能更上一層樓，而且美國一切都是布置好的，所以他覺得雖然取得很高的成就，但似乎沒有什麼滿足感。好像他回到中國去、做同樣努力的話，就有十倍、甚至百倍的效果。事半功倍，所以在這種情況下，他毅然選擇回到清華。

他回到清華以後，當然得到很大的支持。因為中共現在在發展科學上、特別在科學跟技術上，花很多的錢，雖然還不如美國、但比起所有其他的發展中國家都要高得多。所以它有很多的錢，可以把著名學者（特別是科學家）請回去，這位清華的教授，同時在中共中央有很大的支持力量，但也有麻煩。

另一位是回到北大的。也是在美國取得很高成就，然後被請回北京大學了。他也是生物學家，同樣受到中央的器重。不過，這兩個人講話還稍有不同。清華那位在中國已經不談民主了，但另一位好像還遇到一些困難，所以他就常常發表一些議論，不是中央完全喜歡的。

比如說，他認為經費雖然很多，撥款非常慷慨、甚至於過分慷慨，但往往要由官僚體制經手。由官僚體制經手，這些預算就靠不住了，許多錢中間就流失了。所以他甚至提議取消中共現有的科技部，他認為科技部是個官僚大機構，而這樣的言論很受壓制。所以中文報紙、中文媒體，沒有一個人提到他，只有最近北京英文的《中國日報》，有簡短的報導。

另一方面，這兩位花大錢請回去的科學家，反而在中國的科學家社群裡受到排擠。上個月就是中共的科學院院士選舉，清華和北大的這兩位「海龜」就落選了。不但落選了，還有人公然攻擊他們，尤其說清華這位已經變成美國公民了，不可靠，他也不誠實，所以任何跟國家利益有關的研究計畫都不能給他。換句話說，中央儘管對他寵愛有加，但在整個中國的科學家社群裡面，他們兩個反而很受歧視，這也出乎我的意料之外。

不只他們兩位，還有另一位，也是從海外請回去的第三位。這位科學家在北京國家生物學研究所工作，他也受到排斥，選不上院士。這是相當奇怪的。換句話說，中國的科技社群是一回事，他們是抗拒這些人的。雖然也有可能這些人本來就不行，所以怕這些高明的人一回來，把他們壓住了。但另一方面，這樣的人相當多，而且霸占了整個科學院院士的團體，所以他們進不去。

在這種情況下，他們完全依靠中國老話說的「君寵」，就是皇帝的寵愛，當然現在不是皇上，而是「黨寵」，這是中國人口中最不可靠的事情之一。所以到底能支持多久，能不能永遠得到中央最高領導人的欣賞，這個領導人萬一哪一天因為權力關係，不能不向整個科技社群妥協，那他們這幾位的研究計畫，三年、五年內也許沒有問題，十年、八年就很難說了。所以由此可見，中共把「海龜」找回去，也要引起別的問題了。

從夏業良被解聘看中國的學術自由

二〇一三年十一月七日錄音
二〇一三年十二月三日刊登

北京大學做出這樣的動作，尤其引起全世界震驚。為什麼全世界震驚呢？因為就在十月，北京大學跟歐洲的大學、澳洲的八個大學和美國的大學協會，都簽署了保障學術自由的協議。中國一共有九個大學參加，北京大學是其中之一。所以北京大學在剛剛簽署以後，馬上就推翻自己簽署的承諾，開除一位經濟學教授夏業良，他們提出的理由是學術表現很差。事實上據他自己和別人客觀的評估，他的成績雖然不是最好，但還是可以過得去，繼續在大學教書是沒有問題的。而且他在國外也得到許多經濟學家的尊重。比如說這件事一出現以後，美國很有名的衛斯理女子大學有一百三十位教授向校方提出建議，因為衛斯理大學最近也跟北京大學有一個學術合作協議。所以一百三十位教授即刻就發現，這是一種侵犯學術自由、不可容忍的舉動。他們要求如果夏被解職而不恢復，那麼衛斯理大學就應該終止與北京大學的合作關係，可見這件事情鬧得非常大。而且其中有些教授大概已經準備好，萬一夏業良沒有辦法在北京找到職業，或在其他學校教書的話，他們想或許可以把他請到美國來。總而言之，這件事情引起的國際震動是我近年來少見的，不但在歐洲，澳洲、美國的這些大學也都表示震驚。

無論如何，北京大學是中國最早的大學，也是最早提倡學術思想自由的大學。五四運動就是從北京大學開始的，一九五七年的鳴放也是在北京大學開始的，後來就變成了反右運動。毛澤東死後，改革開放期間，北京大學的學術自由、思想自由又活躍起來了，又變成了中國提倡民主自由、學術研究自由最要緊的中心點。在毛澤東死前，為了紀念周恩來已經鬧出一次天安門事件了，北京大學學生是其中很重要的一部分，到了一九八九年又造成天安門的屠殺事件，發動的又是北京大學。所以北京大學在中國、在世界的形象中，一直都被認為是代表中國學術研究自由、思想自由、重視提倡人權的一個中心點。今天它之所以受到全世界各國大學的尊重，願意跟它交往、合作，主要就是靠這一點聲譽。

但現在，由校方自己的人（我想多數是黨指定的人）來召開它的評議會，贊成將他解職，這是黨的一種運作。另外三人反對，一人棄權是怎麼回事，我們也不知道。現在網上有個強烈的要求，要當時北京大學所有投票贊成夏業良解職的人公開他們的身分，我想這個恐怕不會做到，北京大學也不會公開。北京大學夏業良的解職絕對不是由於學術的關係。因為以發表著作不足的問題來說，有些黨棍也混在北京大學裡教書，在這個情況下，北京大學侵犯學術自由的表現很明顯。這個明顯的表現，不但對北京大學百年來的聲望非常不利，對整個中國也不利。

中國現在好像要提倡文化，要在文化上也有傑出表現。但現在北京大學這件事一發生，整個謊言又被戳穿了。共產黨絕對不會真正尊重文化。如果尊重文化、尊重學術，就絕不可能因為政治關係、政治理由，而解聘一個講經濟自由的教授。這個教授至少是夠水準的，比起一般以黨為背景的教授，他的資格只高不低。所以這是中國的一大損失，更重要的是，習近平本身所造成的形象。因為習近平說話常常是兩面的。一方面，兩個月前有一篇報導，說習近平在一場會議上表示，應該容納知識分子對黨的尖銳批評，無論政策方面或言論方面，都可以允許他們自由批評。可是另一方面，又有一篇報導，是由資深報人高瑜報導出來的中宣部工作人員會議，根據這篇報導，習近平在另一個場合的宣傳工作會議上表示，在網際網路上攻擊黨、攻擊國家政策的，要給予嚴厲打擊，他認為這是破壞中國形象。所以跟其他情況一樣，習近平在學術思想自由上又是兩種態度，我們外面的人完全沒辦法弄清楚。

但有個情況不容否認，就是自從他上台以後，學術報導或是思想自由、異議人士都遭到了更大迫害。習近平上台從十八大到今天，還不到一年的時間裡，被拘捕的異議人士已經有一百五十人了。這些人有些是律師、有些是記者、有些是作家、有些是人權提倡者。總而言之，這一年所抓的人，比胡錦濤和溫家寶十年所抓的人數還要多。

回顧中國大陸的學術趨向

二〇一四年十二月二十三日刊登

我現在要回顧一下最近中國大陸方面的學術趨向，這個題目當然很大，主要是講人文方面。人文方面我所看到最重要的，是對於中國歷史、文化、文學各方面的研究。我所能見到的，只是中國人文學和中國有關部分的趨向，我的看法不一定周全，但我是有一點感想的。

比如說上海的《中華文史論叢》這一類，還有些專門的學報，那上面有研究具體問題的文章。等於中國過去清朝以來的考證學，對一個具體問題的考證，常常看到從頭到尾很有原創性的創作，所以我很高興，但這是具體方面。問題是我們研究人文學有宏觀與微觀之別，宏觀是指整體的看法，因為宏觀的建立是許多學者，尤其是第一流學人提出整體的看法，對整個時代，甚至於整個歷史或一部分歷史提出整體看法，那宏觀方面不能流於空話，從前共產黨就是在毛澤東時代只講理論、根本不講歷史，是以論代史，那是很荒唐的，就是馬克思主義那套教條拿來反覆宣傳，與實際上的具體研究配合不上，具體研究也是在大框架下勉強提出一些問題，所以宏觀研究受到馬克思主義影響，在最初毛澤東時代的三十年是沒有進展的。

只有到一九八〇年代以後，共產黨在鄧小平指導下，好像有一種開放趨向。這時學術也乘機而起，好像也開放了，一度還開放很多，當然到了一九八九年六四以後又整個封閉起來了。但在封閉期間，學者就轉向研究中國，比如說國學的研究就從那時開始。所以我所說的學術，其實大概就是從二十世紀初，就是六四以後不能再講文化上的大問題，就提出對中國學問的研究，研究中間就恢復到許多清朝、民國以來的考證之學。這些研究很有進步，可是大問題上，宏觀方面就避而不談了，所以我們現在所看到的許多學報上、專書上的成就，從具體上講都很有用，教學研究方面都可以參考。可是對於建立整個中國歷史，是否提出了一個馬克思以外的新看法？這個還沒有任何進展。

主要原因就是共產黨仍以馬列主義為號召，在馬列主義號召下，大框架是不能動的。所以大家只能在具體的小事情上深入研究，做比較仔細的考察，但不能講一個很大的歷史趨向。我現在講的是學報上所能看到、各個大學在進行的一般學術研究。我所知道的許多大學，像復旦大學、北京大學、四川大學還有南京大學，在文史各方面都進行很深入的研究，也有好多學者在裡面，但都不能正面講比較大的問題，因為還是受到馬列主義框架的限制。這個馬列框架的限制，如今還看得出來仍在流行，因為中國社會科學院的院長，最近就提倡要集體重寫一部中國思想史，因為大概從是一九八〇年代開放以後，中國思想史主要受了外界影響，受港澳、西方研究的影響，研究方式完全違背了馬列主義，不把馬列主義當回事了。

所以在這個情況下，今天社會科學院的院長就提議，好像要由一、兩百人合作來寫一部新的思想通史，我們先不管他的構想將來成就如何？可是他提出的第一個原則就值得注意，就是他們要回到馬列主義，回到馬克思的歷史五階段論，就是原始共產主義、奴隸社會、封建社會、資本主義社會，然後到社會主義社會這五階段論，這是史達林從馬克思著作裡找出線索來，欽定的五階段論，這五階段論還是現在社會科學院院長所提倡的中國思想史基本架構。我們可以想像，在這個基本架構下，能寫出什麼樣的中國思想通史？很大的集體創作？這是一個趨向，這個趨向就表示黨現在對於一九八〇年代以來，比較自由的人文研究有很多不滿，想提出新的方式，然後用國家的意識形態來起主要作用。這是很明顯的趨勢，是一個相當壞的趨勢。

另一個趨勢就是一九八〇年代開放以後，大陸學者自一九八〇年代以來，把民國時代的大學者著作全集一個個重印了。包括王國維、梁啟超，再加上民國以後胡適的全集，錢穆的全集，湯用彤、陳寅恪……這些民國學者受到極大重視，甚至把他們捧到超乎神話的程度。可是一九八〇年代以後的學者，因此認為民國的成就不可超越，是學習的目標。但現在因為共產黨在經濟上的發展，黨好像要領導全世界了，所以就不甘心這樣尊重民國學術了。現在就有人出來提倡，對民國學術加以貶斥，也不是完全消滅，但覺得也不過如此，認為民國學術甚至比不上清朝等等。實際上清朝的考證跟民國以來的人文學術發展，不可同日而語。

民國以後，不只是新的資料，新的社會科學觀念、西方觀念也都傳入中國，這是清朝所沒有的。以胡適的中國哲學史為第一步，《中國哲學史大綱》整體上是超過清朝的，但在考證方面又延續了清朝，所以說民國之學術是不可能不及清朝的。而現在甚至認為，共產黨幾十年在學術上已經超越民國時代了。換句話說，一九四九年以後的學術成就應該在民國之上，這是現在一個很明顯的新趨勢，這個趨勢我覺得也很危險。

有一種誇大狂慢慢進入了中國學術，實際上，一九四九年以後的學術，我們已經說過，從毛澤東時代講起，從一九四九到一九七六年毛澤東死去，整個都是教條主義時代，當時發表的人文研究，今天沒有一個人看、沒有一個人參考。一九八〇年以後的幾十年當然有進步，我已經說過，現在具體的進步是不少，但是否一定超越了民國？那就是很大的問題了。一九八〇年代以後有些什麼可以傳世的？有些什麼可以影響到整個世界學術研究的？這是可以具體考察出來的。我們可以拿西方幾十年來所謂漢學研究來講，他們所根據的研究，都是民國時代王國維以來，陳寅恪、胡適、顧頡剛、錢穆等人的研究，在西方、在日本受到發揮也受到質疑，但他們是學術的中心，影響到全世界。

可是我們還沒有看到西方學術界指出，一九八〇年代以後有哪些人的研究，是他們必須注意的，可以說沒有。我想民國學術還是不能輕易貶斥，這是我們注意中國當前學術趨向時，必須注意的問題。

中國的高校思想控制新招

二〇一五年二月十六日刊登

我接到在國內大學教書的朋友，給我寄來的一份中共中央辦公廳和國務院辦公廳一塊印發的一份文件，這個文件的題目是〈關於進一步加強和改進新形勢下高校宣傳思想工作的意見〉，報告分七個部分。

我只講一兩個特殊之處，比如說，開頭第一條就是「加強和改進高校宣傳思想工作是一項重大而緊迫的戰略任務」。其中最引人注意的是第三條「切實推動中國特色社會主義理論體系進教材、進課堂、進頭腦」，換句話說，就是共產黨那套意識形態要放到教室裡面去，不但要進教材、進課堂，還要進入人的頭腦，要灌輸到每個學生腦袋裡去。

第四條是要「大力提高高校教師隊伍思想政治素質」，這更能想到它的政治性之重。所以現在共產黨的基本工作，就是把高等教育當成思想鬥爭的武器。它認為現在進行高等教育就是進行思想鬥爭，所謂思想鬥爭，就是要把一黨專政這個觀念貫徹下去。所謂一黨專政的觀念，就是共產黨所謂中國特色的社會主義，不但是馬克思主義而已，而是黨控制，黨怎麼解釋就怎麼接受，要把這套觀念變成人人腦中都能接受的東西，尤其在大學。所以這是很重大的發展。

最近共產黨的教育部長袁貴仁，發表一個新的政策，這個政策值得注意。他召集各大學的重要人物在北京開會，開會的時候，他正式宣布這一點。這一點基本上集中於所謂外文教材，因為我們知道，自從所謂改革開放以來，共產黨對外文教材、尤其英文教材非常重視。不但自然科學使用英文原本，而且在經濟、法律、新聞學，以及一些社會科學，用的幾乎都是原來的西方的教科書，因為自從一九八〇年代以後，中國學生想對自己前途有點幫助的話就必須留學，而留學要先打好基礎。

打好基礎要先在國內念大學的時候，就讀英文原文教科書，通過這些教科書再進到美國各大學，就沒有什麼隔閡了，這一整個風氣幾十年來都不曾間斷，所以要想斷絕西方的教科書、外文教材是不可能的事情。不但不可能，就是現在中國的幾所大學，也是翻譯美國的教科書，比如說清華大學、北京的人民大學，都有許多關於法律、關於經濟、關於社會科學等各方面的原文，不但有原文、還有翻譯。到底有多少價值進入中國人的頭腦，我們現在不敢判斷、也不必判斷。

可是中國確實有一批自由派的人，我們叫做自由思想派，他們接受西方的價值。不是所有的西方價值，而是西方價值中大家認為有普遍意義的普世價值，比如說民主、法治、人權、公民社會。這些都不僅僅是西方的，中國從前也有過類似觀念，慢慢發展出來就是對人要尊重，統治階級並不是特權階級，而是要聽老百姓的話，老百姓要怎麼樣就怎麼樣，就是中國人說的民心。要怎樣獲得民心，就是人民需要什麼、你就做什麼，最好的方式就是人民把心裡的話，不滿意的現狀都投訴出來，這樣的政治才有改進的可能，即使在中國的舊原則之下，所謂政通人和，政要通、人要接受，底下老百姓不接受的一個政權，遲早要亡的。

這是中國歷代所相信的一個觀念。這個觀念到現在就發展成所謂民主、自由、人權這套東西，而這套東西就在西方的教科書裡，在中國已經傳了幾十年。今天如何能夠把它從教材中完全消滅掉？這是極大的困難，但教育部長已經下定決心要這樣做。他提出的辦法當然相當可笑。第一是說你可以用外國的教科書，但不能把西方價值聯繫到中國來，所以怎樣如何做到這一點？完全要控制思想，這是共產黨現在要做的工作。在北京大學來講，最近法學教授賀衛方提出一個很有趣的問題，她怎麼說呢？她說，我們最早一代對西方法律觀念有所知，貢獻最大的人之一，就是現任總理李克強，李克強曾經翻譯過一本關於法律的重要英文著作，叫做《法律的正當程序》（*The Due Process of Law*）。

我們講法治一定要講法律的正當程序。正當程序是西方法治的一個核心。這是一本有名的書，是一九八〇年代由李克強翻譯的，而且今天還存在，如果說是對黨的統治不利，那麼李克強本來就要負很大的責任。現在通過李克強和同時期一些人的努力，許多關於西方所謂的基本價值，尤其法律、法治方面的基本價值傳到了中國。

所以賀衛方提出一個有趣的建議，要開一個會議（當然開不成了），探討李克強對於傳播西方法律觀念、法律價值的貢獻與影響。所以這可說是將了一軍了，在位的總理就是當時傳播西方思想、價值的人之一，而且處於領導地位。那麼現在如何能夠在高校裡面消滅所有這些觀念？這是個非常有趣的問題，所以關於思想控制，引起了非常大的波動。

我們知道在實踐方面，比如說廣州中山大學已經實行一種辦法，就是課堂上老師在講課的時候，就有人在底下拍照和錄音。如果你發了牢騷，說了對黨不利的話，說了任何對一黨專政有抵觸的話，或對習近平之類領導人物有所批評的話，都拍攝下來，拍攝下來以後，當然就有很嚴重的後果。在這個情況下，先生們在課堂上當然就不敢發牢騷了，這就是它的強制方法之一。

袁貴仁的政策是很成問題的，如果執行不嚴，就成了空洞的文字遊戲而已，事實上是不起作用的。而且在課堂上講話，誰也不能完全控制住自己。所以說課堂上如何完全不出現西方價值觀念？因為所謂西方價值觀念，本身就是非常模糊的想法，到底什麼是西方價值？什麼是人類基本價值？這些共產黨都沒有逐一嚴格定義。如果沒有嚴格定義的話，在課堂上就無法控制了。

同時與思想控制並行的，我們最近看到，就是大家藉以得到各方面消息，包括科技發展、生意方面的新進展，甚至向外國申請大學，都能迅速向外國直接申請的虛擬私人網路（ＶＰＮ），現在不能用了。一月三十一日還有一篇專門的社論，討論中國不惜一切代價，採取一種自我毀滅式的技術打壓，防止任何對共產黨政治的批評，吸收西方科技、生意往來、網路申請入學全都受到影響，影響範圍非常之大。

中國需要公平競爭的道德

二〇〇二年一月二十日

我們看到，最近至少有兩件事都是關於體育界的。第一件，中國圍棋的各地聯賽在二〇〇一年下半年舉行，當全國各大城市組織的圍棋聯隊競賽時，發生了一個大案子：浙江隊的領隊用不正當的方式，私下向另一隊溝通，要對方輸棋，這是個很荒謬的事件。領隊把另一隊的選手叫出來，叫他一定要輸棋。後來這件事被揭露了，在中國圍棋界引起極大衝擊，使得人人都很氣憤。但醜聞爆發以後，中國圍棋協會事實上沒有真正處理，只是打打馬虎眼就算了。對於公開作弊的領隊，也沒有給予很嚴厲的懲罰，大概只是警告或禁止他參加下一屆。這是非常輕微、敷衍人情的一種辦法。

光是這件事的話，我們還可以說，事情或許只發生在圍棋界之內。但最近我們又看到，中國的足球聯賽也爆出了大醜聞。裁判在這幾年商業潮的影響下，居然以公開受賄作為裁判依據，而且還有價碼，主裁判拿三萬，其他裁判一人拿一萬五是起碼的，還有更高的數目，是六位數，那就是在十幾萬、二十幾萬上下作手腳，這是公開的做法，人人都知道，它的要求就是讓我們贏、公平一點，換句話說，你不拿錢的話，就得不到好的裁判。對於這種做法，有些隊反抗了、退出聯賽。這些醜聞的爆發都由各隊董事長出面說明，而且公開舉行記者會。吃虧球隊的董事長都要求媒體開始關注，盡量報導。這些黑幕中誘惑裁判的，不但有金錢、還有女色，讓裁判偏袒自己，如果這樣下去，成為風氣的話，中國體育界就無藥可治了。

我們現在並不是要講這些內幕問題，這兩件事都發生在體育界，中國既然肯定了公平競爭的體育價值，參加奧運會，而且舉國若狂，真正應該注重的是公平競爭，只有一個第一、但人人爭先，這是體育精神。在日本下圍棋，我們往往看到圍棋評論家說，這個人明明已經輸了，可他一絲不苟，堅持到最後一分鐘，最後雖然還是輸了，但這種精神值得大家尊敬。這是日本和韓國基本具備的一種圍棋精神。但在中國似乎還差一點，中國是以爭最高名位、得冠軍為目標，得冠軍背後是經濟利益、是收入多少，如果光是這樣，還可以說得過去。可是如果在比賽中加上作弊，故意讓某人輸，完成另一個人贏的使命，那就毀掉圍棋的精神了。

所以我們從這兩件事可以看到，中國現在急需提倡的，是一種運動員精神，就是人人都自由地公平競爭，不被金錢、權力或其他勢力、種種關係所歪曲。人人努力、個個爭先，但是公平。這似乎是小事，但以小見大，換句話說，中國文明的整個風氣現在還很差，至於原因，我想跟政治經濟制度有很大的關係，因為中國現在還是一黨獨霸。在這種情況下，總有人在動許多手腳，商場上也不可能公平競爭。我們從報導中可以看出，在中國發財的人，許多都有特殊的門路、特殊的關係，並不是靠自由市場的公平競爭得來。公平競爭是一個普遍原則，這個原則是一個文明的象徵，我希望中國能走出第一步，慢慢恢復公平競爭的原則，然後才能再取得奧運的精神。

（本篇網路無錄音檔）

世界盃與中國文化的現代化

二〇〇二年七月四日

這次在韓國和日本舉行的世界盃足球賽，轟動全世界，美國各大電視台、各大報紙都有長篇報導。我今天想講的是西方的運動員精神。自希臘以來，西方就有一種舉行大運動會的傳統，所以今天世界上最大的運動會，我們還是叫做奧林匹克。二〇〇八年中國要舉辦奧運會，這也是破天荒的大事。但問題是，我們要怎樣才能吸收到西方運動員的精神。

西方的運動也有不好的部分，比如說拳賽，這可說是從羅馬鬥獸那裡來的。當然它表現一種尚武精神，但很野蠻，當時是人跟獅子、老虎打。另一方面，希臘傳來的運動是代表理性、公平、團隊精神的。西方的運動大都是一個個組隊的，所以團隊精神就流傳下來了。在團體競賽中，希臘人最注重的就是公平。希臘哲學特別強調，無論輸贏，只要盡了全力，就是光榮的。這是西方的團隊精神。這個精神流傳下來，政治上可說就表現為民主多黨競爭。競爭是真的，輸了就認了，這是西方文化的一個基本精神。

對中國來說，中國人沒有這種團體競爭的精神。也可以說，只有以個人為本位的競爭。這首先表現在中國的科舉考試，大家要爭著當狀元，這都以個人為單位。有句俗話叫行行出狀元。行行出狀元，狀元只有一個人，不會有一個團體叫狀元團體的。所以這是中、西方在團隊精神上的一種差異。說來很矛盾，因為我們常說西方是個人主義的。但在運動場上，除了網球之類運動以外，反而不是個人主義的。中國的諸多競賽反倒都是個人的，這跟西方最流行的橋牌完全不同。橋牌至少要兩人合作，培養一種小規模的團隊精神。所以西方反而是以團體為單位、為本位的，中國卻是以個人為本位的。

西方運動也傳到了東方，日本、韓國、中國都有了，但在適應方面，在吸收西方團隊精神、公平競爭的時候，我覺得日本和韓國這次表現都很不錯。中國觀眾之間常聽說有很強烈的民族情緒，就是把國家的民族情緒帶到運動場上，這有好有壞。好處是大家都有民族意識，但如果是把輸贏看得特別重，以打倒某些人為目的，那就走火入魔了，甚至可能把文化大革命那套精神搬過來，這是值得注意的地方。

韓國人的井井有條和日本人輸得起、贏得起的風度，我覺得是我們現在特別應該注重的。他們在運動場上領先，也不僅是體育上超過中國人，而且在文化上找到了現代化調適的方法，讓古老的國家、古老的文化，變成現代文明的國家和社會，韓國跟日本對這點做了很好的示範。中國多少年來，因為一方面受到戰爭影響，另一方面又長期鬧暴力革命，所以到今天在心理方面似乎還沒完全調整過來。這是世界盃足球賽以後，我所得到的一種很深刻的印象。

（本篇網路無錄音檔）

談中國學者聯手欺騙國際期刊

二〇一七年五月四日刊登

中國學者聯手欺騙國際期刊，事情鬧得很大。世界知名的一份科學期刊《腫瘤生物學》（*Tumor Biology*），由英國一家出版社出版，去年年底發現，作者欺騙刊物編輯部，利用送審制度大量造假，說是好得不得了，其實都是假的，結果有一百零七篇論文都要撤稿，這個刊物就辦不下去了，去年年底宣布停刊，現在由另一家出版社接手。他們現在重新組織編輯部、重新編寫審稿辦法，去除這個弊病。

這一百零七篇文章的作者都是中國人，這是令人震驚、規模最大的一次科學界欺騙醜聞。這一百零七篇的作者好些都是中國名校出來的，比如說交通大學、浙江大學、中國醫科大學。這些人都通過什麼方式？從報導內容我們也不知道，總而言之，他們編造假的審稿人，假的審稿意見，用這些東西來欺騙編輯部，編輯部以為既然專家都這樣肯定就接受了，結果再一檢查，發現全是假的。

這不是第一次，去年也有一篇報導。二〇一六年《生物學》（*Biology*）有二十五篇論文，也是被發現審稿意見書造假，作者也都是中國學者，今年是破紀錄的一年，一百零七篇，簡直到了可怕的地步了。

類似的欺詐並不只發生在這份刊物上。《北京青年報》有篇報導說，二〇一五年有十份學術刊物發表的六十四篇學術論文，都是出於中國人之手，也撤掉了。可見欺騙早已開始了，由此造成大家對中國的誤會，實際上我們知道，不能憑這件事情說中國沒有好的學者，規規矩矩研究學問的學者多得是，但這些人往往都無法出國，也得不到國家給他們的研究經費，只有靠自己慢慢做文章。而且做的文章也都很平實，沒什麼驚人之處。尤其在人文社會科學方面，因為受到意識形態控制和言論控制，有些東西都不能發表。只能寫一件事情、一個制度或一個人物的小方面考證，對歷史的大判斷就根本不能出手。所以我報告了這個醜聞以後，必須要強調這一點：我並不是說中國沒有好的學者，好學者多得是，但我們覺得，這些學者往往都沒辦法發揮真正的長處。

這樣的局面是怎麼來的？有一種推測是說，中國的升級制度，跟在哪種刊物上發表論文有關。據北京報導，如果你在一份國際一流刊物上發表一篇文章，你得到的分數就相當高，這樣升級就快。不但升級快，而且申請研究經費也會拿到很多錢。所以大家集體造假、互相幫忙，然後可以騙取國家的名位和研究經費，這是很現實的。但這樣的做法就造成許多人不顧一切來集體造假，集體造假到了一份刊物上就有一百零七人之多，其他的國際刊物多得很，如果蒐集起來，數量更是驚人，因為中國的人口又多，十幾億人，研究科學、研究各方面的人也不少，如果都對國際刊物實行各種詐騙方式的話，那不得了了，尤其這個詐騙方式是很新的，假造評審人員，假造評審書欺騙編輯部。

過去中國科學家在國外行騙，主要採取的方式是抄襲他人著作，十幾二十年已經發表過但沒人注意，現在又改頭換面，寫一篇新的文章投到國際刊物上。國際刊物的人未必個個對過去每篇文章都記得清楚或查得出來，就放它過關，刊登了以後，因為讀者都是科學家，你看不到、他看得到，所以總有人看出來，最後就要指出來，指出來之後就要撤稿，就要聲明這篇稿子即使發表了也不算數。中國偽造的科學家發生這種事已經相當多了，不但偷竊別人過去的著作發表、現在的也偷竊，因為現在學術交流很多，開會讀不同論文，集體討論，小規模的研究會同樣發生，在這種情況下，有人到國外開會，聽到某個外國科學家報告的成果是他不知道的，他很快就把這個成果搶先變成自己的，或者用英文投稿到外國，或者用中文在中國刊物上先發表，表示是他先發現的。這樣的事情相當多，我記得大概好幾年前，數學家的領袖人物——丘成桐先生，就批評過中國大陸的數學界，甚至批評中國北京大學的數學界，認為其中許多人都不老實，常常抄襲別人還沒發表的成果，只是在會議上宣讀的論文就被偷竊過來。總而言之，過去以抄襲為欺騙，非常、非常普遍。我們覺得這是值得中國非常警惕的一點，中國不是沒有人才、也不是沒有科學家，但科學家要想出頭，沒有別的辦法。只有真正靠研究得到新的成果，受到承認。而中國的情況似乎不是如此，比如上次得到諾貝爾獎的唯一一位女科學家（屠呦呦），她連科學院院士都拿不到，到現在都還不是，她不是黨所喜歡的人，在這種情況下，她就被湮沒無聞了。中國本來好像到處想搶諾貝爾獎，得一個諾貝爾獎好像就是不得了的事，比如說文學上拿了一個諾貝爾獎（莫言），就宣傳得一塌糊塗，何以在科學上，這位女科學家居然到現在為止等於默默無聞一樣？至於在外國還尊重她。

所以我們由此可見，學術追求真理在中國並不受重視，在此涉及的問題是欺詐問題，是價值上的問題，就是不把學術研究，求真、求善或求美當作真正值得追求的價值，而是當作一種得到名、利或權的手段。這就表現了社會的整個形態，雖然其中有很多人求真、求善、求美，但這些人總被壓在下面，也沒有機會完全發揮自己的長處，特別是有思想控制的大框架，就以我了解的史學來講，馬克思主義唯物史觀還是籠罩一切，還不能超越它對理論的限制，如果不能超越理論限制，你在歷史研究上就只能偶爾對一小點、一小點有所發現，加起來卻不成東西。所以西方史學已經完全變遷了，就是因為研究愈來愈徹底，把過去認為不可動搖的結論都推翻或修改了。

我們也希望中國學術能在世界上立足的話，必須要有新的價值。這個價值就是求真的觀念，而不是求權、求名、求利益的手段，以學術為學術。這裡有一種榮譽制度。我也是到美國之後，才對這個榮譽制度感覺特別深刻。美國大學考試你可以帶書，沒有人監考，因為人家相信你一定有榮譽感，不願意做偷雞摸狗之事。發表文章的時候，你只要發現研究中間某些點已經被別人發現了，你即刻就要在你的文章注腳上聲明：某某人已經先發現這一點，這一點對我有用，我也根據這點再往前推進一步。像這樣承認別人比我先發現的事實，是一種很重要的榮譽制度。這不是靠別人，而是完全靠自己，所以我們在外面做研究工作，一定要先把研究範圍內所有發表的文章都要好好研究，在這方面，我看到中國現在有些研究還是引古書，也不見得是直接引述，而是間接從別處轉引來的。這在西方就要聲明，我的引文雖然屬於《漢書》或《史記》，其實某人已經先我用過這段引文了，這就是榮譽制度所必須帶來的東西，而這些東西是中國人也很重視的。

中國人也反對抄書，比如說三、四世紀的時候，有個著名的莊子專家郭象，郭象注《莊子》我們到今天還在引用，但郭象注之中有幾篇，用了比他早一點的莊子專家向秀的說法，而沒有公開說明這是從向秀那兒來的。所以一千多年、差不多兩千年來，大家都責備郭象抄書。到了清朝，因為考證學的重要，哪個人先發現什麼，哪個人先發現某一本書、發現某個字和字義都要先舉出來，如果是別人發現的，就必須承認。如果偷竊了別人的發現，馬上就會被人指出，名譽掃地了。一直到二十世紀，一九四九年以前的大陸，都還是保持這個傳統，所以我們覺得，中國如果希望在世界學術界、思想界有新貢獻的話，首先必須要認真採取一種跟西方同樣的榮譽制度。這個榮譽制度中國已經有了，並不是新的東西，但必須重新加以強調。

法蘭克福書展上的中共表演

二〇〇九年十月二十一日錄音
二〇〇九年十月二十六日刊登

九月到十月，中共在德國法蘭克福書展前後的所作所為非常轟動，不但德國人看得眼花繚亂，就是美國、英國也都見所未見、聞所未聞。最近《紐約時報》有極長篇報導，講法蘭克福書展的中共表演，由此可以看出共產黨的真面目。國際上對它的本來面目看得並不很清楚，這次表演，我想全世界都見識到了。

我們知道，中共永遠至少兩副面孔，一種面孔是它占下風的時候，要想拉攏別人、統戰別人，那是甜得不得了，說起話來叫你陶醉，都給你附和，另外一種面孔就是它占上風，那就兇狠得不得了，另外它可以治你的時候，那你就要死在它手上，它絕不給你任何呼吸的空氣。

所以我們現在看共產黨，要看兩面，一面就是共產黨占下風時卑躬屈膝的樣子。而這次在法蘭克福的書展，就剛好看出它占上風的一面來。它這一面之所以能表演，也很簡單。第一，它現在有錢，不但有勢、還有錢，這次法蘭克福書展，它好像捐了五百萬歐元，那當然有說話的餘地。第二，它派了七千人到德國來進行書展，所以花費的人力跟財力，都是不可想像的。

另外在九月中，又有一個討論中國與西方的國際會議。他們派了一百六十多個團員，這個代表團也龐大得不得了，會議上就發生了很大的爭執。九月初，書展主持人請了中國的異議作家參加討論會，像是非常敢說話的女作家戴晴，還有從大陸出來、現在在美國的異議分子貝嶺，都是很有名的作家。最初邀請的時候，沒有讓中共知道，中共聽說以後即刻提出強烈抗議，說這兩人不能來，所以書展負責人就把他們取消了。

可是這一取消讓德國人知道了，引起一片咒罵之聲，因為這是向共產黨低頭屈服，不可接受。最後書展的負責人沒有辦法，還是繼續邀請這兩人，讓這個人入境，戴晴是通過德國的筆會，貝嶺大概也是通過筆會跟其他反對勢力抗議，兩人都來了。

這兩人來到書展一講演，結果中國人全都要退出，中間還包括很有名的作家莫言在內，都一塊兒退出。他們對自己同胞的作家，好像沒表現出任何同情。只有一個值得佩服的人，那就是清華大學的秦暉教授，他是研究歷史的，不但學問好、人品也好，所以只有他一個人留下來，還表現出一點氣節。這裡也可以看出，共產黨現在不可能完全控制了。這種情況如果是在過去，那秦暉絕不敢留下來，留下來以後，就不能想像會有什麼樣的酷刑在等著他回國。

這是一件事情，到了書展的時候，它就完全操縱。結果是對它不利的書一概不給參展，至少他們企圖如此。甚至台灣的書到德國參展，他們事先也對台灣各種書商施加壓力，這是共產黨兇狠的一面。

另外還有個有名的例子，四川的廖亦武是作家，也是畫家，是非常著名的異議人士。那時書展是絕對要請他來的，因為他不但會畫，而且是音樂家，所以希望他參加。但共產黨不給他護照、不讓他出境。包括德國政府向中共政府溝通，都不讓他來，所以他最後還是只能留在四川，不能來了。

不過他的名字、他的事蹟，因此也在國際上得到間接的流傳，也不算完全失敗。所以廖亦武自己說：「這樣的鬥爭是很正常的。不過，無論如何，本來國際上不了解我，現在至少了解我、知道有這麼一個人了。」實際上他在德國已經有書出版，在美國也有英文書出版，所以他是一個很重要的異議分子。

共產黨今天有個企圖，就是要在文化上向國際進軍了。不光是進軍，還要橫行霸道，就是它要怎樣就怎樣；它喜歡的人就可以參加，它不喜歡就可以封殺，這是它的如意算盤。

但這個如意算盤在德國並沒有成功，不但沒有成功，還適得其反。因為德國新聞界跟政治界都是一片責罵之聲，當然也有少數人因為利益關係會崇敬它，但聲音微弱得聽不見。在國內，外交部長公開地說：「我們要怎麼說就怎麼說。」從這裡可以看出，共產黨在國際上想稱霸，目前還不到可以成功的地步。共產黨還有一條很長的路要走，能不能走得通，我很懷疑。

介紹《上海生與死》與《一滴淚》兩本書

二〇〇九年十一月十一日錄音
二〇〇九年十一月三十日刊登

鄭念是一九一五年出生的，今年（就是二〇〇九年）十一月二號過世，一九八六年她在美國出版了一本書《上海生與死》，非常著名。這本書教育了整整三代西方讀者，出版的時候就變成暢銷書，重要的雜誌上都轉載，自從林語堂以後，還沒有看到像《上海生與死》這樣轟動的。

鄭念是什麼人呢？她是一位出身書香門第的女子，燕京大學畢業，然後一九三〇年代就到倫敦去讀書，讀的是非常有名的倫敦政經學院。當時這個學院裡有很重要的思想家，提倡費邊社，就是民主社會主義這套思想。

她本來姓姚，名叫姚念媛。後來她嫁給了鄭康琪，鄭先生原來也在倫敦讀博士學位，所以兩人相識、結婚了。鄭先生後來進入中國的外交界，到一九四八年還在澳洲做總領事，是一位非常重要的人物。

但國民黨崩潰以後，他和夫人鄭念同時回到中國。他們厭倦了戰爭，也不想去台灣，在中國的英國殼牌（Shell）石油公司，請她先生做上海的總經理。他為共產黨中國解決石油的問題，這樣的關係很重要。當時周恩來很重視他們夫婦，鼓勵他們這樣做。

這段生活一開始很好，可惜一九五七年她的先生去世了。先生去世後，本來她還接任殼牌的特別顧問，也是幫中國解決石油問題，同時在英國石油公司跟中國政府談判的時候，她可以居間調停，也發生很正面的作用，所以很得雙方的信任。

她的工作本來跟政治沒有關係，可是文革一來她就倒楣了。文革時她就被抓起來，關在監牢裡很久，差不多到一九七三年才獲釋。她有個女兒，出獄後才發現女兒已經死了，說是自殺，其實是紅衛兵殺掉的。

她是以美國特務、英國特務的罪名抓進監牢的，他們想把她打成特務，然後由她牽連周恩來，把周恩來也打垮。她當然不承認，她是很愛國才回去的，否則早就可以生活得很好。女兒之死，是她一生最傷心的事，一九八〇年出國以後，英國的石油公司把她丈夫和她自己的一些儲蓄都還給她，所以她在美國還可以過相當好的日子，就在華盛頓住下來了。

在這段期間，就是一九八四到一九八六年，她就開始寫自傳，這個自傳就是《上海生與死》，寫得非常生動。她主要是對女兒的死絕對不甘心。他們要女兒指證她是美國特務，女兒不肯，就被打死了。詳細情形，我希望中國的讀者能有機會去讀她英文的原文。

海外好像有中文譯本，但她並不滿意，她自己晚年想譯成中文也沒有譯成，她沒有這個時間了。總而言之，這是一本了不起的書。這本書表現出她一方面愛自己的國家，一方面也沒有糊塗到把國家和黨劃等號。她開始對共產黨也是很敬佩的，才回去為它做事，後來發現共產黨、毛澤東，至少毛澤東時代是這樣一個不講理的社會，她絕對不肯屈服。

在監牢裡，不管怎樣打她、罵她，怎樣用苦刑，她都半點不屈服。所以，她出來寫了這樣一本提倡自由社會的重要著作。這本書在美國果然引起重大反應，在海外中國人作家、中國讀者群中間，也起了不得了的作用。

這本書寫在一九八七年，書的最後還對鄧小平、趙紫陽表示關切，希望改革成功。可見她徹頭徹尾不是個亂罵中國的人，她尤其是愛中國的人。她對共產黨也沒有徹底反對，只希望它改進以後，可以進入文明社會，這是她所想望的。

可是這點願望它就是達不到，所以她後來就堅決不肯再回上海。我覺得像這樣的人，首先把中國的真相告訴了美國人，同時也表現出還有這樣的中國人，有教養、有才能，而又不激憤、非常心平氣和，但同時又感情豐沛，這是非常難得的結合。一方面非常理智，一方面感情深厚，這樣的書能動人、又能服人，以理服人、以情動人，所以她的成就極其偉大。

現在她過世了，但我相信，如果中國人能夠接觸到她的精神，一定會發生正面的好影響。我現在能想到的就是另一個作者，比她小五歲，現在還活著，健康還很好，就是巫寧坤先生。他在一九九三年用英文寫的《一滴淚》，同樣寫他怎樣為了愛國，一九五一年從芝加哥回國，然後就怎樣被打成右派，最後文革……種種遭遇，寫得也是極為動人。

鄭念的書絕對是最暢銷，巫先生的書雖然沒有她那樣暢銷，也相當流行。所以已經印成平裝版，賣得非常多。後來他自己在二〇〇二年又譯成中文，在台灣出版。這本書非常值得一讀。

我們中國的知識界能有這些老一輩人，能這樣有骨氣，不對權威隨便屈服，但同時又對自己的國家非常愛護，希望它走上文明、健康的道路。從他們兩人的例子最能看出，中國這個國家是大家的，黨是一黨的，不能混為一談。政府如果是一黨專政，也是屬於黨的，不能跟國家劃等號。

這些概念在今天都相當模糊了。所以我希望通過這兩位先生，女的已經過世了、男的還健在、精神還很好，巫先生現在還經常寫作，從這裡我們就可以看到，中國的文化將來一定會起來的。不是現在這個大國崛起，現在只是一種銅臭，把外國人的錢騙到中國來投資，賺了外國人的錢，此外並沒有別的東西。在文明上，中國開放二十多年來，一點也沒看到有什麼了不得的進步。

從余杰要出版《中國影帝溫家寶》而受到警方約談有感

二〇一〇年七月七日錄音
二〇一〇年七月十九日刊登

余杰是自己從國內來看的，他看出溫家寶好像只是一種做作，並不真的表示他是個愛民、講究民主、講究人權、溫和的政治家。

不只余杰一個人，還有其他異議分子，都認為溫家寶在演戲。因為共產黨特務人員已經打聽到這本書要出版，所以公安局在七月五日就把他叫去，談了四個小時。

這四小時訊問主要就是為了這本書。公安局的人員跟他說，溫家寶不是一個普通人，批評他就等於跟國家作對，會妨害國家安全和國家利益。如果你一定要出版這樣的書，那就變成很嚴重的刑事案件。變成刑事案件，你將來的命運可能就像劉曉波，在監牢裡關很多年。

我們知道劉曉波被判十一年徒刑，所以這個案件是一種很嚴重的案件了。而且公開用這種威脅的口吻、非常露骨地說出這樣的話來，也不是無備而來，這是有計畫的。但問題就是在哪一個層次，是溫家寶自己發動的呢，還是他左右的人發動的呢？怎麼會知道余杰有這樣一本書？這本書有這麼大的影響嗎？變成一個刑事案？

其他的異議人士也非常憤慨，像王怡就說，這不但違背言論自由，而且是一種黑社會行為。余杰自己在《美國之音》訪問中說，他要堅守原則，他認為恐嚇是真的，是嚴肅、認真的。他已經做好下獄的準備了，但他不能放棄自己的原則，不能放棄自己的言論自由權利。身為作家，言論自由是他生命中最主要的部分，失去了這部分，他就變成行屍走肉了，人生沒有意義、也沒有價值了。

所以看這樣的情況，余杰是會堅持的，這本書遲早會在香港出版。出版以後他到底會不會受到控訴，然後送進監牢關十年、十一年，就不知道了。現在問題就是關於溫家寶。我們怎樣看待溫家寶呢？在我看來，他和胡錦濤是一個唱白臉、一個唱紅臉的；一個做好人，一個擺出一副凜然不可侵犯的形象，像胡錦濤，樣子非常嚴肅，好像不可冒犯；而溫家寶常帶笑容，也會做統戰，還會背幾句台灣詩人的詩，來拉攏統戰工作。

所以兩個人作風是很不同的。可是看他們在真正對付敵人或假想敵的時候，都很兇狠，這個並不比那個更溫和、更親切。所以許多人認為他在演戲，是中國的影帝，也不能說完全沒有理由，不過，這個事情當然很難判斷。

關於溫家寶是真是假，我們當然沒有辦法判斷。因為這是關於動機的問題，但也不是完全沒有蛛絲馬跡。我覺得很不幸的就是這次事件，公安局把余杰傳訊四小時，威脅要判他刑。這件事溫家寶不可能完全不知道，至少溫家寶左右的人會知道，知道後也不太可能完全不告訴他。

如果真的是這樣，溫家寶應該制止。如果他真是愛民、真是這樣謙恭、真是這樣親切，他應該出面制止這件事。不能夠這樣威脅一個作家。你要出版一本書「詆毀」我，我馬上把你送進監牢，關個十年、二十年。如果他真有民主風度的話，這件事就不大可能發生。

我覺得這個事件及早暴露了溫家寶的本相。他可能並不是我們想像中那種有民主風度的政治領袖，因為在西方民主國家，總統、首相被老百姓罵，或者寫書罵，那是很常見的事。就是在台灣媒體，電視、報紙、雜誌罵總統、罵執政官員、罵行政院長，也是非常普通的事。

如果溫家寶真像他平常做的形象那樣，我想他應該儘快出來制止這件事。到底怎麼選擇、到底是真是偽，我們只能等待將來的事實演變，才能看出來。

可喜回憶錄和自傳增多

二〇〇四年十一月五日

包括華國鋒、包括退休的李鵬，共產黨的這些重要人物，最近據說都寫了上百萬字的回憶錄，這上百萬字的回憶錄中間當然是為自己洗刷的，說自己正確、別人錯誤。據聞接報導，李鵬把天安門的責任主要推給鄧小平，而與他無關。華國鋒更披露了許多機密，例如在鄧小平要鬥垮他上台的時候，他兩次企圖自殺，但沒有成功。他認為鄧小平背叛了革命、背叛了毛澤東。

但無論是李鵬還是華國鋒的回憶錄，都不能出版，因為他們是黨員，受黨控制，不經黨批准就不能出版。不過其中一些精彩的項目，總會斷斷續續地展露出來，從這裡可以看出，共產黨人寫自傳的傾向很普遍，不僅大人物如此，就是小的人物，如過去中央文革小組成員王力、上海的徐景賢等，個個都出來寫回憶錄或接受訪問。

要講過去那段歷史，我覺得有些也還是真實的。他們不說出來，有些真相就不容易知道。所以從我們學歷史的人看來，這種回憶錄是一個非常重要的史料來源。尤其在某一時期占據過重要位置、起過重要作用，或者紅極一時的人物，他們如果留下一些紀錄來，還是很有用的。他們想給自己洗刷，這是必然的，可是歷史的史料來源是多元的，你這邊可以寫，別人也可以寫相反方面。所以這些史料愈來愈多，未來的史學家們可以慢慢從中找出哪些話可信、哪些話不可信，然後加起來看整個狀態如何，所以這一方面的回憶錄也很重要。

另一方面是受難的人，像反右的時候被人寫得很多的北大女學生林昭，林昭現在幾乎成為民族的烈士了，代表追求民主、自由的人。她對共產黨的懷疑從一九五〇年代就開始了，這是很早的，不像後來，現在罵共產黨是很容易的。要在一九五〇年代對共產黨、對毛澤東有根本懷疑，而追求一種民主自由的理想，那是非常難得。

寫林昭的人很多，也有她家裡姊妹弟兄出來說話的。種種情況加起來，這個人確實很不尋常，在歷史上會留下一筆很明顯的紀錄。

《往事並不如煙》的章詒和女士，寫的是她被打成右派的父親章伯鈞，還牽扯到儲安平、羅隆基等人。這些人在共產黨沒有得勢之前，都是幫助它成功的人，得勢以後也還占有領導人的位置，不過到了一九五六、一九五七年以後，毛澤東就要慢慢解決他們了。現在由後代把有關這些人的記憶蒐集起來，讓大家知道是怎麼一回事，我覺得也是非常重要的。

所以我們從各種個人的回憶錄中，已經看出這許多重要的貢獻。另外，像芝加哥大學的王友琴博士寫了《文革受難者實錄》，記錄了至少七百多人，我也翻過這些紀錄，人的名字、死難的時間、種種死難的狀態都很真實。這是一種集體的回憶錄，保留下來也是很重要的。將來這些人的家裡，還會有人再出來補充這些報導。

還有最近的天安門事件，因為「天安門母親」的運動，到處找資料，把這些死難者的姓名種種一個個恢復；再加上蔣彥永出來作證，天安門殺人的問題，殺了多少人，很多問題已經不用討論了，至少幾百人、千人以上。官方所謂二十幾個人或一個人都沒殺，只能是笑話。

所以從歷史觀點看，許多人寫回憶錄或自傳是一個重要的現象，這個現象表示中國已經轉入另一個階段了。共產黨專制的統治儘管表面上還有某些效用，可是事實上，控制力量愈來愈弱了，就是沒辦法阻止這麼多人寫他們的過去，像反右，本來就應該有很多書來把它的真相提煉出來，可是官方總是重重顧忌，包括我剛才說的《往事並不如煙》，其中也有一部分被刪節了才能出版，海外才能看到全本。

海外也有許多人寫回憶錄，像最近過世的著名經濟學家楊小凱，跟他在一九六〇、一九七〇年代的文革期間寫《中國向何處去》，那是很重要的小冊子，他已經感覺中國非變不可，不變就沒有前途。這是一個很敏感的十幾二十歲年輕人，後來在西方的經濟學上有很重要的成就。所以這是一個新現象，值得我們今天好好對待。

（本篇網路無錄音檔）

《李鵬日記》為何取消出版

二〇一〇年七月十四日錄音
二〇一〇年七月三十日刊登

《李鵬日記》報紙上稱為《六四日記》，因為這個日記是李鵬在「六四」這段期間所寫的日記。出版者正是受李鵬迫害的鮑彤之子——鮑樸的新世紀出版社。鮑彤是被李鵬關進監牢的，當然我們可以得到一個很快的結論：

鮑樸的新世紀出版社，出版過趙紫陽的《改革歷程》，根據趙紫陽祕密談話的錄音，記錄成文字出版，有中文本、英文本，一時大為轟動。李鵬當然也想：他的日記在這家出版社出版，比較有人會相信。

李鵬的這部日記其實不是今天寫成的，應該在二〇〇四年就寫成了。二〇〇四年寫成以後，他把原稿送到政治局審查，政治局不准他出版，所以就沒有出版。

我們知道，李鵬以前已經出版過六種日記，幾乎每年出一種，比如說《三峽日記》、《水利日記》，多得很。不過沒有引起多大注意。

但這部《六四日記》很敏感，《六四日記》基本上是根據他從一九八九年四月十五日到六月二十四日為止，這七十一天的日記，然後從日記裡節錄某些部分，構成全書資料來源。

「六四」的罪魁禍首到底是李鵬呢？還是鄧小平呢？其他人到底又扮演什麼樣的角色？江澤民的作用是怎樣？李先念、陳雲種種，每個人都不一樣，而且每個人恐怕想法也不一樣。有人可能以「六四」為榮，例如鄧小平、李鵬；但有人也可能覺得「六四」是恥辱，這就很難說了。

另外他也補充一些資料，比如說五月十九日，首都黨政軍幹部動員大會是晚上十點鐘召開的。他也讓胡啟立去找趙紫陽參加，趙紫陽不肯，所以趙紫陽那方面沒有這件事的記錄，而且把時間記成五月二十日了，因為他沒有去的關係。

所以，這可以補充趙紫陽的回憶錄裡所缺少的內容，而且這也相當重要，因為這一天，五月十九日早上，李鵬和趙紫陽都去看了學生。然後九點鐘以後，就到鄧小平住的地方，跟李先念、楊尚昆、還有喬石等人，一起在鄧小平家裡開會。開會就是要準備動手，要動員所有人來鎮壓學生運動了。

另一方面，他要把所有人都拉下水，有些可信、有些不一定可信。比如說〈四二六社論〉是刺激學生激進化的一篇重要文章，這篇文章到底是誰寫的？我們不知道。按照李鵬的說法，居然是胡啟立寫的，我並不相信。胡啟立可能不得已參加了一下意見，但是不是由他主筆，寫這樣一篇所謂「必須旗幟鮮明地反對動亂」的社論？是很可疑的。

總而言之，李鵬在這部日記裡，除了把鄧小平奉為太上皇、一切從他那兒作主以外，另一方面的消息，就是所有人都脫不了干係，人人都有關，人人都有作用。

最值得注意的，就是李鵬這部日記為什麼到最後一分鐘，居然又不能出版。最初李鵬一定是同意的，否則鮑樸不會去印刷這本書。這本書快要印刷完成的時候、都印好了，臨時不能出版。因為香港出版法很嚴格，李鵬可以不認帳，李鵬並沒有自己簽字。

這就變成了侵犯版權問題，鮑樸逼不得已，只有把出版這件大事取消了。不過雖然取消出版，但已經有了電子版。電子版已經上網，所以網上許多人已經看到這本書，也有許多人寫了評論。從這方面看，這本書雖然沒有正式出版，但等於已經出版了，我想不久後一定還會出現地下版。

共產黨對於「六四」，還是舉棋不定，如果真認為鎮壓是對的，那就讓這本書出版，一點問題也沒有，可見他們也不願意認為鎮壓是對的。這本書立場跟胡、溫他們的觀點都有距離。

因為照這本書上講，胡、溫也都積極贊成鎮壓，但如果這本書出版，那他們就逃不了關係了。所以我想，從這個立場來看，中央政治局最後決定取消這本書的出版，逼著李鵬去讓鮑樸把書收回，這是主要的原因。

從這件事情看，中共黨內對於「六四」還是意見分歧，並沒有同一個口徑。有些人還是希望擺脫，有些人就希望淡化。如果這本書一出版，中央不做任何表示，那就等於默認了。默認以後，有些人以為自己跟「六四」沒有關係，現在都變成是手上染了「六四」的鮮血，這些人當然就不敢讓這本書出版。

談建黨九十年紅歌會及電影《建黨偉業》

二〇一一年七月七日錄音
二〇一一年七月十四日刊登

共產黨在這九十年黨慶，花了全國最大的精力，想把這件事情炒熱，好像在鼓舞年輕人對共產黨的崇拜，所以最要緊的，我們就要講它為了慶祝而舉行的活動。

第一就是一部新電影，叫做《建黨偉業》。第一個創建共產黨的人是陳獨秀，陳獨秀是大家尊敬的一位新文化領袖、也是新思想領袖，但他後來因為被共產黨在蘇聯的成功所吸引，就想走最新的革命路線，這樣就組織了共產黨。但這個共產黨起初一直受蘇聯指揮，可以說非常不成功。只有一件事成功，就是讓孫中山接受他們，讓他們加入國民黨，所謂第一次「國共合作」。

所以這是共產黨的開始。今年他們為了慶祝這件事，就花了很大的精力和金錢，據說影片拍攝就花了差不多十二億美元，非常可觀。據說賣票到現在為止，已經賣掉一千八百萬美元了。兩年前，它為了建國六十周年、一九四九年的共和國成立，也拍了一部電影，就叫做《建國大業》。現在這是第二部電影《建黨偉業》，所以這兩部電影花了很多錢，我剛才說，共產黨第一部電影花的錢，大概還沒有現在的多，但第二部電影是一千二百萬製片費，這是很可觀的。而且這部電影聲勢浩大，四月就開始宣布，從五月到七月，所有外國電影、新電影暫時都不進口，比如說中國人喜歡間諜片，這些間諜片在這時候就不能進口，因為要放映《建黨偉業》，全國六千二百家戲院同時放映，在美國還找了二十九家電影院，包括紐約和洛杉磯，所以聲勢之大可以想見。

這部影片又集中了一百七十八位明星，以及海外許多著名的明星，包括周潤發等人，其中還把毛澤東加以浪漫化，特別強調他和楊開慧的戀愛。共產黨為了鼓勵大家去看這部電影，所有國營企業機構都買票給全體員工，給他們半天假，讓他們去看《建黨偉業》；同時在學校裡，從小學到大學也是。北京有人去調查，北京有些戲院早已把票賣光了，可見這部電影銷路非常好，因為是國家自己花錢買的。據調查，到了六月十九日，已經賣掉一千八百萬美元的票房，可見這是很了不得的舉動。

但也有人調查，在北京和其他城市，看看電影院裡是怎樣的情況。實際上電影院裡的觀眾好像不到一半，可見許多人雖然拿了票，並沒有去看電影。報紙或電視上，都不許出現對這部電影的任何負面報導和批評，就在網上加緊檢查，任何批評這部電影的言論都被刪除了，可見共產黨是全力以赴的。

共產黨因為這個緣故，要造成一種氣氛，把全國炒紅，我們必須跟它現在的唱紅歌聯繫起來。這一個多月來，任何團體在一塊表演的就是唱紅歌，就是延安時代的，或者歌頌毛澤東的歌，但文革時唱的各種歌也在裡面。照這種情形看來，好像共產黨要把革命的意識炒紅，可是事實上他們也不敢這樣做。因為他們現在真正是文革時候毛澤東說的「走資派都在黨內」，現在整個共產黨實行的是由黨控制的一種資本主義，國內叫做權貴資本主義。有權有勢的少數人控制這麼多的財富，而且為所欲為。

在這種情況下，所謂市場也是黨壟斷的，所以跟黨有關的人，包括親戚、朋友種種都藉機發了財，但一般老百姓非常辛苦，所以抗議事件不斷。這部分我們過去講過，現在不談了。

所以如此一來，共產黨到底能不能靠這部電影，激起老百姓對黨的熱愛，以及所謂愛國主義，那就要看將來怎麼發展了。

但另一方面我們要說，炒紅恐怕會帶來很大的危險，因為大家如果真照著毛澤東或延安時代的紅歌內容行動，那就要重來一次大革命了。這是不可能發生的，這就是要革共產黨的命了。

所以，共產黨也不可能真正有勇氣來唱紅歌，不過是想借紅歌再度樹立共產黨的權威，但這個權威恐怕樹立不起來，除了少數年輕人完全不知道歷史，或者受過感動，或者家庭關係，而對這個黨認同，這反而有之。但我想，在全國範圍內，要讓無數抗議群眾都相信這個黨的偉大、光榮、正確，恐怕很難辦到。反正我想，這是一個最重要的發展，想看看接下來這部電影和它炒紅的結果會是怎樣。

再談毛澤東〈在延安文藝座談會上的講話〉

二〇一二年六月十五日錄音
二〇一二年六月二十五日刊登

毛澤東〈在延安文藝座談會上的講話〉，是一九四二年發表的。毛的講話已經成為共產黨的經典之作，講話還有一個要點，就是他引了列寧的話——「文藝藝術是整個革命事業的螺絲釘和齒輪」，毛澤東就把這句話當成絕對真理，然後在文藝座談會上，赤裸裸地強調文藝必須為政治服務。

這在延安來講，他要作家只能歌頌革命，不能寫革命中的黑暗面，不能暴露所謂革命的缺點。這跟在國民黨統治區不一樣，你可以儘量暴露國統區，所以毛澤東也是歌頌魯迅的雜文罵國民黨，可是要罵他自己的時候，雜文就不能用了。

所以在延安我們就發現，魯迅的雜文是禁止寫作的一個方面。像王實味因為寫了雜文諷刺了共產黨，丁玲也諷刺過，都受到鎮壓，還有蕭軍在內。這些人都是佩服魯迅的，都仿效魯迅的雜文寫作，可是到了延安就不能這樣做，所以王實味後來就被殺掉了。

從此以後，毛澤東的政治掛帥、文藝必須為政治服務，就變成絕對真理。以後的創作也就決定了，事實上以後也可以說，沒什麼具有原創性的作品了，都是給共產黨粉飾太平、粉飾革命的遵命文學了。

這個講話在毛死後、一九七八年以後，大體上就沒有人相信這套了，早就被拋棄了。可是現在，因為共產黨恐怕失去政權，有些人就要拿毛澤東來做一種精神依據，所以又回到毛澤東，包括唱紅，也是用毛澤東來延長政權的壽命。

在這方面，它現在又想起了毛澤東講話的重要了。講話七十周年的時機，到處都有紀念活動，跳舞、唱歌種種，很多大規模的會。但嚴肅的中國作家出版社出面，向共產黨作家協會的一百個會員要求，希望他們每人抄一段毛澤東的講話，都是作家的真跡，然後彙集起來變成一本紀念冊，拿這個紀念冊賣錢，據說還賣得非常紅、非常熱鬧。

可是一做了這件事，網民對這一百個作家的意見就非常強烈了。這一百個作家，每個人得到了什麼報酬？就是人民幣一千塊錢。說這樣寫一段，就可以拿一千元人民幣。這可說是一種市場運作，也可說是一種廣告書，是不是真的佩服了講話內容，我們就不知道了。

無論如何，這一百多人中間有很多有名的人。其中我所認識的或聽說過的，有王蒙、莫言、二月河、李希凡、葉兆言（葉兆言是葉聖陶先生的孫子）。出版社介紹這批人的時候，說的幾句話值得注意，它說這些作家熱情很高，有些人現在對這篇講話的原文還記得很清楚，有些還可以大段地背誦、默寫出講話內容。所以他們抄寫時一絲不苟、非常認真，有些人甚至抄了好幾遍，充滿了感情。

這些話未必真正可信，不過其中可能也有這樣的人。所以這一百人中間的動機可以完全不同，有的人後來被網民罵得太厲害，就出面澄清自己的立場。他說，我並不是真的如何投身於黨，或是出賣自己的靈魂，而是因為朋友的關係，不好意思不寫，以為寫這幾句話也沒什麼要緊，而且還可以拿一千塊錢，那就算了吧，就寫了吧。像我們剛才提到的葉兆言（就是葉聖陶的孫子），就出面做了這樣的聲明。還有另一個人也出來聲明。

這件事引起軒然大波，網上的意見多得不得了。最主要的可以歸納為兩點，一點是對於出版社，說出版社根本不該出這樣的書，這是一種很邀寵的、討好共產黨的可恥行為。另外是對作家，說這一百個作家自己心甘情願做這樣的事情，不但沒有知識分子的骨氣，也沒有知恥的觀念，連羞恥觀念都沒有，這樣的評論是非常強烈的。

我今天並不是要來做道德譴責，所以我不談道德譴責的問題。我只是說，這件事可以反映出共產黨現在的政權，已經走到了什麼地步。同時也可以說明中國所謂作家、尤其作家協會的成員，心理狀態是什麼樣子。這些人顯然沒有自信心、也沒有自尊感，隨便什麼都可以寫，而且這些人並不真的相信。只是做了這件事以後，可以表示他跟共產黨政權站在一起，這才引起網上如此強烈的反應。

另一方面，最近西安組織了一個「延安文藝與二十世紀中國文藝」國際學術研討會。這個研討會由陝西師範大學和延安大學出資舉辦，主要也是為了吹捧毛澤東的講話。另外，也要同時歌頌在講話影響下，發展出來的延安文學和藝術創造。所以由這兩個學校出面，由國家社科基金會給了很多錢，據說師大就拿了七十萬。同時說要召開國際會議，但國際會議就很難找人，找到的是日本、韓國、香港、新加坡幾個地方，一共才七人。所以事實上這個會零零落落，與會者也都不是有名的人。

同時我們也可以看出，除了冠冕堂皇捧場的話以外，私下在會上也有許多批評。有些人就強調，為什麼講話左的方面、壞的影響完全不提，只提好的方面？另一方面也抗議，文藝完全為政治服務，在今天是站不住的。

所以從這場會議到與會者（與會者都不是知名之士，就是所謂國外的七個人我們也都沒聽說過），可見規格並不很高，至少談不上有什麼影響。不過無論如何也可以看出，共產黨現在還是把毛澤東當作救命稻草，還是希望他的講話能發生作用。

事實上可說適得其反，我們從會場上的與會者一共才一百二、三十個人，加上七個外國人，也不到一百四十個人，從這樣少數的、也不是很知名的人，反應都只是平平，沒有一面倒的歌頌，也沒有顯出任何熱情、任何對毛澤東佩服萬分的感覺，一直都沒有表現出來。

可見毛澤東的講話，儘管用國家權力拿了很多錢在後面推動，事實上並沒有真正發生作用。所以，這就跟中共政權的性質相同，靠毛澤東七十年前這些廢話，想挽救今天的精神危機，我認為這是不可能的事情。

談二〇一二年諾貝爾文學獎得主莫言

二〇一二年十月十八日錄音
二〇一二年十二月十一日刊登

中文寫作獲得諾貝爾獎的第一人是高行健，不過高行健是反對共產黨的，所以共產黨也不讓他回國，大陸也一直不報導高行健的名字，十幾年來根本見不到的。《紐約時報》的報導首先就提到，諾貝爾獎對中國共產黨造成的問題。兩年前，劉曉波獲得諾貝爾和平獎，遭受中共強烈反應，甚至有挪威要員造訪中國，中國都不給簽證；挪威的魚要運到中國，也不讓它的船前往，等到魚腐壞了才讓它進港。

而共產黨控制的全國媒體，一律對諾貝爾和平獎本身從懷疑到咒罵，兩年前這種強烈的反應，相對於兩年後的反應，就使人覺得，莫言得到諾貝爾獎，一方面共產黨固然可以大大慶祝一番，另一方面，好像也還有許多問題，至少有三種強烈反應：

一種當然是共產黨正統派對這件事歡欣鼓舞；另一種是自由派的人對他破口大罵，認為莫言本身沒有獨立人格，依附共產黨，沒有脫離政治，最主要的理由就是，兩年前大家聲援劉曉波，他就拒絕簽名；另外他在德國開會，也不為異議分子說話。所以從異議分子或自由派觀點看，他是個沒有獨立人格的人。

另外就是，左派的反應對他是一片咒罵，甚至認為他是漢奸，討好外國人然後得獎。另外，我所碰到的一些朋友，都有一個共同的看法：莫言談不上是異議分子，但他不是共產黨的御用工具。

莫言有一部小說，最先在中國都不能出版，那是天安門事件前後，先在台灣出版，然後大陸才能出版。他做的許多事情，大家都是不能同意的。比如說抄毛澤東的〈在延安文藝座談會上的講話〉。他也說了，到現在為止他還是不後悔，不過他不認為那是正確的文藝路線，凡此種種，當然都有人對他有意見。

另一方面，從冷戰以來，瑞典的委員會將諾貝爾獎頒給前蘇聯、前東歐有些國家的人，幾乎無一例外地都是異議分子，都是批評共產黨、批評極權體制的。比如說索忍尼辛（Alexsandr Solzhenitsyn）得過獎，就不讓他去領獎。另外還有些人也都是異議分子，一直到高行健，還是異議分子。所以在瑞典也是一個問題，頒獎的對象是共產黨當局可以接受的人。

路透社記者也提出了劉曉波的問題，問他對兩年前獲得諾貝爾和平獎的劉曉波採取什麼態度，莫言就很明確地表示，他說他現在希望劉曉波健康地獲得自由。從某些地方講，他得獎以後可能也獲得一些勇氣，他遇到權勢不是正面對抗，而是與之周旋、與之妥協，在妥協中求生存。

他的作品中偶爾也還有一些對社會、對政治的批評，不過採取間接方式，否則他不可能在中國存在，也不可能在中國寫作，更不可能獲得中共官方的職位，作協副主席或副會長。所以從這方面看，可以說他在政治上是比較灰色的情況，不是很明顯的。所以自由派的人、異議分子對他獲獎，絕對不會有很熱烈的正面反應。

另一方面，共產黨雖然要對他加以炒作，給自己打腫臉充胖子，但它恐怕心裡也很嘀咕，因為不知道他將來會說些什麼話？他還很清楚地表達過一個意思，就是說作品不能受限制。他是站在人的角度上說要突破政治限制。這是他的一種表態。據我所知，像馬悅然（Nils Malmqvist）、還有一些國內作家，也認為他是可以得獎的。

他的翻譯者，比如美國的葛浩文（Howard Goldblatt），也認為他的作品中間有某種社會政治諷刺，藉著歷史的或神話的方式表現出來。我只是覺得，我們應該承認他對現實政治可能還是有批判精神，不要把他一棍子打死。

如果我們採取嚴格的或極端的政治觀點，對他完全加以否認，認為這次頒獎是瑞典學院向政治屈服、向共產黨的經濟發展屈服，我想有點推論得太過了。

瑞典的祕書長宣布這個結果的時候，也提到這是瑞典第一次離開異議分子，而給一個共產黨可以接受的人頒發文學獎，因此他說這是文學的長處，不能抹殺。這也不是否認文學跟政治無關，但文學有可能會變成批判力量的一部分，他被夾在中間，所以就造成問題。

自由派的人當然覺得這是一個問題，對共產黨也未嘗不是一個問題。他既然說了劉曉波應該放出來，愈早愈好。這對共產黨來說，也造成了心裡的疙瘩。將來他會不會因為得獎以後，共產黨不好隨便動他了，就說些破格的話，為共產黨製造困難？也不是不可能，因為他現在才五十七歲。

另一方面，還有他自己的問題。他希望自己在世界上留下什麼樣的形象？他願不願意把自己變成共產黨的應聲蟲？這不是不可能，但在他還沒有做這些事情以前，我們都還應該存疑。這是我討論莫言問題時，提出的一個主要的價值問題。就是說，我們在海外的人，或是相信普世價值的人、相信自由的人、相信容忍的人，必須要做到容忍。對於異己分子，對於與自己不同的人，至少要容忍他的存在，不能因為他在政治上跟你觀點有些格格不入（還不是完全相反），就把他一棍子打死，我覺得這樣的態度對我們來說是不好的。

對於莫言來說，我們對他的許多觀點都保留，對他的許多做法，我們也不同意。但我們也相信，如果他的文學創作達到一種水準，程度可以接受諾貝爾文學獎，我們也不能說他不該得。至於他得獎以後，怎麼建立他自己新的國際形象？那就是他個人的問題了。

著作被禁，因一次講話？

二〇一四年十一月二十四日刊登

我的書最近被禁，引起許多人的注意，包括美國《高等教育雜誌》，都已經報導這件事，網上的報導尤其多。所以我也接到許多中外記者電話，討論這件事。我最早知道他們要禁我的書，是國內網上通過出版社傳來的條文。這五條中間有兩條都是以我的名字開頭的：第一條就是講余英時、梁文道、許知遠、茅于軾、野夫、張千帆、陳子明、徐曉等人作品不予出版。我在中國出版了很多書，現在大概不能再出版我的書了，大概也不可能再在雜誌、報紙上出現我的名字和我寫的文章。中間有三條都是關於宗教，我就免去不談；第五條又特別提到我，說余英時、九把刀兩位作者的書全部下架。

中共做這種決定的機構，叫做中國國家新聞出版廣電總局，這個廣電總局當然屬於他們直接控制的一個官方機構。因此我又得到第二種消息，是有些國內的朋友，還有出版社的朋友從網上傳來，我覺得很可信。

這個可信的報導表示，在第一個五條之外，他們用電話通知、不見文字：你們大概還可以賣書，但不要聲張。當然這是說已經印出來的書，書賣完以後不准再印，所以各地都還在大量賣我的書，如北京的三聯書店門市部。四川有個朋友剛去演講，到書店裡看看，我的書也還在賣，所以可見共產黨內也有不同聲音，有些人認為應該對我加以嚴格懲罰，所有的書一概不准出現；但在網上又是另一回事，現在我所知道的是，網上賣我的書很活躍，最值得注意的是價錢提高了。所以我們可以看出，中共內部也有不同意見，不是鐵板一塊。不過基本上傾向於對我的一種懲罰，大概是黨內一致的，當然，共產黨並沒有說明理由。

外面許多揣測，都是因為我在香港鬧事的時候說過話，因為剛好九月二十七日那一天，是我的母校——香港新亞書院請我做六十五周年的學術演講。講的是〈新亞書院與中國人文研究〉，並沒有涉及到香港的占中和抗議這一套，那個講演是從電視直播，和香港面對面談話的。

香港選特首應不應該讓一般老百姓符合章程也能提名競選？不能都由中共官方指派的人才能選舉，我說原則上這是中國傳統，也是西方思想自由、言論自由、出版自由的一個傳統，就是說士大夫對社會有責任，看到不平的事，是應該站出來的，我的評論只到這裡為止。我並沒有鼓動大家去占中或採取什麼行動，因為行動的事我是一概不問的。可是我覺得，禁我書的事情遠遠發生在九月底以前，恐怕七、八月已經在醞釀中，所以我不認為香港的抗議占中和我的發言，是這次提出禁書的真正動機。

從習近平最近的整個動向來看，習近平是要加緊控制，對任何不同意見都要加以限制，現在國內學者和新聞記者朋友都告訴我，最近控制得非常嚴格，許多話都不能說了，所以我想，在這個大政策之下要禁我的書，書不准出版，對我來說也是一個榮譽；換句話說，我對共產黨對我個人禁書這件事，並不覺得沮喪、好像我受到打擊，我還覺得這對我是無形中的鼓勵，無形中擴大了我的影響力，我本來沒有這樣的影響力。

我在國內只是學術界有些人注意我，書賣的很多，出版的數量也很大，但都是學術著作。我對於共產黨的評論種種，都通過自由亞洲電台發表。所以我退休後基本上沒有寫政論文字，台灣和香港報紙雜誌的所有約稿，我都盡量推辭，除非萬不得已寫短篇，很少談政治。所以我的書在中國大陸出版，基本上是研究中國的歷史文化，我最後一本書是由北京中華書局出版，那就是《論天人之際》，講中國思想的起源，純粹是學術的。

我一生的工作，基本上就是要了解中國的歷史和文化傳統，我希望歷史文化傳統能盡量通過中國的原始文獻，慢慢地從小到大做客觀研究。所以我對中國整個通史、文化史、思想史，發表了若干的整套看法和意見，對共產黨不可能有任何妨害，尤其現在共產黨利用文化民族主義，到處表示要恢復中國的儒教傳統，甚至認同儒家。包括習近平最近若干次表示對《論語》的尊敬，表示恢復、繼承和發揚儒家種種。可是在這種情況下，我是真正研究儒家幾十年，我本身雖然不是儒家，但儒家有許多價值我還繼續接受、繼續認同。儒家有許多價值和普世價值是相通的，並不是完全風馬牛不相及。在這種情況下把我的書禁掉，對他們來講，只對自己有損，沒有什麼好處。

問題是現在，習近平和其他坐第一把交椅的中共領導人有個共同之處，他們最要緊的是黨不能失去權力，一黨專政必須把握住，一涉及到批評，共產黨就不要儒家了。所以共產黨要的儒家，就是三從四德直系的儒家，完全聽命於中央的儒家，是一種偽儒家，可說是被歪曲的儒家，也是在政治上一直造成災害的儒家。五四以後（甚至五四以前已經開始了）反對儒家的人，基本上是從這個地方著眼。我們對儒家要分開看，一個是儒家本身；另一個是政治上被利用的儒家。所以共產黨禁我的書，事實上使得他們政權的性質表現得更清楚。他們要的不是對知識、真理，或道德本身有什麼取捨，而是要維護他的一黨專政。

輯九

歷史的再思考

甲申三百六十年　中國往何處去？

二〇〇四年二月三日

一九四四年，共產黨那時在國民政府首都重慶辦了一份機關報《新華日報》。那時，郭沫若還在國民政府軍委會政治部做事，他寫了一篇有名的文章〈甲申三百年祭〉，用這篇文章暗示國民黨腐敗，老百姓要造反。當時的背景是日本人侵略滿洲和中國，他從一種影射角度，提起闖王李自成當年因為進城以後腐敗，所以站不住腳，被滿洲人奪去了天下。當時這篇文章不但在國民黨方面引起很大震動，《中央日報》撰文反駁；另一方面，這篇文章傳到延安的時候，毛澤東看了非常欣賞，覺得對共產黨是一個歷史的教訓，如果共產黨拿到天下，一定不能像闖王那樣一進城就腐敗。所以〈甲申三百年祭〉這篇文章在延安成了學習的文件，共產黨員都要學習。關於這段歷史，毛澤東有信給郭沫若，如大家所知，後來也發表了。

〈甲申三百年祭〉還有一個意義，即毛澤東對明太祖一直是認同的。中國歷史上皇帝受到贊成、讚美的很少，大概只有兩個：第一個是秦始皇，他的專制統一使他成為模範；第二個就是明太祖。我們知道，吳晗在抗戰時期寫了一本書《朱元璋傳》，這本傳記最初是吳晗用來罵蔣介石的，寫他用盡各種流氓手段、寫他成功以後運用特務、用最專制、最殘酷的手段殺害功臣、殺害所有反對派、殺害所有幹部。這本書當時對反國民黨起了一些作用，可是在一九四九年，吳晗到了石家莊，見到毛澤東，給毛澤東看了這本書以後，毛澤東不以為然，說明太祖是一個重要的人，不能把他寫得那樣壞。毛的意思就是想把自己與明太祖相比，因為明太祖是中國漢人皇帝中，除秦始皇以外最專制的一個。

共產黨政權經過五十多年的反覆，現在似乎慢慢走上一條平靜的路，已經不像早期那樣殘暴，可是專制的根源始終存在。專制的根源就是使得官僚制度改革毫無進展的最大原因之一。既沒有社會輿論，又沒有監察制度，使官僚一手遮天，想懲罰官僚是很難的。

郭沫若那篇文章並不是好的歷史論文，只是一篇政治性文件。但〈甲申三百年祭〉這篇政治文字，現在反倒值得共產黨再次學習。三百六十年是一個關鍵，因為中國人說，三百六十就是過了一個大循環，新的循環就要開始。這也象徵著中國到底往哪個方向走。是要走上一個新的、民主的、法制的、有秩序的、有規範的社會，還是繼續不理不睬，硬拖下去？硬拖下去，將來的問題恐怕是現在的人所不能解決的。我希望大家重新考慮一下，甲申三百六十年，中國往何處去？

（本篇網路無錄音檔）

談共產黨現在對辛亥革命的禁與忌

二〇一一年十月十四日錄音
二〇一一年十月二十五日刊登

一年以前，共產黨就在準備借用辛亥革命這件事，向台灣進行統戰。他們用台灣一些學者，和他們合作所謂辛亥革命史，事實上是以他們的為基調。在共產黨看來，辛亥革命就是一場最早的所謂資產階級革命，只是為共產黨的革命開路，沒有其他重大意義。

所以，孫中山在共產黨裡面只是表面上有點作用，偶爾在天安門上出現一下，事實上他們對孫中山並沒有任何真正尊敬之處。善待孫中山的唯一原因，大概就是他聯俄容共，使共產黨得以發展，這是唯一的好處，這一點好處他們大概還是記得的。

這次辛亥革命，本來它是很維護孫中山的，像今年八月廣州的《南風窗》雜誌，有人寫了一篇文章，就講孫中山並不那麼革命，跟日本人打的交道實際上出賣中國人許多利益，比袁世凱的「二十一條」還要壞，只要日本人幫他革命。從這個觀點發表的文章，受到共產黨的懲罰，於是社長就解職了，訪問某些台灣學者的記者被留職停薪，文章作者趙靈敏也停職反省。

這是維護孫中山，因為對孫中山不能講任何壞話。事實上，幾十年前我們早就知道了，因為是根據日本檔案，我有一個美國普林斯頓大學的教授，從前在哈佛做博士論文，就是做「孫中山與日本」。他就是根據日本檔案，指出孫中山如何願意將中國的利益交給日本人，由日本幫他革命。這件事已經五、六十年了，我們早就知道。不過，大概最近才傳到中國，所以不是什麼稀奇的事。

照說辛亥革命應該這樣子維持下去，可是忽然發生一個變化，就是發現國內討論辛亥革命的，往往把辛亥革命的滿洲比作共產黨，好像共產黨不能改革，因此引起革命。這樣討論下去，就對共產黨非常不利了，所以這樣一來，又討論到共和、民主種種問題，就犯了共產黨大忌。

最近可以看出這個變化的，就是香港政府康樂及文化事務署正式與香港歌劇院委託創作了一部劇本，叫做《中山．逸仙》。原來是九月三十日決定在北京的國家大劇院舉行全球首演，但忽然之間叫停了，這也是西方報紙和電視上都報導的。

但它的理由很奇怪，審查的人覺得音樂不夠好，事實上這是假的理由。因為照共產黨內部網路上我們所看到的，原因很簡單，就是這個東西可能對共產黨起反作用，對共產黨不利。好像孫中山是搞民主、搞真正共和的，如果要真正紀念孫中山，那就是要徹底改革中共的體制。

這就引起共產黨的忌諱，不敢讓歌劇首演，現在取消了，到底什麼時候開放、能不能演出，都不知道。但我們卻可以想像，當初香港政府之所以製作《中山．逸仙》，絕不是香港政府單獨做的事情，背後一定是共產黨同意的，甚至一定是中共指示的，要他們出面這樣做，因為共產黨不便自己做，也不願意自己做。

從這個控制可以看出，共產黨現在對辛亥革命非常顧忌，它忌諱的最大原因，就是這個革命不管內容怎樣、結果怎樣，好像都是對共產黨的一種諷刺、一種暴露，就是共產黨不但沒有把中國帶上民主自由、共和憲政這條路，反而走上相反的方向了；不但變成像滿清一樣的專制王朝，而且比滿清更厲害，它是現代化的一黨專政，把所有權力都抓在自己手上。

所以，現在共產黨對辛亥革命報導文章的審查，有一些標準。這個標準第一就是不要談民主的問題，第二就是不能談到憲政、三民主義，尤其五權分立。五權分立是招共產黨大忌了，我們知道，從鄧小平開始，共產黨就堅決反對搞西方的多黨制或三權分立。孫中山的五權分立比西方的三權分立還要更進一步，它就更不能容忍了。由此可見，共產黨現在的做法，就是我過去說的「順我者昌，逆我者亡」，只要跟我稍微不對，我馬上就禁止你，包括早已決定的紀念，都不顧面子的。

大陸的網民確實想用辛亥革命這個藉口，來打破共產黨的一黨專制，所以有一位深圳作家朱健國就說，共產黨現在對這個問題愈來愈嚴格，武漢有個報紙因為把孫中山寫成「國父」，也被查處，所以「國父」也不能用了。

當然是如此，因為孫中山的國是中華民國，中華民國是共產黨把它毀滅的，雖然不能完全毀滅，因為中華民國這個政體還存在於台灣，也存在於海外，我們還常常在各種運動場上看到，只要有台灣的選手，就有中華民國的國旗。所以「國父」兩字也招共產黨的大忌，從這裡就可以看出，共產黨現在對辛亥革命非常緊張，它一方面又好像不能不利用，現在也不能完全說不談了，但怎麼談法，我們覺得它的前途是不大容易樂觀的。

對辛亥革命爆發原因的看法

二〇一一年九月二十八日錄音
二〇一一年十一月一日刊登

辛亥革命把中國幾千年的皇帝制度推翻了，這是不得了的事情。在亞洲是第一個這樣做的國家，日本就沒有經過這樣大的改變，把皇帝制度都取消。所以這件事是兩岸三地、包括國外的學者都很注重的。

但整個大陸討論辛亥革命，又有另一層意義。因為許多情況都是覺得辛亥革命為什麼會發生，而沒有能夠進行君主立憲的改革，沒有能夠平穩地過渡到現在，他們關心的是這個問題。他們關心的不是辛亥革命本身，只是從他們自己的處境來講。

他們現在事實上就把中共看成跟滿洲的專制王朝一樣，如何能夠不經過很大的暴動、很大的動盪或者流血，就把中共的制度改變成一個合理的社會，這是國內許多史學家關心的問題，討論集中在要改革還是革命。

照他們說法，革命其實是有問題的，就是說清朝末年已經有意識要改革了，慈禧太后有意願改革，但革命爆發了，讓改革沒有成功，造成這一百年來中國不上軌道。所以換句話說，這裡多少有點抱怨辛亥革命的意思，就覺得現在要變動的話，最好採取康、梁所建議的一種漸進改革、君主立憲，不要推翻這個王朝，但從基本上換成現代的政治制度或政治系統。

這是現在許多人的想法，所以許多記者也特別關心這個問題，我就被訪問過至少兩次，都討論過。但在國內講這些話是非常含蓄的，不能講得太明白。所以我現在就重新講一講我的看法，我不願意用影射史學，就是拿辛亥革命做表面文章，而實質上講的是中共。但在國內那個情況下，記者寫出來的方式就變成那樣，所以我現在專就清朝論清朝。

我覺得辛亥革命不得已被清朝人逼出來的，原因就在慈禧太后掌權五十年，做幕後指使人。光緒三十幾年，皇帝從小孩長大；光緒皇帝長大以後，自己受到甲午戰爭（就是一八九四年被日本人打敗、割讓台灣）這個鉅創深痛，想進行改革，剛好康有為乘虛而入，提倡改革，不讓中國被列強瓜分。

這一進行改革，就有權力的問題。這個權力就是慈禧太后在他長大以後，不能不把權力交給年輕的皇帝，但還是想在背後牽動，要這個皇帝聽她的話。但皇帝慢慢已經不肯了，並不是不孝，而是覺得非照康有為的辦法，用君主立憲的方式，採取明治維新的辦法，沒辦法把中國變為富強。

在這個情況下，才有戊戌政變。戊戌政變以後，皇帝被囚在瀛台，康有為、梁啟超都逃到海外，另外戊戌六君子（譚嗣同等六人）被斬首了。改革到那時就停頓了。戊戌政變是一八九八年，清朝結束是一九一一年，相去十三、四年。在這十三、四年之間，嚴格地講，沒有真正的改革可言，只有行政上的調整。

沒有改革的原因就是慈禧太后愈來愈不相信漢人，愈來愈怕曾國藩、李鴻章等漢人。到了戊戌政變之後，她也慢慢地不信任訓練新軍的袁世凱了，把他軍權奪過來了。

所以在這種情況下，滿人愈來愈有勢力，大約在一九一一年，有一個新的內閣出現。大家寄予期望，以為會煥然一新，事實上恰好相反，結果漢人在十三個內閣成員之內只占四名，其他九個都是滿人，換句話說，保大清、不保中國，這是她既定的政策。

如此一來，她在戊戌政變以後就運用義和團，希望用這個方式對付外國人，結果造成更大災禍。她逃到西安，在西安待了一、兩年，回來以後就討好外國人，但另一方面還是不肯改革，這才逼出辛亥革命來。所以嚴格地講，孫中山也不是一開始就要推翻滿清的，他最早〈上李鴻章書〉大家都知道，而且是很合理地要求改革，滿洲人堅決拒絕改革以後，革命才起來。

一九〇五年科舉的消滅，好像是改革，事實上是行政調整。因為那時八股文考取的進士之類，不會應付現代的世界，已經沒有作用了。只有派人去外國留學（政府已經開始這麼做），國內也設立了新學堂。

但學校的設立，我們以南方為例，像上海、無錫這一帶，都由當地的商人設立，事實上是中國社會自己要改進的。所以辛亥革命一方面在政治上沒有很大的變動，換句話說，只在袁世凱出山以後，打贏了一仗，但南方的革命勢力還是在增長，各省都宣布獨立，清朝沒有辦法，只有委託於袁世凱，袁世凱就乘這個機會，讓自己當上總統。

但社會在變動，社會變動是中國工商界的人，尤其像上海到無錫這一帶，新的學堂非常多而且很有名，現代化是從社會開始的、從工商界開始的，而不是從政府。所以我們要了解這一點，有些改革是社會改革、教育改革，但力量來自社會，不來自中央、也不來自政府。

辛亥革命完全是清朝慈禧太后晚年一手逼出來的，從這點講，確實很像。一九八九年的時候，鄧小平被稱為「慈禧太后」，也是這個道理，因為他拒絕任何政治改革，只要經濟改革，同時一黨專政抓得很緊，所以我稱之為「經濟放鬆，政治加緊」，三權分立改革是不可能的、民主也不可能實現，最後只能回到一黨專政。這就造成了今天的局面，經濟上固然有很大進步，但經濟進步又抓在貪官汙吏手上，就像所有國營企業。

所以辛亥革命確實可以跟現在的情況比較，但比較結果我們要分別看待，有相似之處，但不是同一回事。

藉「五四」八十五周年機會再談民主與科學

二〇〇四年五月十日

幾天前，英國ＢＢＣ廣播電台作了一小時的倫敦熱線節目，跟大陸各地聽眾交談，由他們打電話來，主持人問問題，由我做評論。節目圍繞兩個題目，就是五四時代中國人追求的民主與科學，當時叫做「德先生」和「賽先生」，就這兩個問題向中國大陸聽眾徵求意見。他們的反應幾乎是一致的，使我了解到中國大陸並沒有忘記五四，大陸的人民也沒有忘記「德先生」和「賽先生」。但他們同時都有個一致的結論：至少就德先生來講，中國不但沒有進步，這八十五年裡反而更倒退了，而且表現得更沒有希望了；但他們又熱烈希望民主自由，這一點毫無疑問。

這就值得我們再談談五四的「德先生」和「賽先生」。我當然不能從這整個運動講起，我只是說「五四」當時在北洋軍閥的時代還能發起這樣一個運動。這個運動的結果就像大陸聽眾所說：完全沒有受到嚴重的鎮壓，也沒有殺死一個人。這時，他們說跟六四對比是很明顯的。換句話說，他們把「六四」跟「五四」密切地聯繫在一起作出對比，至少他們的心裡是很清楚的。

有位北京聽眾就說明，他過去在北京大學的紅樓旁邊看到五四的紀念碑（那大概是共產黨來以後才修的），上面有四個人：蔡元培、陳獨秀、李大釗，然後是毛澤東。事實上，他們說這很荒謬。因為五四把胡適撇開，已經等於是演《三國演義》而戲中沒有趙雲。而毛澤東在五四當時可說什麼作用也談不上，正如一位聽眾所說：毛當時還在圖書館做一個最低級職員，怎麼可能變成對五四運動這麼重要的一個人物，可見共產黨偽造歷史，這幾十年來早已在人民的心中破產了。但這位聽眾認為，他自己是中學教書的，退休以後常常和其他中學歷史教員談這個問題。他們都說，共產黨講的歷史沒有一句是真的，在班上不能講真話，所講的都是偽造的。這就是說，五四是共產黨的運動，好像是他們先發起的，其他的人都是負面人物，像胡適等人都是反動派。在這種情況下，中國人可說沒有歷史知識，但對於民主本身，他們還是報以熱烈希望。

關於「德先生」跟「賽先生」的問題，他們說「賽先生」也許很好了，科技很高了，這時我就說明，科學有二種意義：一種是基本的研究。這是西方從希臘傳統以來所強調的，就是求真理、求真相。從自然現象到人文現象、社會現象，我們要確確實實了解它們的真相，沒有別的動機，這就是為真理而真理、為知識而知識。這是科學的基本精神。至於科學發展以後，從科學基本知識中產生的應用技術，現在我們也把它混為科學了。其實這完全不是一回事。以諾貝爾獎金來講，所有諾貝爾獎得主，都是在基本研究方面有貢獻的人。其中沒有中國大陸出生的中國人，也沒有蘇聯統治下出生的俄國人。原因很簡單，就是他們只要科技部分，比如說原子彈，但其他的都不談了。所以應該說，他們只是吸收科學中的技術部分，還沒有掌握到科學的基本精神。為真理而真理、為知識而知識這個態度，就與民主作為一種生活方式聯繫在一起，不可分割。講民主我們就要知道社會真實程度究竟是什麼樣，然後根據這個知識去安排各種制度，使人人都可以得到合理的滿足，個人欲望可以得到滿足，社會秩序也可以穩固建立起來。一方面照顧個人，一方面照顧整個社會，這是民主的基本精神。這個基本精神就要靠真正認識世界，那就是真理。所以民主和科學實際上是分不開的。

在中共這方面，可說從來沒有把民主當回事。比如說毛澤東的新民主主義，好像是要講民主，實踐的結果我們都看得非常清楚了。民主最要緊的一點，就是容忍，政府要容忍異己，這是很重要的關鍵，胡適晚年說，容忍比自由更重要，也是從這個觀點出發的。就是說，如果統治的階層，對意見不同的老百姓要加以鎮壓的話，那就沒有民主可言。這正是共產黨的特色，所以我們現在藉著「五四」八十五周年的機會，重新討論一下這個問題。

（本篇網路無錄音檔）

應該如何繼承五四精神

二〇一一年五月五日錄音
二〇一一年五月十六日刊登

我們知道中國大陸最初是靠「五四」起家的，毛澤東也是靠「五四」出來的，陳獨秀是與胡適並稱的「五四」領袖之一，後來是中國共產黨的創黨人。所以可以看出，「五四」跟共產黨最初是有關係的，而且共產黨最初非常紀念「五四」，因為它想藉由「五四」，用新思想來奪取政權。

但自從共產黨拿到政權以後，「五四」最初幾年還偶爾紀念，慢慢也就愈來愈少了。因為「五四」是一種反抗，是反壓迫的、要求自由的，這些非常不合共產黨極權統治的口味，因此紀念熱情愈來愈減少。

但一九七六年毛死後，共產黨也知道自己處在各種危機之中，要想打開出路、要想解放思想，又對「五四」發生興趣了。所以「五四」在一九七〇年代以後，慢慢愈來愈受人重視。我想高潮就是一九八九年。那時是「五四」七十周年，從胡耀邦去世、追悼他，接著就是慶祝「五四」運動，接著就是不間斷的示威，直到「六四」為止。

所以「五四」和「六四」可說是血脈相連、精神相通的，因為後來我們知道，民主女神像在天安門豎立起來，「六四」所要追求的就是「五四」最重要的價值之一，民主和科學是當時提出最有號召力的兩個價值、兩個口號。

但一九八九年以後，「五四」很顯然就不再談了，也沒有人敢紀念「五四」了。二十二歲以下的人，今天恐怕都不知道有「五四」了，因為「六四」他們也不知道。因為共產黨是有計畫地把這個記憶從人們的心中抹去，但我現在還是要提一提。

本來「五四」不需要我解釋的，但今天因為年輕人都不知道，我就概括地說，「五四」有兩個意義。一個是正面的，就是要追求西方之所以富強的原因、文化的價值從哪裡來，最高的口號當然就是民主與自由，但下面還有很多東西，包括思想自由、言論自由、出版自由、結社自由種種，再加上人權意識，就是人有權利、個人有尊嚴，這都是「五四」追求的正面價值。

一方面「五四」是反抗西方和日本等等國家欺負中國、侵略中國，但並不是仇外。文化上知道外面有許多好東西，我們應該吸收。西方的正面價值是四、五百年來造成西方文明的這些基本價值，正是「五四」所追求的價值。

這是正面的意義，反面的可說是反抗中國傳統的「禮教吃人」，這是魯迅提出來的口號，以及「三綱五常」對人的壓迫、拘束。所以最後提出「打倒孔家店」之說，就是要打掉傳統給人的種種束縛。不去除這種束縛，中國就不可能追求我們剛剛上面所說的民主、自由、人權、容忍這一套。

所以這是反面，反面就演變成反傳統，但這個反傳統並不是反對孔子。以陳獨秀為例，他非常欣賞孔子「己所不欲，勿施於人」、「有教無類」這些話；孟子說「民為貴，君為輕」，這都是陳獨秀特別讚揚的。這跟毛澤東想把孔子整個醜化、打倒，整個儒家的正面價值也都加以消滅，是完全不同的。

因為中國反抗、抗議，抗議皇權、抗議有勢力的人欺負沒有勢力的人，儒家可是提供了許多資源。他們從反面看，就說到了共產黨以後，才把這個反面推到極端，「五四」時候並不如此。

現在我們要進一步講的話，就是我們怎麼繼承「五四」，我想最要緊的問題就是想一想，我們今天的社會比起「五四」時候是如何。

「五四」的時候還有相當程度的言論自由，否則《新青年》雜誌就不會出版；也還有相當程度的集會自由，否則就不會有「五四」運動。從人性來講，今天社會也比傳統社會還要更差，所以這是我們講今天的現實。

但我們看看「五四」的影響，第一就是拿「打倒孔家店」來說，共產黨在自己的馬家店破產以後，有一度想回到孔子。中國共產黨裡面有一派人想借用孔子、孔家店來穩定社會；

另一派人大概是老的和新的毛派，都反對孔子。

另一方面，我們看到四月底《人民日報》有一篇社論。這個社論特別奇怪，叫做〈要包容一切異質的思想〉。它沒有說異議思想，就是不同性質的思想；並引用了十八世紀伏爾泰的名言，就是「我不贊成你說的話，但是我要為你爭取說這個話的權利」，這就是容忍的意思。

現在中國正在醞釀各種程度的變化，這個變化其中之一，就是「五四」某些精神遺產還依然存在，還想一爭勝負。但不一定能夠得到什麼結果。因為我們知道，現在老毛派就是要維持共產黨秩序，不講一切道理、也不講意識形態，但要維持老毛的尊嚴，這是現在當權派的做法。

講講張學良

二〇〇一年十月二十六日

今天我想講的題目，就是剛剛成為歷史人物的張學良將軍。

張學良是中國家喻戶曉的一個人物，他在台灣雖然被軟禁了好幾十年，但人人都談到他，報紙也曾寫到他。他最近在美國去世，可以說沒有多少人知道，華人的報紙才有報導，香港和台灣當然有大篇幅報導。而在大陸，我相信也會因為中共與張學良的特殊關係而有不少報導。

張學良一生中最重要的事情，就是西安事變。它發生在一九三六年十二月十二日，當時蔣介石要張學良打共產黨，張學良是在西安的最高軍事領導人。張學良的東北軍已經變化了，被共產黨的抗日宣傳說服了。事實上，他不肯幫蔣介石打共產黨，還要求蔣介石不打內戰而抗日。於是，蔣介石在西安華清池訪問的時候，他派兵把蔣介石抓起來了，這就是有名的西安事變，一直到十幾天後，才把他放回南京。

大陸上這十幾年來一直運動，希望能讓張學良回大陸一次。因為張學良在台灣軟禁的晚期，差不多已經等於自由了。後來在李登輝總統任內，他就可以出國了。晚年他住在夏威夷，我的許多朋友都認識他。他也來紐約訪問過，在華人社會中引起很大的興趣和熱鬧。這樣一個人是值得紀念的，且不說他是好是壞。

西安事變是很有爭議的一個事件。對共產黨方面來說，這是他們起死回生的一個轉機。共產黨在一九三六年已經蜷縮於陝北幾個很窮的縣（不到九個縣，而且都不完整），人口只有四十多萬，這時被國民黨軍隊圍剿得不能動彈，已經準備跑到別的地方去了。張學良因為抗日的熱忱，而供給他們子彈、棉衣和大量金錢，這樣共產黨就穩住了。他也沒有進兵打共產黨，先前打過一次，一些東北軍被俘虜，許多被俘官兵被共產黨的統戰宣傳影響，要他們回去打日本人，不要在這裡打自己人，用感情來激動他們；他們都信服了，回來向張學良報告，張學良也逐漸改變了態度，同時我們知道，共產黨有許多人在他左右進行工作，特別是學生，要求抗日停止內戰，要求蔣介石放棄內戰的政策，所以這樣一個計畫，就在張學良那兒成熟了，張學良要負責說服蔣介石，蔣介石不改變，就用激烈手段逼他改變，這就是西安事變的前後經過，也就是西安事變為什麼對共產黨這樣重要。

我們記得一九七二年，日本首相田中角榮第一次訪問中國，他見到毛澤東，對日本侵華表示歉意，毛澤東說：你們不用抱歉，我們還要感謝你們日本皇軍，要不是你們皇軍來打中國，我們革命不會這麼快成功。這是一句實話，現在說完這些，張學良為什麼會這樣做？我們知道，張學良不是我們現在所謂的普通家庭出身，他的父親張作霖在民國時期是有名的軍閥，共產黨的建黨人之一李大釗，就是在北京被張作霖殺掉的。張作霖是強盜出身，但他這個人也有許多本領，可以收攏許多人心，把東北變成他的地盤，稱得上東北王了。他講義氣、重感情，一諾千金是他的特色。張學良也繼承了這些傳統，許多行為也非常講義氣，但是對於現代的政治判斷是沒有用的。他當然受到民族主義的洗禮，但他的民族主義也是個人關係，換句話說，他的父親一九二八年從北京撤回關外的時候，在皇姑屯被日本人炸死，日本人對他來說有殺父之仇，所以他願意抗日，決不屈服於日本人。他憑著這種原始的衝動，做出了很大的事情，也是江湖好漢的作風，所以在說好了釋放蔣介石之後，他親自陪同蔣介石搭上飛機，到洛陽、轉南京，這是大家都驚奇的，據說周恩來也勸阻他「你去了以後，不會自由了」，但張學良表示「好漢做事好漢當」，就一個人承擔下來了，這也是一種英雄氣概，是現代人所沒有的，這就是他的基本歷史。西安事變後，蔣介石還是保護他，大陸撤退以前，國民黨怕他被共產黨利用，把他送到台灣來了。

張學良這個人可以說是很特殊的，政治舞台上沒有第二位，所以歷史要怎樣來評判這樣的人物，就看西安事變長遠來說，對中國影響到底是好是壞。共產黨說他是一大功臣；但在維護比較傳統的中國文化這方面，共產黨讓中國陷入很大的痛苦，抱持這個觀點的話，就會對張學良有不同評價。但我想，歷史評價並不重要，必須等到百年以後，一切史料都齊全了，才能談這樣的問題。所以我們今天必須知道張學良這樣一位歷史人物的過去，而且應該追念他，無論喜不喜歡他，他在中國發生的作用都已經有了定論。

（本篇網路無錄音檔）

宋美齡一生反映中國近代側影

二〇〇三年十一月七日

宋美齡的一生是很輝煌的一生，也可說是很黯淡的一生。我現在講宋美齡，並不是要評論她的死或歷史功過問題，而是要從她的一生，來看看中國近代史的某一個側面。

宋美齡已經是一個歷史人物，她不光是蔣介石的夫人，還具有一個公共的身分。這點在美國特別體現出來，因為美國對她的印象非常深刻，而且崇拜她的人仍然很多（當然都是老一輩的人，年輕人是不知道的）。比如她一百歲的時候，國會山莊還特別頒給她榮譽，請她去參加盛大聚會。在美國，沒有其他國家的政要夫人得到過這樣的待遇。關於她的逝世，《紐約時報》前後就有兩篇報導，當然都是很客觀的。宋美齡何以在美國能有這樣大的聲望？她在美國看來，是一個有象徵性的人物。

我也認為宋美齡是一個象徵性人物，她這個象徵，基本上可說是國民黨政權的象徵。關於她的問題，要談的當然很多，她之所以有此地位，首先當然要追溯到孫中山。孫中山娶了她的二姐宋慶齡，這使她與政治正式發生關係。宋慶齡和宋美齡在人格上似乎有所不同，其實也並不盡然，她們兩姊妹都是有政治頭腦的人，也都受過很高的教育，而且有判斷能力。但到了後來，宋家、孔家等幾個家族把中國財富握在手上，供其私用，這也是事實。這是國民黨衰敗的主要原因之一，雖然不是唯一原因。

宋美齡在金錢方面好像還沒有太壞的聲名。不過當然，錢對她來說並不是很重要，但她的生活還是非常美國化的，而且是美國最富有人士的生活方式。這也是大家都知道的。

宋美齡在政治方面，還有兩件事值得一提。第一就是一九三六年西安事變，張學良把蔣介石抓起來，讓他容納共產黨抗日。當時是很危險的形勢，但宋美齡決定個人先去西安，與蔣介石共患難。這是一個很勇敢的行動。儘管宋子文和張學良私人關係很好，她去未必有什麼大危險，可是以她的出身，肯在這個時候到西安去陪蔣介石一塊被軟禁，這也是了不起的行動。所以這件事是使她在國內受人重視的一個原因，就是說人們看出，她確實有一種能力，也有一種魄力，同時也具有很好的判斷力。要說服張學良釋放蔣介石只有好處、沒有壞處，這點別人說起來容易，要去做到並不是很容易的事情。

第二，她在國際上的聲望，可說是靠一九四三年她到美國訪問建立起來的，那是一次聲勢浩大的訪問。她在國會山莊兩院的那場講演，英文說得很漂亮、很動人；風度、儀容都非常好。蔣介石派她來，就是為了爭取美國輿論的同情，支持他抗戰。從這一點講，她對中國的抗日是有很大貢獻的。她當時受邀住在白宮，羅斯福總統（Franklin D. Roosevelt）和羅斯福夫人（Eleanor Roosevelt）親自招待她，對她非常尊重、也非常喜歡，因為宋美齡是很會做人的。另一方面，她這次訪美也留下一個故事：當時美國鋼鐵工人正在罷工，羅斯福夫人跟她開玩笑說：要是你，你怎麼辦？她做了一個手勢，表示可以把這些人都抓起來或殺掉。這個故事真假我們不知道，不過可以借來說明一點：宋美齡對下層社會的工人階層、農民階層，儘管抱有一種抽象的同情，但她實際上會採取高壓手段，對付給自己搗亂的各種團體，這就不是民主的精神了。所以羅斯福夫人說：她具有民主的理論，可以談論民主，但不會生活在民主中，這是一個很扼要的批評。

總而言之，她在公共事務上所扮演的角色，還是積極性方面居多，就是正面的功勞大於她個人那種缺乏修養。因為基本上就像她自己說的，她除了面孔，許多方面都是外國人。因為受外國教育太深，她對中國某些價值沒有深切的了解。最可惜的是，如果她真正受過中國教育，會知道民心是最重要的、老百姓是最重要的；但她並沒有這個觀念。另一方面，她如果真是接受了美國價值，真正接受了美國民主生活的薰陶，也不會對一般老百姓採取高高在上的態度。這在很大程度上是她先天性的限制，不能全怪她本人；這是她教育等種種環境造成的，因為從一九二〇年代末期到一九三〇年代，宋家在中國差不多是最重要的一個富有家族，不但有錢，而且有勢，這就造成了她一生心理上的表現。我這裡並不是責備她個人，而是說，人都會有這種限制的。

宋美齡的象徵性也就在此。蔣介石在一九三〇年代早期，可說是靠宋家、孔家的支援，才在財經上站穩；還有一九三〇年代作出的一些成績，也是靠他們。後來被他們拖累，終於失去大陸，關鍵也在此。所以對於這樣一位女性在歷史上的地位，我們還是應該同情地加以了解，由此可以看出中國歷史最近七、八十年的一個側影。

（本篇網路無錄音檔）

從魯迅到胡適

二〇一一年十二月十四日錄音
二〇一一年十二月二十七日刊登

二〇一一年已經到了尾聲，在這個尾聲中間有一個很重要的日子，就是十二月十七日，是胡適的生日。胡適是一八九一年生的，到今年剛好一百二十歲。所以胡適的一百二十歲，在台灣、香港都有慶祝活動。在大陸方面，早在今年五、六月，大陸的負責人，就是近代史研究所前所長耿雲志先生，他非常努力編輯胡適的著作，也有貢獻，所以由他領導，在南京開了一場大會，美國、香港、台灣都有人去參加。

上海的《東方早報》今年慶祝了魯迅的一百三十周年，因為魯迅是一八八一年生的，比胡適大十歲，今年剛好一百三十歲。《東方早報》對這兩個人都有紀念，關於胡適這方面，他們也訪問了我，所以我想，我應該藉這個機會也談一談這兩人，在此只能簡單地談。

我們知道，胡適和魯迅同時都是所謂「五四」運動的領袖人物，精神領袖、思想領袖，或至少是文學上的領袖。魯迅可說是文學上的領袖，他的小說大家公認是最好的，散文、雜文也非常深刻，影響了很多年。差不多近百年來，魯迅是一位很重要的文學作家，影響很大。

但他的影響很複雜，主要是中國共產黨左派把他捧為聖人，甚至要拿他來打倒胡適，把魯迅變成共產黨的代言人了。所以共產黨這幾十年來，甚至從延安開始，就有魯迅藝術學院，魯迅就變成了一個精神領袖，是中國現代文化的代表人物。他們用魯迅來取代一切，說他一切都是革命的。今年我們看到大陸的大學、中學，各種教科書上，魯迅作品選入的非常多，所以魯迅在中國是無人不知的一個名字。

可是相反地，胡適從一九四九年以後，因為他反共，因為他提倡民主、自由這些普世價值，跟共產黨的意識形態完全相反，所以不但受到冷落，他的書根本不准在市面上流行，尤其一九五〇年代又發生了批判胡適的大運動。

所以兩相對照，照說魯迅應該熱鬧，胡適應該冷清，可是恰恰相反。差不多自從毛澤東死後，思想再度解放，也就是大約從一九七七年左右開始，胡適的作品在大陸也可以出現了。從前沒有出版的著作，在大陸的雜誌上也出現了，今天胡適好像比魯迅還要熱鬧一點。

這個原因當然在於，第一，共產黨對於魯迅表面是很尊敬的，可是毛澤東有一句話，後來傳出來，人人都知道，有人問魯迅如果今天還在，可能會怎樣？毛澤東說：要嘛被關在牢裡，要嘛一句話也不說。換句話說，他不能再寫雜文諷刺新社會，諷刺共產黨領導下的社會。

這樣一來，我覺得魯迅得從非常崇高的地位慢慢有點衰弱，尤其是過去崇拜過他的人。有一位與胡風有關係的人，叫做舒蕪。舒蕪是安徽桐城人，本名方管，這三人寫的文章我都看過，他們最初都擁護魯迅、反對胡適。可是今天，在他們死前不久，都表示說胡適可能比魯迅更有意義、更重要，在今天更有意義一些。所以有一種從魯迅回歸胡適的運動，在中國醞釀也有幾十年了。

因為這個原因，胡適還有他的生命。胡適的著作生命不在於他研究國故，那些研究後人超過他了。可是在政治上，他維護民主、自由、人權、個人尊嚴以及全民選舉種種，是最有力的人。

另一方面，他又覺得個人非常重要，所以當時有許多人、尤其是左派都說，我們要一個強大的中國，就必須要犧牲個人自由、犧牲個人權利，胡適認為這是恰恰相反的，他認為個人的自由和國家的自由並不衝突，只有個人有了自由，國家才真有自由，所以要爭取。人格也是自己的人格最重要，個人人格很重要，每個中國人都有很高的人格，國家自然有人格。所以他說，自由平等的國家不是一群奴才可以建造起來的，我覺得他這幾句話到今天還有很重大的意義。

所以從這方面講，他比魯迅更有長遠意義。魯迅在摧毀舊中國的時候，發揮的作用可能大一些，可是魯迅沒有積極地提出他的理想來，也沒有維護任何我們所說的普世價值，兩相對比之下，我覺得胡適的意義還更長遠。

我們就用這幾句，介紹胡適即將到來的一百二十歲的生日。

梁思成、林徽因故居被拆有感

二〇一二年二月九日錄音
二〇一二年三月一日刊登

中共五十多萬保護的文物，在去年一年之間，就拆掉四萬四千件，梁思成、林徽因故居被拆除，要從這一點看，也不算什麼了，也不過是幾萬件之一。但在此表現的態度，就是中共現在對於地產商的支持，地產商其實也是官方共產黨的幹部。換句話說，共產黨現在為了發財，就不顧一切文化上的重要遺址或其他文物了。當然文物只是地產商開發被犧牲的一部分，就像烏坎事件，那也是因為地產商要發展，政府要從中取利。

另一方面，照官方的辯解，說拆除是為了維修，這是一個藉口，絕不可信。維修為什麼要整個拆除？又怎能恢復原狀？這是北京的文物局公開提出的理由，因為這件事情引起中國極大的憤怒，這個憤怒主要就是說中國要錢不要文化了，這是大家最感痛心的地方。

但問題是梁思成、林徽因在中國文化史上，尤其是建築史上，是非常重要的人物。我們都知道，梁思成是梁啟超的大兒子，是中國建築大師。聯合國大樓興建的時候，他也是設計者之一。梁思成因為有這樣高的國際地位，他也是普林斯頓還有其他學校的榮譽博士，所以在中國，過去凡遇到建築上的事，總是要請教於他。

這就讓我們想起一九五〇年代初，共產黨到了北京，要對北京重新建造，把它當首都。這時梁思成就被徵召為主要顧問之一，可說是主要的建議者。他的意見就是希望保留北京這個文化城，特別是城牆。他說，因為城牆是元代建立的，當初元大都建立的城牆，直到一九四九、一九五〇年初，都還存在。梁思成認為，他贊成建設新的北京，那應該在北京城外另找空曠的地方，重新開拓，建立新的首都。

這個意見本來是極好的，別人也贊成，毛澤東反對。梁思成的太太，也就是林徽因，也是極力主張要另建新首都，保留中國的文化古城。她甚至比她的先生還要激烈，聽說她已經害了很嚴重的肺病，但聽說要拆的時候，她好像是痛哭流涕，這件事情大家都知道的。

梁思成因為要保護古城，很受中國學術界的人、文化界的人尊重。可是毛的想法不一樣，毛當時的看法就是要把北京變成一個工業城，他常常說，如果我們從故宮望出去，北京城到處都是工廠的煙囪，煙囪都冒煙，那中國前途就會光明了。

毛一有這樣的想法以後，他根本就不考慮工業還會帶來環境汙染等問題，他一點觀念都沒有，因為這個人是最無知而又最武斷的人，成為一個極權政黨的最高領袖，他點頭的東西，別人就不敢再有任何不同意見。所以最後北京的城牆還是繼續拆除，梁思成要保留一點點，都還是不受尊重，現在北京就沒有城牆了。如果要建築一個新的首都，城牆當然是障礙。

所以我覺得這是共產黨當初最大的錯誤，毛澤東要負主要責任，就是沒有聽取梁思成的建議，在北京城外另外建立一個新的首都。今天大錯已成，沒有辦法了。但由此可見，共產黨是完全沒有文化意識的一個黨，從前我們可以責備毛澤東，今天不是毛澤東了，今天是鄧小平改革開放底下的新作風。這種新作風跟毛不一樣，並不是要北京城看煙囪，而是要賺錢了。

現在它變成市場化了，共產黨成了大資本家。在大資本家執政的情況下，它唯一關心的地方就是怎樣賺錢。國營的企業、國營的土地開發商，那都是典型的貪官，因為唯有開發，他們才能在裡面大撈特撈；地方官也只有乘開發的時候，講價還價，都發起財來了。所以開發土地，把農田、城市居民的住宅都拆除，重新建造大樓、工廠，或其他的賺錢機構，就是要繼續發財。在一黨專政控制下的資本主義，要勇往直前、決不退縮。

所以你要想跟共產黨講道理，說你們應該尊重文化，尊重幾千年的傳統，他們是聽不進去的。儘管胡錦濤最近還談到要發展文化，但從北京拆除梁思成跟林徽因夫婦的故居以後，我們就發現，胡錦濤對文化是沒有任何意識的；如果他有一點意識，他就不可能允許這件事情在北京發生。

同時，梁思成跟林徽因住的地方——北總布胡同二十四號，這是很重要的一個地方。不談這兩個人在建築上的地位，就從文化中心來講，這是一九三〇年代當時，北京的文人、學者、作家都集中在他們那裡談話的地方。所以這是一個文化中心，等於法國大革命前夕所謂的俱樂部一樣，是文化交流最重要的中心，所以就從這點講，無論如何也應該保留。為了維修而拆除，那完全是騙人的話，頂多有象徵性的東西在旁邊，事實上味道就不對了。在這種情況之下，從文化上講，中國是非常悲觀的。

從維吾爾人歷史宗教文化挖掘新疆事件根源

二〇〇九年七月二十四日刊登

事實上，中國歷史關於維吾爾人的記載，大概南北朝早期已經出現了，最重要的是在八世紀中到九世紀，中國安祿山之亂（即安史之亂）這一段時間，這一百年中，是維吾爾人非常強大的一個時期。他們占有的地方，多半在今天的內蒙古、外蒙古一帶，建立了一個很大的帝國。這個帝國武力強大，又善做生意，所以在唐朝影響很大，唐朝許多來往做生意的人，常常都是維吾爾人。

等到安史之亂，唐朝兵力不夠，就要向維吾爾人借兵，維吾爾人幫助唐朝平亂，郭子儀請維吾爾人進長安城，維吾爾人還大搶了長安一次才離開，這是歷史。

後來慢慢地，維吾爾人遭遇困難，發生了內亂。九世紀下半葉的時候，他們分裂了，也遷移了，遷移到什麼地方？就是今天的新疆，主要在天山南路一帶，一直延續到清朝。清朝稱為回疆，但那時還不是中國一省，就承認是維吾爾人。維吾爾人在歷史上，叫做回紇，只是譯音不同，事實上就是一個。

「維吾爾」這三個字拼音是從元朝開始的。因為元朝人跟維吾爾人關係特別深，十三世紀初年，維吾爾人降服於成吉思汗，成為他的一種附庸者，但很受到他的重視。因為維吾爾人有相當文化，很早就從波斯得到摩尼教的傳授，後來又從波斯得到一種景教（基督教Nestorianism派），再後來慢慢就有佛法傳入，最後是伊斯蘭教。這都跟波斯、中亞一帶有關，與後來伊斯蘭教的興起有很大的關係。

所以這個民族不但善於武力，也善於做生意。我剛才說到，唐朝很多重要國際交易都是要通過維吾爾人。而元朝時代，整個蒙古人貴族在中國搶掠了很多錢，占了許多地方，這麼多錢怎麼辦呢？都委託維吾爾人經營。所以在歷史上，維吾爾人有他們的重要性。而且他們的文字是應用土耳其的文字，後來就變成蒙古文字，蒙古文就是根據它而來。維吾爾人不光是有武力，而且有宗教、有文化、有詩歌這些傳統，在中國起過很重要的作用。

最近一百年來，基本上沒人能管他們，但一九四九年以後，完全變了。一九四九年以後，維吾爾人在新疆比例減少，一九四九年時，漢人在烏魯木齊一帶只占百分之六，現在已經超過了百分之四十了，這是很可怕的增加。所以漢人和維吾爾人的衝突也愈來愈多。政府也偏袒漢人，許多經濟發展，大農莊由過去解放軍轉業的生產建設兵團經營。農場非常賺錢，任用的員工百分之九十都是漢人，而不用維吾爾人，所以維吾爾人在經濟上一律被排擠。

維吾爾人有一位女性領袖，已經被共產黨看成新疆的達賴喇嘛。這次大亂都說是她挑起的，完全沒有任何根據，這位婦女就叫熱比婭，很有名的，最初也是靠經商賺了很多錢，是少數人先富起來的其中一個典範，共產黨非常尊寵她，讓她當政協委員，一度很紅。慢慢地發現，她是傾向於新疆高度自治的。如此一來就失寵了，後來又說她叛國，關進監牢裡多少年，二〇〇五年才在美國壓力下放人，現在在華盛頓。

今天共產黨又把這次事件推到她身上，事實上是共產黨政策的問題。共產黨在新疆，第一用漢人移民淹沒維人，第二是採取各種宗教控制。宗教是維吾爾人最看重的，一位維吾爾婦女跟外國記者說：「我們要的是尊嚴、要的是平等、要的是公平，但最重要的，我們要有我們的宗教信仰自由。」

表面上有自由，事實上卻沒有，比如最重要的節日，像是齋戒月，這長長的一個月間，新疆的維吾爾學生、工人都不准禁食。其次，比如說他們到麥加去朝聖，這是他們最重要的人生大事，現在也完全禁止，護照被沒收，他們也不能去。這種種宗教上的壓迫，是他們受不了的。所以有個婦女就說：「我們要我們的生活方式，而他們不肯尊重我們的生活方式，這是我們不能相處的重要原因。」

所以這些暴亂都是因為共產黨用暴力在控制一切。教育上，大學不准使用維吾爾語言，除了教維吾爾詩歌的學者，但沒幾個。一般教育中，維吾爾語言慢慢就減少了。維吾爾人的學校，現在表面上還存在，但共產黨已經有計畫，最後要全部消除，一律用漢語。如此這般，暴亂一發生，就用武力鎮壓，在這種種情況之下，才有了今天的悲劇。

（本篇網路無錄音檔）

余英時文集26

余英時政論集（上、下）

2022年11月初版　　定價：平裝上下新臺幣1200元
精裝上下新臺幣1500元

著　　者　余英時
總策劃　林載爵
總編輯　涂豐恩
副總編輯　陳逸華
特約編輯　蔡耀緯
　　　　　謝達文
內文排版　菩薩蠻
封面設計　莊謹銘

出版者　聯經出版事業股份有限公司
地　址　新北市汐止區大同路一段369號1樓
叢書編輯電話　(02)86925588轉5319
台北聯經書房　台北市新生南路三段94號
電　話　(02)23620308
台中辦事處　(04)22312023
台中電子信箱　e-mail：linking2@ms42.hinet.net
印刷者　世和印製企業有限公司
總經銷　聯合發行股份有限公司
發行所　新北市新店區寶橋路235巷6弄6號2樓
電　話　(02)29178022

總經理　陳芝宇
社　長　羅國俊
發行人　林載爵

行政院新聞局出版事業登記證局版臺業字第0130號

本書如有缺頁，破損，倒裝請寄回台北聯經書房更換。
聯經網址：www.linkingbooks.com.tw
電子信箱：linking@udngroup.com

ISBN　978-957-08-6598-1 (平裝)
ISBN　978-957-08-6599-8 (精裝)

國家圖書館出版品預行編目資料

余英時政論集（上、下）/余英時著．初版．新北市．聯經．
2022年11月．上冊456面/下冊596面．14.8×21公分（余英時文集26）
ISBN 978-957-08-6598-1（平裝）
ISBN 978-957-08-6599-8（精裝）

1.CST：余英時 2.CST：政治思想 3.CST：時事評論
4.CST：文集

570.92 111016254/5